"十三五"职业教育系列教材

# 城市轨道交通车站设备

## （第二版）

主　编　魏仁辉

副主编　刘婷婷　贾拴航

参　编　徐　虎　王　静　张　静

主　审　陈　梅

中国电力出版社

CHINA ELECTRIC POWER PRESS

内 容 提 要

本书为"十三五"职业教育系列教材。全书共分九个单元，主要内容为城市轨道交通车站、站内客运设备、自动售检票系统、站台门系统的使用、消防系统的使用、环境与设备监控系统的使用、乘客信息系统的使用、给排水系统、车站照明系统。本书结合城市轨道交通发展的需要，根据城市轨道交通车站、调度指挥中心、车辆基地等运营管理岗位群的工作要求，重点介绍各类运营设备在实际过程中的使用和维护；根据高职教育的特点，按照"以能力为本位，以工作过程为导向"的思想将城市轨道运营管理人员的具体工作与设备运用有机地结合在一起，以典型工作任务对设备能力要求作为依据，以职业教育对学生的培养要求作为原则，使城轨运营管理专业的学生对各类机电设备有侧重点、导向性地进行学习。本书配有丰富的拓展资源可通过扫码获取。

本书可作为高职高专院校城市轨道交通类专业的教材，也可作为相关专业培训的教材，还可供相关技术人员参考。

**图书在版编目（CIP）数据**

城市轨道交通车站设备/魏仁辉主编. —2 版 . —北京：中国电力出版社，2019.10（2021.5 重印）
"十三五"职业教育规划教材
ISBN 978 - 7 - 5198 - 3904 - 8

Ⅰ.①城… Ⅱ.①魏… Ⅲ.①城市铁路—车站设备—高等职业教育—教材 Ⅳ.①U239.5

中国版本图书馆 CIP 数据核字（2019）第 237055 号

出版发行：中国电力出版社
地　　址：北京市东城区北京站西街 19 号（邮政编码 100005）
网　　址：http://www.cepp.sgcc.com.cn
责任编辑：霍文婵（010－63412545）
责任校对：黄　蓓
装帧设计：赵姗姗
责任印制：吴　迪

印　　刷：北京雁林吉兆印刷有限公司
版　　次：2014 年 2 月第一版　2019 年 10 月第二版
印　　次：2021 年 5 月北京第十一次印刷
开　　本：787 毫米×1092 毫米　16 开本
印　　张：13
字　　数：312 千字
定　　价：39.00 元

# 前 言

随着城市轨道交通行业的迅猛发展，城市轨道交通企业对运营人员有了越来越高的要求，尤其是对城市轨道交通车站站务人员的车站机电设备应用和维护能力的要求越来越高，以进一步提高工作质量和工作效率，以保证高客流强度下的运营服务质量。

本书是在 2014 年出版的《城市轨道交通车站设备》的基础上修订而来，结合最新的国家标准和城市轨道交通企业要求，介绍了城市轨道交通车站中的各类运营设备在实际工作中的应用和维护。

本书在一版的基础上，依据目前实施的国家标准中的名词、定义等对内容进行统一修订，并按照最新的《城市轨道交通服务员职业标准》对内容进行修订。

在使用过程中，本书为西安、成都、深圳、郑州、无锡、太原、乌鲁木齐、南通、洛阳、兰州等多地轨道交通企业订单培养教材，结合使用经验并邀请西安地铁和成都地铁两位企业专家参与到二版教材的编写工作，使内容更加符合企业要求。同时，随着职业教育的现代学徒制培养逐步深入，本书紧跟职业教育的先进理念，结合现代学徒制的培养特点进行内容修订。

本书由西安铁路职业技术学院交通运输系魏仁辉担任主编，西安市轨道交通集团有限公司运营分公司贾拴航、西安铁路职业技术学院交通运输系刘婷婷担任副主编，参与编写工作的有西安铁路职业技术学院交通运输系徐虎、王静，成都地铁运营有限公司运营一分公司张静。具体编写分工为：魏仁辉负责编写绪论、学习单元二、学习单元三、学习单元四，刘婷婷负责编写学习单元五、学习单元六，贾拴航负责编写学习单元一，张静负责编写学习单元七，徐虎负责编写学习单元八，王静负责编写学习单元九。本书由西安市轨道交通集团有限公司高级工程师陈梅任主审。

本书配套在线开放课程，有丰富的教学资源，此外，还可通过扫描书中二维码获取视频、动画等拓展资源，适应先进的教学方法和手段。

限于作者水平，书中难免存在一些不足和疏漏之处，恳请广大读者不吝批评指正，以便及时修正，使之日臻完善！

编 者

2019 年 8 月

# 第一版前言

城市轨道交通系统，担负着城市居民的城市出行任务，客流密度大，服务标准高，安全要求高，设备先进。要求城市轨道交通系统运营管理人员掌握设备特点及运用，以便更好地服务乘客。

本书结合城市轨道交通发展的需要，根据城市轨道交通车站、调度指挥中心、车辆基地等运营管理岗位群的工作要求，重点介绍各类运营设备在实际过程中的使用和维护。

本书根据高职教育的特点，按照"以能力为本位，以工作过程为导向"的思想将城市轨道运营管理人员的具体工作与设备运用有机地结合在一起，使城轨运营管理专业的学生对各类机电设备有侧重点、导向性地进行学习。

本书学习内容按照以下两点原则选取。

1. 以典型工作任务对设备能力要求作为依据

以就业为导向的职业教育，其培养目标是社会职业工作岗位第一线从事操作、服务或管理的应用型人才。所以本书内容的选取和组织都是建立在对上海、西安、南京、广州等多家地铁企业的职业岗位调研的基础上进行的，通过与各方专家交流、教学指导委员会会议论证等方式，对城市轨道交通运营管理职业领域中站务员、值班员（值班站长）、调度员等主要岗位的基本职业活动典型工作任务所需要的知识、能力和素质进行科学合理的分析。在此基础之上，进一步对所有典型工作任务中对设备设施使用能力的要求进行分析、处理，最终形成本书内容。

本书内容始终将典型工作任务对设备设施使用能力的要求作为唯一依据，突出具备完成职业岗位所有典型工作任务所必需的基本职业技能的训练以及与之紧密相关的知识的传授，强调规范、价值和事实的主导作用。职业实践所需要的动作技能和心智技能，是本书内容的重点；针对这些技能所进行的相关专业理论知识的学习以及态度或行为方式的培养，是本书内容的基本要求。

2. 以职业教育对学生的培养要求作为原则

在选取本书内容时，根据职业实际的需要，结合高职学院学生特点，按照"理论知识够用，实操技能扎实，综合素质全面"的培养思想，以过程性知识为主、陈述性知识为辅，即以实际应用的经验和策略的心得为主、以适度够用的概念和原理的理解为辅，突出对学生职业能力的训练，理论知识的选取紧紧围绕工作任务完成的需要来进行，同时又充分考虑高等职业教育对理论知识学习的需要，并融合相关职业资格证书对知识、能力和素质的要求。以工作任务为中心整合理论与实践，实现理论与实践的一体化，达到提高学生综合素质的目的，为学生在未来职业生涯中具备适应社会发展、自身素质不断提升的可持续发展能力奠定了良好的基础。

以此原则选取的内容，不仅可以培养学生合理知识结构、过硬专业技能的专业能力，更重要的是，在培养学生自我学习、职业经验总结归纳和跨专业发展等关键能力方面起到积极作用。

本书由西安铁路职业技术学院交通运输系魏仁辉担任主编，西安铁路职业技术学院交通运输系刘婷婷担任副主编，参与编写工作的还有西安铁路职业技术学院交通运输系刘奇、徐虎、王静。具体编写分工为：魏仁辉负责编写了绪论、学习单元二、学习单元三和学习单元四，刘婷婷负责编写了学习单元五、学习单元六和学习单元七，刘奇负责编写了学习单元一，徐虎负责编写了学习单元八，王静负责编写了学习单元九。本书由西安地下铁道有限责任公司工程师陈梅任主审。

在本书编撰过程中，得到了西安铁路职业技术学院领导的大力支持和帮助，特别是西安铁路职业技术学院交通运输系主任韩买良教授、教务处副处长徐小勇教授，以及赵岚、赵水仙等老师的大力帮助，同时还得到了西安地下铁道有限责任公司的领导及多位专家的帮助，在此表示衷心感谢！

由于时间紧，限于作者水平，书中难免存在一些不足和疏漏之处，恳请广大读者不吝批评指正，以便及时修正，使之日臻完善！

编 者

2013 年 10 月

# 目　录

# 绪　　论

随着城市经济的迅速发展和科技的进步，城市的规模不断扩大，人口不断增多。城市范围内的大量人员流动，要求配置便捷、可达性强的客运交通工具，以便人们高效率地到达出行目的地。世界上许多城市的发展经验告诉我们，构筑以轨道交通系统（地铁、轻轨、高架独轨交通等）为骨干的现代化城市综合交通体系将是解决城市发展面临的交通问题的基本途径。

## 一、城市轨道交通概念

城市轨道交通是指以轨道交通运输方式为主要技术特征，是城市公共客运交通系统中具有中等以上运量的轨道交通系统（有别于道路交通），主要为城市（有别于市际铁路、郊区及大都市圈范围）公共客运服务，是一种在城市公共客运交通中起骨干作用的现代化立体交通系统。

## 二、城市轨道交通的特点

1. 城市轨道交通的优势

（1）运量大：由于采用现代化的轨道交通列车运行方式，从理论上讲运量可以较大幅度地增长（需视列车编组、车辆载客量、发车间隔时间等要素确定）。目前，大型地下铁道系统的高峰小时单向运量可达 8 万～10 万人次。

（2）速度快：由于采用先进的电动车组动力牵引方式，且有良好的线路条件及自动控制体系，有可靠的安全保障措施。因此，城市轨道交通系统列车运行速度都比较高。目前，地下铁道列车的最高运行速度一般都达到 100km/h 以上，旅行速度基本可达到 30～45km/h，在城市交通各种方式中是最快的。

（3）能耗低：由于是大运量集团化客运系统，且采用了多项高新技术，按每运送一位乘客的能源消耗评价，是其他任何一种城市交通方式所无法比拟的，对能源的适应性也相当强。

（4）污染少：城市轨道交通一般均采用牵引动力方式，又是大运量高速度集约化列车运行方式。因此，每运送一位乘客所产生的污染微乎其微，堪称"绿色交通"。这点对于现代化都市可持续发展最关键的环境保护而言，带来了极大的长远利益。

（5）可靠性强：由于城市轨道交通路线一般都是与地面交通完全隔离，因此不受地面交通干扰影响。如果是建在地下隧道内的线路，则受气候影响程度可能也降至为零。因此，城市轨道交通是城市客运交通方式中可靠性最强的一种。尤其是在上下班高峰时段，地面交通拥挤不堪之时，对于时间观念极强的现代城市交通行为者而言，这点优势是至关重要的。

（6）舒适性佳：城市公共客运交通方式的舒适性主要表现在环境质量与拥挤度两个方

面。对城市轨道交通而言，环境质量较佳，不论是车站的候车、售检票环境，还是车厢内的乘车环境，均有现代化的环控措施（如采用全空调）来保障；拥挤度则因轨道交通的可靠性（一般不误点）和较短的间隔时间（候车时间少），可望得到较佳的调整。

（7）占地面积少：城市轨道交通既是城市公共客运交通，又是大运量集团化轨道交通方式，因此，每位乘客完成交通行为所占的道路面积是最少的。

2. 城市轨道交通建设的局限性

（1）建设投资巨大：城市轨道交通路线越长，形成网的规模越大，其优势就越明显。同时，城市轨道系统建设要求高，施工难度大，设备技术标准高。因此，城市轨道交通路线建设一次性的工程投资巨大。

（2）建成以后路线走向及路网结构不易调整：城市轨道交通路线一般均是永久性结构，建成后几乎无调整可能性。

（3）运营成本高：城市轨道交通系统能源消耗绝对量相当大，包括列车牵引、环境控制、车站机电设备及通信信号设备等日常运转的能耗等。除此之外，高标准的防灾系统使用机会不多，大投资成本与日常维护保养的成本也相当高；再加上车站服务工作、运营管理的大量人员、设备的费用等，使整个轨道交通系统运营成本居高不下。

（4）经济效益有限：城市轨道交通系统带有较强的公益特征，较多地关注间接的社会整体效益，无法按运营成本核售票价，极易导致运营亏损。虽然已有少数城市交通系统因乘客量巨大、产业开发经营较佳而达到略有盈余，但还是有众多的城市轨道交通系统处于"亏本经营"，依靠国家与地方政府、社会机构提供补贴。

（5）观念认识的限制：由于城市交通供求矛盾有较强的弹性表现，再加上城市轨道交通系统本身的投入大、直接显性产出低、成本高、经济效益差的特点，导致决策层的观念认识往往跟不上交通的发展，带来轨道交通规划建设的滞后。此外，城市管理的体制、城市规划的缺陷等众多因素，均可导致轨道交通建设受制。

**三、城市轨道交通的分类**

一般可按下列方式简单归类。

1. 按车辆重量及载客量分

（1）地下铁道：车辆轴重、轨道结构等均与市际铁路相差无几，但车辆、供电、环控、运行等设备技术标准更高，线路单向最大运量一般可达3万人次/h，如城市铁路（图0-1）、地下铁路等。

（2）轻轨铁路：目前比较受欢迎的一类城市轨道交通系统，其设计指标、造价、运量可能低于重轨、中轨系统，但已基本能满足城市公共客运主要交通方向的需求，速度、运量、可靠性均已达到现代化交通方式的标准，运量在1万～3万人次/h左右，如新型有轨电车、轻轨铁路（图0-2）、自动导向交通系统、单轨铁路等。

2. 按轨道交通与其他交通方式的关系分

（1）全隔离：轨道交通路线建设在地下隧道、高架结构或独立路基上，与地面道路交通完全隔离，无任何干扰，如地下铁路、高架轻轨、单轨铁路等（图0-3）。

（2）半隔离：轨道交通路线建在地面道路上，拥有专门路基（可设隔离装置）。在与地面交通路线相交处，通过信号控制享有交通优先权，可保证轨道交通的速度、可靠性。但对地面交通有干扰，如地面轻轨交通、城市铁路等（图0-4）。

图 0-1　城市铁路

(a)

(b)

图 0-2　轻轨铁路

（a）跨坐式；（b）悬挂式

图 0-3　全隔离交通系统

图 0-4　半隔离交通系统

（3）无隔离：轨道交通与地面交通共享道路通行权（在交叉口同样服从信号指挥，无优先权），如有轨电车（图 0-5）。

图 0-5　无隔离交通系统

## 四、国内外城市轨道交通的发展

### （一）国外城市轨道交通的发展

世界上第一条地铁诞生在英国伦敦。19 世纪中叶，伦敦比任何城市发展得都要快。当这个庞大的帝国中心建造了数以千计新房屋、商店、办公楼和工厂时，城市交通几乎瘫痪。当时有个叫查尔斯·皮尔逊的人认为，出路就在建造地下铁路。1843 年，他向议会提交建议，但直到 1856 年短途的"大都市铁道"才开始建设，在 1863 年 1 月 10 日正式投入运营，用蒸汽机车牵引的地下铁道线路在英国伦敦建成通车至今已有 150 年的历史。列车在地下隧道内运行，尽管隧道里烟雾熏人，但当时的伦敦市民甚至皇亲显贵们，都乐于乘坐这种地下列车，因为在拥挤不堪的伦敦地面街道上乘坐公共马车，其条件和速度还不如地下列车。这段地铁只有 6.5km（图 0-6），但第一年就运载了乘客 950 万人次。

图 0-6　伦敦地铁

世界第一条地下铁道的诞生，为人口密集的大都市如何发展公共交通提供了宝贵的经验；特别是到 1879 年电力驱动机车的研究成功，使地下客运环境和服务条件得到了空前的改善，地铁建设显示出强大的生命力。从此以后，世界上一些著名的大都市相继建造地下铁道。

1863—1899 年，英国的伦敦和格拉斯哥、美国的纽约和波士顿、匈牙利的布达佩斯、奥地利的维也纳以及法国的巴黎共 5 个国家的 7 座城市率先建成了地下铁道。

### （二）国内城市轨道交通发展

进入 21 世纪以来，各大城市已将大力发展轨道交通作为促进城市可持续发展的重要手段。北京地铁始建于 1965 年 7 月 1 日，1969 年 10 月 1 日我国的第一条地铁线路建成通车，使北京成为中国第一个拥有地铁的城市。截至 2018 年底，中国大陆地区（不含港澳台）共有 35 个城市开通城市轨道交通运营线路 185 条，运营线路总长度 5761.4 公里。拥有 4 条及以上运营线路，且换乘站 3 座及以上，实现网络化运营的城市 16 个，占已开通城市轨道交通运营城市的 45.7%。地铁运营线路 4354.3 公里，占比 75.6%；其他制式城市轨道交通运营线路 1407.1 公里，占比 24.4%。当年新增运营线路长度 728.7 公里。进入"十三五"以来，累计新增运营线路长度 2143.4 公里，年均新增运营线路长度 714.5 公里。

2018 年全年累计完成客运量 210.7 亿人次，同比增长 14%，总进站量 133.2 亿人次，总客运周转量 1760.8 亿公里。

2018 年全年共完成城市轨道交通建设投资 5470.2 亿元，在建线路总长 6374 公里，可研批复投资额累计 42 688.5 亿元。截至 2018 年底，共有 63 个城市的城市轨道交通线网规划获批，其中，城市轨道交通线网规划建设在实施的城市共计 61 个，在实施的建设规划线路总长 7611. 规划、在建线路规模稳步增长，年度完成建设投资创历史新高。

1. 运营线路

截至 2018 年底，共有 35 个城市开通城市轨道交通运营线路 185 条，运营新路总长度 5761.4 公里。按线路敷设方式来分，地下线 3639.8 公里，占比 63.2%；地面线 833.6 公里，占比 14.4%；高架线路 1288 公里，占比 22.4%。各城市运营线路见表 0-1（表 0-1～表 0-3 出自中国城市轨道交通协会发布的《中国轨道交通年度统计分析报告》）。

表 0-1　　　　　　　　2018 年各城市城市轨道交通运营线路规模统计表

| 序号 | 城市 | 线路长度（公里） | 各系统制式线路长度（公里） | | | | | | | 各敷设方式线路长度（公里） | | | 场站（座） | | |
|---|---|---|---|---|---|---|---|---|---|---|---|---|---|---|---|
| | | | 地铁 | 轻轨 | 单轨 | 市域快轨 | 现代有轨电车 | 磁浮交通 | APM | 地下线 | 地面线 | 高架线 | 车站 | 换乘站 | 停车场/车辆段 |
| 1 | 北京 | 713.0 | 617.0 | — | — | 77.0 | 8.9 | 10.2 | — | 434.7 | 132.8 | 145.5 | 347 | 59 | 31 |
| 2 | 上海 | 784.6 | 669.5 | — | — | 56.0 | 23.7 | 29.1 | 6.3 | 430.5 | 96.1 | 258.1 | 386 | 59 | 31 |
| 3 | 天津 | 226.8 | 166.7 | 52.3 | — | — | 7.9 | | | 149.5 | 15.9 | 61.5 | 163 | 7 | 13 |
| 4 | 重庆 | 313.4 | 214.9 | — | 98.5 | — | | | | 183.2 | 2.1 | 128.1 | 160 | 19 | 16 |
| 5 | 广州 | 463.9 | 452.3 | — | — | — | 7.7 | | 3.9 | 383.9 | 11.4 | 68.5 | 227 | 28 | 17 |
| 6 | 深圳 | 297.6 | 285.9 | — | — | — | 11.7 | | | 240.6 | 17.4 | 39.6 | 186 | 29 | 16 |
| 7 | 武汉 | 348.0 | 263.7 | 37.8 | — | — | 46.4 | | | 229.1 | 41.8 | 77.1 | 233 | 27 | 22 |
| 8 | 南京 | 394.3 | 176.8 | — | — | 200.8 | 16.7 | | — | 198.2 | 28.0 | 168.2 | 187 | 13 | 15 |
| 9 | 沈阳 | 128.4 | 59.0 | — | — | — | 69.4 | | | 59.0 | 69.4 | | 119 | 4 | 4 |
| 10 | 长春 | 117.7 | 38.6 | 61.5 | — | — | 17.5 | | | 42.9 | 55.0 | 19.8 | 119 | 8 | 7 |
| 11 | 大连 | 181.3 | 54.1 | 103.8 | — | — | 23.4 | | | 55.2 | 55.3 | 70.8 | 106 | 3 | 7 |
| 12 | 成都 | 329.8 | 222.1 | — | — | 94.2 | 13.5 | | | 204.3 | 111.0 | 14.5 | 190 | 14 | 11 |
| 13 | 西安 | 123.4 | 123.4 | — | — | — | — | | | 112.0 | — | 11.4 | 89 | 6 | 8 |
| 14 | 哈尔滨 | 21.8 | 21.8 | — | — | — | — | | | 21.8 | | | 22 | | 1 |
| 15 | 苏州 | 164.9 | 120.7 | — | — | — | 44.2 | | | 112.8 | 45.0 | 7.1 | 120 | 6 | 8 |
| 16 | 郑州 | 136.6 | 93.6 | — | — | 43.0 | — | | | 76.3 | 44.3 | 16.0 | 64 | 2 | 4 |
| 17 | 昆明 | 88.7 | 88.7 | — | — | — | — | | | 63.7 | 3.3 | 21.7 | 57 | 4 | 6 |

| 序号 | 城市 | 线路长度（公里） | 各系统制式线路长度（公里） | | | | | | | 各敷设方式线路长度（公里） | | | 场站（座） | | |
|---|---|---|---|---|---|---|---|---|---|---|---|---|---|---|---|
| | | | 地铁 | 轻轨 | 单轨 | 市域快轨 | 现代有轨电车 | 磁浮交通 | APM | 地下线 | 地面线 | 高架线 | 车站 | 换乘站 | 停车场/车辆段 |
| 18 | 杭州 | 114.7 | 114.7 | — | — | — | — | — | — | 108.1 | 0.5 | 6.1 | 80 | 5 | 5 |
| 19 | 佛山 | 21.5 | 21.5 | — | — | — | — | — | — | 21.5 | — | | 15 | — | 1 |
| 20 | 长沙 | 67.3 | 48.8 | — | — | — | 18.6 | — | — | 47.8 | — | 19.5 | 45 | 1 | 3 |
| 21 | 宁波 | 74.5 | 74.5 | — | — | — | — | — | — | 39.5 | — | 35.0 | 50 | 1 | 5 |
| 22 | 无锡 | 55.7 | 55.7 | — | — | — | — | — | — | 41.5 | 0.3 | 13.9 | 45 | 1 | 4 |
| 23 | 南昌 | 48.5 | 48.5 | — | — | — | — | — | — | 48.5 | — | | 40 | 1 | 3 |
| 24 | 兰州 | 61.0 | — | — | — | 61.0 | — | — | — | — | 61.0 | | 6 | — | 1 |
| 25 | 青岛 | 178.2 | 44.9 | — | — | 124.5 | 8.8 | — | — | 70.8 | 10.7 | 96.7 | 92 | 3 | 6 |
| 26 | 淮安 | 20.1 | — | — | — | | 20.1 | — | — | — | 20.1 | | 23 | — | 1 |
| 27 | 福州 | 24.6 | 24.6 | — | — | — | — | — | — | 24.6 | — | | 21 | — | 2 |
| 28 | 东莞 | 37.8 | 37.8 | — | — | — | — | — | — | 33.7 | 0.4 | 3.6 | 15 | — | 1 |
| 29 | 南宁 | 53.1 | 53.1 | — | — | — | — | — | — | 53.1 | — | | 41 | 2 | 3 |
| 30 | 合肥 | 52.3 | 52.3 | — | — | — | — | — | — | 52.3 | — | | 46 | 1 | 2 |
| 31 | 石家庄 | 28.4 | 28.4 | — | — | — | — | — | — | 28.4 | — | | 26 | 1 | 3 |
| 32 | 贵阳 | 33.7 | 33.7 | — | — | — | — | — | — | 29.7 | 1.6 | 2.4 | 24 | — | 2 |
| 33 | 厦门 | 30.3 | 30.3 | — | — | — | — | — | — | 25.9 | 1.6 | 2.8 | 24 | — | 2 |
| 34 | 珠海 | 8.8 | — | — | — | | 8.8 | — | — | — | 8.8 | | 14 | — | 1 |
| 35 | 乌鲁木齐 | 16.7 | 16.7 | — | — | — | — | — | — | 16.7 | — | | 12 | — | 1 |
| | 总计 | 5761.4 | 4354.3 | 255.4 | 98.5 | 656.5 | 328.7 | 57.9 | 10.2 | 3639.8 | 833.6 | 1288.0 | 3394 | 305 | 263 |

注 1. 表中经国家发改委审批的线路总规模 5043.6 公里，占比 87.5%；地方政府审批的线路总规模 386.6 公里，占比 6.7%，原铁道部审批的线路总规模 331.2 公里，占比 5.8%；

2. 所有线网，车站数量含换乘站，等车站只计数一次；

3. 景区内旅游观光线、工业园区内仅供员工使用的通勤线路、科研试验线等不承担城市公共交通职能的线路不计入；

4. 按地理区域划分，广佛线在佛山境内线路长度 21.5 公里，车站 15 座计入佛山市。

2. 客运量

据不完全统计，2018 年国内城市轨道交通累计完成客运量 210.7 亿人次。其中，北京全年累计完成客运量 38.5 亿人次，上海累计完成客运量 37.1 亿人次；广州累计完成客运量 30.3 亿人次；深圳累计完成客运量 16.4 亿人次；成都累计完成客运量 11.6 亿人次；南京累计完成客运量 11.2 亿人次；武汉累计完成客运量 10.5 亿人次。北京、上海、广州、深圳客运量占全国总客运量的 58%。

2018 年，全国城市平均日均客运量 177.7 万人次。北京、上海两市日均客运量均超过

1000 万人次，分别为 1054.4 万人次和 1017.2 万人次；广州日均客运量 835.4 万人次；深圳日均客运量 451 万人次；成都、南京、武汉 3 市日均客运量突破 300 万人次；重庆、西安两市日均客运量突破 200 万人次；日均客运量突破 100 万的城市还有杭州、天津两市。

2018 年，全国城市轨道交通平均客运强度为 0.8 万人次/公里日。从线网上看，线网平均客运强度超过 1 万人次/公里日的城市有 10 个，依次为西安、北京、广州、深圳、上海、成都、杭州、哈尔滨、南宁、长沙。西安市客运强度为 1.91 万人次/公里日，居全国首位。具体见表 0-2。

表 0-2　　　　　　　　　　2018 年各城市城市轨道交通客运情况统计表

| 序号 | 城市 | 客运总量（万人次） | 日均客运量（万人次） | 进站量（万人次） | 客运周转量（万人公里） | 客运强度（万人次/公里日） | 线路最高日客运量（万人次） | 车站最高日客运量 | | |
|---|---|---|---|---|---|---|---|---|---|---|
| | | | | | | | | 最高日客运量（万人次） | 发生车站 | 发生日期 |
| 1 | 北京 | 384 841.7 | 1054.4 | 203 969.7 | 3 357 614.5 | 1.72 | 197.5 | 41.52 | 西直门 | 2018/03/30 |
| 2 | 上海 | 371 020.6 | 1017.2 | 212 662.6 | 3 387 388.4 | 1.44 | 193.1 | 76.66 | 人民广场 | 2018/10/02 |
| 3 | 天津 | 40 852.9 | 123.5 | 28 520.2 | 325 787.6 | 0.54 | 39.6 | 25.94 | 天津站 | 2018/09/30 |
| 4 | 重庆 | 85 787.1 | 250.3 | 61 149.9 | 798 893.7 | 0.80 | 108.8 | 35.88 | 两路口 | 2019/09/30 |
| 5 | 广州 | 302 950.0 | 835.4 | 174 477.9 | 2 261 913.2 | 1.72 | 237.0 | 84.55 | 体育西路 | 2018/08/17 |
| 6 | 深圳 | 164 605.4 | 451.0 | 109 590.7 | 1 432 412.2 | 1.63 | 143.0 | 44.22 | 老街 | 2018/12/31 |
| 7 | 武汉 | 105 401.3 | 306.9 | 71 553.3 | 802 521.2 | 0.88 | 113.7 | 40.47 | 江汉路 | 2018/12/31 |
| 8 | 南京 | 111 880.8 | 307.0 | 67 685.5 | 924 447.3 | 0.78 | 115.4 | 63.82 | 新街口 | 2018/12/31 |
| 9 | 沈阳 | 32 994.3 | 90.4 | 26 250.7 | 258 125.9 | 0.70 | 58.8 | 29.60 | 青年大街 | 2018/8/17 |
| 10 | 长春 | 12 730.0 | 35.5 | 11 278.8 | 95 493.7 | 0.35 | 22.2 | 3.11 | 长春站 | 2018/05/01 |
| 11 | 大连 | 19 225.0 | 52.7 | 15 835.1 | 204 367.4 | 0.33 | 26.7 | 16.65 | 西安路 | 2018/8/17 |
| 12 | 成都 | 115 755.9 | 317.4 | 73 459.8 | 900 746.4 | 1.35 | 107.4 | 49.33 | 春熙路 | 2018/12/31 |
| 13 | 西安 | 74 624.6 | 235.4 | 54 285.0 | 575 323.3 | 1.91 | 124.3 | 48.38 | 小寨 | 2018/12/31 |
| 14 | 哈尔滨 | 9742.0 | 26.7 | 8319.1 | 57 028.6 | 1.22 | 31.1 | 8.28 | 医大二院 | 2018/12/21 |
| 15 | 苏州 | 32 806.7 | 90.0 | 22 396.5 | 230 831.0 | 0.55 | 47.3 | 4.95 | 东方之门 | 2018/12/31 |
| 16 | 郑州 | 29 340.7 | 80.4 | 14 656.1 | 288 204.0 | 0.86 | 74.7 | 7.66 | 郑州火车站 | 2018/05/01 |
| 17 | 昆明 | 19 957.7 | 54.7 | 15 968.7 | 196 504.5 | 0.62 | 49.9 | 19.02 | 东风广场 | 2018/09/30 |
| 18 | 杭州 | 52 985.2 | 145.2 | 40 026.0 | 464 868.1 | 1.27 | 100.4 | 34.51 | 火车东站 | 2018/05/01 |
| 19 | 佛山 | — | — | — | — | — | — | — | — | — |
| 20 | 长沙 | 25 029.5 | 68.6 | 21 279.8 | 158 300.1 | 1.02 | 67.8 | 27.16 | 五一广场 | 2018/10/01 |
| 21 | 宁波 | 12 437.1 | 34.1 | 9875.8 | 100 424.8 | 0.46 | 26.2 | 19.78 | 鼓楼 | 2018/05/01 |
| 22 | 无锡 | 10 312.0 | 28.3 | 8706.5 | 75 669.3 | 0.51 | 23.1 | 11.76 | 三阳广场 | 2018/12/31 |
| 23 | 南昌 | 14 175.8 | 38.8 | 12 368.0 | 104 913.5 | 0.80 | 54.9 | 14.56 | 地铁大厦 | 2018/10/20 |
| 24 | 兰州 | — | — | — | — | — | — | — | — | — |

| 序号 | 城市 | 客运总量（万人次） | 日均客运量（万人次） | 进站量（万人次） | 客运周转量（万人公里） | 客运强度（万人次/公里日） | 线路最高日客运量（万人次） | 车站最高日客运量 | | |
|---|---|---|---|---|---|---|---|---|---|---|
| | | | | | | | | 最高日客运量（万人次） | 发生车站 | 发生日期 |
| 25 | 青岛 | 15 388.3 | 47.1 | 12 310.7 | 124 410.8 | 0.26 | 39.0 | 11.79 | 五四广场 | 2018/4/30 |
| 26 | 淮安 | 924.0 | 2.5 | 924.0 | — | 0.13 | 4.8 | 0.59 | 体育馆 | 2018/10/01 |
| 27 | 福州 | 6087.6 | 16.7 | 6087.6 | 42 928.3 | 0.68 | 28.2 | 3.92 | 东街口 | 2018/12/31 |
| 28 | 东莞 | 4605.1 | 12.6 | 4605.1 | 60 364.1 | 0.33 | 27.0 | 12.74 | 鸿福路 | 2018/12/31 |
| 29 | 南宁 | 21 362.1 | 58.5 | 18 341.9 | 159 483.1 | 1.10 | 61.4 | 34.59 | 朝阳广场 | 2018/12/31 |
| 30 | 合肥 | 15 323.6 | 42.0 | 12 604.8 | 116 349.9 | 0.80 | 32.6 | 17.53 | 大东门 | 2018/10/01 |
| 31 | 石家庄 | 8760.2 | 24.0 | 7248.9 | 50 650.5 | 0.84 | 27.4 | 16.15 | 新百广场 | 2018/11/10 |
| 32 | 贵阳 | 744.1 | 2.0 | 744.1 | 5903.4 | 0.06 | 18.3 | 2.31 | 中山西路 | 2018/12/31 |
| 33 | 厦门 | 4164.6 | 11.4 | 4164.6 | 43 644.9 | 0.38 | 24.1 | 3.71 | 镇海路 | 2018/04/30 |
| 34 | 珠海 | 103.8 | 0.3 | 103.8 | 545.2 | 0.03 | 0.5 | — | — | — |
| 35 | 乌鲁木齐 | 244.0 | 3.6 | 244.0 | 1777.9 | 0.21 | 8.3 | — | — | — |
| | 总计/平均 | 2 107 163.7 | 177.7 | 1 331 695.2 | 17 607 829.4 | 0.80 | 67.7 | — | — | — |

3. 运营服务

2018 年，城市轨道交通平均运营服务时长 16.6 小时/日。城市平均运营服务时长超过 18 小时/日的城市有 4 个，分别为北京、上海、西安、杭州，其中北京平均运营服务时长 18.6 小时/日，居全国之首。

2018 年，全国城市轨道交通高峰小时发车间隔平均为 265 秒。其中以上海地铁 9 号线 115 秒最短。北京、上海、广州、深圳、重庆、南京、武汉、成都、西安、苏州、杭州、郑州共 12 个城市的 49 条城市轨道交通线路高峰小时最小发车间隔进入 180 秒以内。具体见表 0-3。

表 0-3 　　　　　　2018 年各城市城市轨道交通运营服务情况统计表

| 序号 | 城市 | 运营里程（万车公里） | 平均旅行速度（公里/小时） | 配属列车数（列） | 日均计划开行列次（列） | 日均实际开行列次（列） | 线路高峰小时最小发车间隔（秒） | 线网平均运营服务时间（小时/日） |
|---|---|---|---|---|---|---|---|---|
| 1 | 北京 | 59 759.5 | 36.8 | 977 | 9229 | 9240 | 120 | 18.6 |
| 2 | 上海 | 56 777.2 | 37.1 | 829 | 8062 | 8104 | 115 | 18.1 |
| 3 | 天津 | 10 035.7 | 35.9 | 219 | 1752 | 1752 | 240 | 16.8 |
| 4 | 重庆 | 17 867.9 | 40.9 | 305 | 3200 | 3200 | 150 | 16.2 |
| 5 | 广州 | 33 578.4 | 41.4 | 492 | 6527 | 6530 | 118 | 17.6 |
| 6 | 深圳 | 26 149.9 | 34.9 | 366 | 3599 | 3603 | 145 | 16.6 |

| 序号 | 城市 | 运营里程<br>(万车公里) | 平均旅行速度<br>(公里/小时) | 配属列车数<br>(列) | 日均计划<br>开行列次<br>(列) | 日均实际<br>开行列次<br>(列) | 线路高峰小时<br>最小发车间隔<br>(秒) | 线网平均运<br>营服务时间<br>(小时/日) |
|---|---|---|---|---|---|---|---|---|
| 7 | 武汉 | 18 635.9 | 31.6 | 423 | 3736 | 3733 | 174 | 16.7 |
| 8 | 南京 | 20 719.4 | 44 | 311 | 3628 | 3634 | 140 | 16.5 |
| 9 | 沈阳 | 4772.9 | 25.1 | 96 | 1242 | 1240 | 250 | 17.8 |
| 10 | 长春 | 2475.2 | 30.9 | 132 | 1293 | 1295 | 330 | 15.4 |
| 11 | 大连 | 5290.4 | 44.1 | 114 | 1159 | 1167 | 210 | 16.8 |
| 12 | 成都 | 17 190.2 | 34.7 | 316 | 2641 | 2643 | 120 | 17.3 |
| 13 | 西安 | 10 107.5 | 34.2 | 175 | 2033 | 2036 | 148 | 18 |
| 14 | 哈尔滨 | 1379.8 | 29.4 | 21 | 502 | 502 | 291 | 16 |
| 15 | 苏州 | 8582.8 | 31 | 167 | 1777 | 1777 | 150 | 17 |
| 16 | 郑州 | 6273.8 | 35.9 | 106 | 865 | 870 | 170 | 15.7 |
| 17 | 昆明 | 4797.9 | 42.4 | 82 | 842 | 842 | 270 | 17 |
| 18 | 杭州 | 9841.9 | 33.6 | 135 | 1305 | 1309 | 140 | 18 |
| 19 | 佛山 | — | — | — | — | — | — | — |
| 20 | 长沙 | 4277.5 | 40.1 | 61 | 877 | 878 | 224 | 16 |
| 21 | 宁波 | 5528.8 | 38 | 61 | 711 | 711 | 280 | 16 |
| 22 | 无锡 | 3189.3 | 34.5 | 46 | 506 | 506 | 360 | 17 |
| 23 | 南昌 | 3032.6 | 33.6 | 49 | 571 | 575 | 312 | 15 |
| 24 | 兰州 | — | — | — | — | — | — | — |
| 25 | 青岛 | 4809.9 | 39.6 | 112 | 1387 | 1388 | 235 | 16 |
| 26 | 淮安 | 762.8 | 25 | 26 | 276 | 276 | 376 | 16 |
| 27 | 福州 | 1347.9 | 32.1 | 28 | 257 | 257 | 375 | 17 |
| 28 | 东莞 | 2111.4 | 53.9 | 20 | 269 | 269 | 400 | 17 |
| 29 | 南宁 | 3534 | 34.1 | 51 | 622 | 623 | 300 | 16.5 |
| 30 | 合肥 | 3723.1 | 32.3 | 54 | 642 | 643 | 330 | 17 |
| 31 | 石家庄 | 1484.4 | 32.5 | 33 | 449 | 449 | 390 | 15.5 |
| 32 | 贵阳 | 741.9 | 34.2 | 31 | 222 | 222 | 390 | 17 |
| 33 | 厦门 | 1866.9 | 36.7 | 40 | 293 | 293 | 250 | 16 |
| 34 | 珠海 | 40.3 | 18.1 | 6 | 132 | 130 | 650 | 15 |
| 35 | 乌鲁木齐 | 119.3 | 35.5 | 14 | 194 | 194 | 600 | 14 |
| | 总计/平均 | 350 806.4 | 35.3 | 5898 | 60 800 | 60 891 | 265 | 16.6 |

**注** 表中广佛线全线数据计入广州。

学习单元一

# 城 市 轨 道 交 通 车 站

　　城市轨道交通车站是客流的节点，是列车到发、通过、折返、临时停车的地点；同时轨道交通车站是轨道交通客运工作的基本生产单位，是向乘客提供上下车、购票以及相关服务的场所；另外，车站还具有购物、集聚、景观等一系列功能。车站的建筑形式必须结合城市特有的发展规划、地理条件及经济状况，因地制宜地考虑选型，并与各种车站的建筑施工特点结合起来进行选型。因此，了解和掌握车站的类型、布局特点及客运设施设备的布置状况及功能要求，是了解和掌握地铁车站客运组织工作的基础。

## 任务一　车　站　布　置

**知识目标**

（1）能熟知城市轨道交通车站布置原则。
（2）能掌握车站基本设施布置方法。
（3）获取信息的能力、应变能力、分析判断能力、逻辑思维能力。
（4）具备良好的职业道德、严格的纪律性、一定的团队协作和交流与沟通能力。

**学习任务**

车站布置。

**教学环境**

城轨交通实训场、城轨交通车站。

**教学设施**

城市轨道交通车站（或车站沙盘模型）。

**理论模块**

### 一、车站的类型

1. 按车站客流量分类

（1）大型车站：高峰小时客流量达 3 万人次以上。
（2）中等车站：高峰小时客流量在 2 万～3 万人次。

（3）小型车站：高峰小时客流量在 2 万人次以下。

2. 按运营性质分类

（1）中间站：仅供列车停靠和乘客上、下车之用，功能单一，是城市轨道路网中数量最多的车站，如图 1-1 所示。

（2）区域站：是设在两种不同行车密度交界处的车站，设有折返线和折返设备，区域站兼有中间站的功能，如图 1-2 所示。

图 1-1 中间站

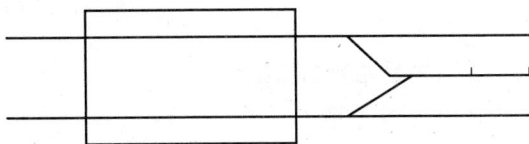
图 1-2 区域站（折返站）

（3）换乘站：是位于两条及两条以上线路交叉点上的车站（图 1-3），它除了具有中间站的功能外，更主要的是它还可以从一条线上的车站通过换乘设施转换到另一条线路上。

（4）尽端站：是设在线路两端的车站（图 1-4），就列车上、下行而言，尽端站既是终点站也是起点站，尽端站设有可供列车全部折返的折返线和设备，也可供列车临时停留检修。

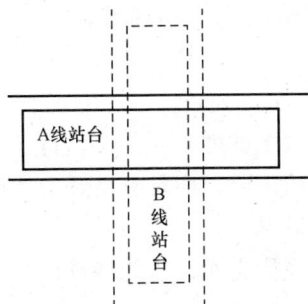
图 1-3 换乘站

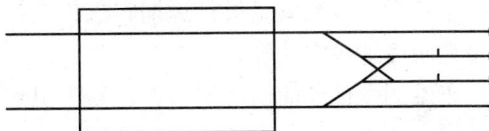
图 1-4 尽端站

3. 按车站位置分类

（1）地下站：由于地面空间的限制，建设于地下的车站。其建设费用较高，市区内部地铁车站多采用这种形式。

（2）地面站：设置在地面层的车站，地面车站造价比较低，但占用地面空间。其缺点是造成轨道交通线路所经过的地面区域分割，所以一般在城市郊区采用此类型的车站。

（3）高架站：出入口设置在地面，站厅或站台采用高架的形式。高架站造价比地下站要低，但对地面景观影响较大，多设置在郊区。

各种车站的布置如图 1-5 所示。

4. 按有无道岔分

城市轨道交通线路中除正线外，还有折返线、停车线、渡线、联络线等辅助线，正线和辅助线要依靠道岔进行转线。城市轨道交通车站中存在折返线、停车线、渡线、联络线等辅助线路的车站称为有道岔车站，此类车站不仅要完成正常的行车组织工作，还有站内的调车作业，相应的无道岔车站则只需完成正常的行车组织工作。

11

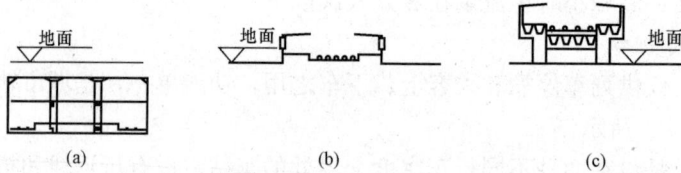

图 1-5　按车站位置分类的车站形式
(a) 地下站；(b) 地面站；(c) 高架站

## 二、车站布置的原则

### 1. 规划性原则

（1）车站选址要满足城市规划、城市交通规划及轨道交通路网规划的要求，并综合考虑该地区的地下管线、工程地质、水文地质条件、地面建筑物的拆迁及改造的可能性等情况合理选定。

（2）车站总体设计要注意与周围环境的协调，如与城市景观、地面建筑规划相协调。

（3）车站的规模及布局设计要满足路网远期规划的要求。

### 2. 经济性原则

（1）车站的设计应尽可能地与物业开发相结合，使土地的使用达到最经济。

（2）车站应在满足使用功能的前提下，尽量缩小建筑空间，使其规模、投资达到最合理。

### 3. 实用性原则

（1）车站站位应尽可能地靠近人口密集区和商业区，最大限度地方便乘客出行。

（2）车站设计应能满足设计远期客流集散量和运营管理的需要，应具有良好的外部环境条件，最大限度地吸引乘客。

（3）车站的设计应简洁明快大方、易于识别，并应体现现代交通建筑的特点，同时还应与周围的城市景观相协调。

（4）车站公共区应按客流需要设置足够宽度的、直达地面的人行通道，出入口的布置应积极配合城市道路、周围建筑、公交的规划等因素综合考虑，通道和出入口不应有影响乘客紧急疏散的障碍物。车站设计要尽量兼顾过街人行通道的要求。

### 4. 安全性原则

车站考虑防灾设计，确保车站的安全性。

## 三、车站组成及车站布置形式

### 1. 出入口

出入口是连接轨道交通与外界的窗口，除了功能设计需要先进外，还需要具备美观大方等艺术特点，如图 1-6 所示。一般一个地铁车站根据客流量的大小和其车站的重要性设有2～8个出入口，某些车站的出入口最多可达十几个，如西安地铁2号线的行政中心站，布置在道路中心广场下方，衔接市政府、市委、商业街区、公园、住宅区，设有16个出入口。

（1）出入口布置原则。

1）车站出入口的位置，一般都选在城市道路两侧、交叉路口及有大量人流的广场附近，以及火车站、公共汽车站、电车站附近，便于乘客换车。

图 1-6　车站出入口

2）车站出入口与城市人流路线有密切的关系，应合理组织出入口的人流路线，尽量避免相互交叉和干扰。车站出入口不宜设在城市人流的主要集散处，以便减少出入口被堵塞的可能。

3）车站出入口应设在比较明显的部位，需具有标志性或可识别性。

4）如果地铁车站设在地面街道十字路口下，为了避免乘客和行人横穿马路，一般应在各个角都设置出入口；如果车站位置在社区附近，则出入口位置尽量设在靠近社区门口，方便居民乘车；如果车站设在大型购物休闲地带，则车站出入口应考虑与购物休闲出入口尽量连接，或者有些出入口可直接设在购物中心的一楼到地下一层，尽量方便乘客。

（2）出入口数量。一般一个地铁车站根据客流量的大小和其车站的重要性设有 2~8 个出入口。浅埋地下车站的出入口数量不宜少于 4 个，深埋地下车站的出入口数量不宜少于两个。

（3）出入口宽度计算。地下车站，出入口处布置有楼梯，楼梯的宽度直接影响了出入口的宽度。出入口楼梯宽度的计算式可表示为

$$B_n = \frac{MKb_n}{C_t N} \qquad (1-1)$$

式中　$B_n$——出入口楼梯宽度（$n$ 表示出入口序号），m；

　　　$M$——车站高峰小时客流量；

　　　$K$——超高峰系数，选用 1.2~1.4；

　　　$b_n$——出入口客流不均匀系数，选用 1.1~1.25（$n$ 表示出入口序号）；

　　　$C_t$——楼梯通过能力；

　　　$N$——出入口数量。

2. 站厅

站厅的作用是将车站的乘客迅速、安全、方便地引导到站台乘车或下车乘客迅速离开车站，因而它是一种过渡空间。

（1）站厅布置原则。一般站厅内要设置售检票及问询等设施，在一定程度上会形成乘客聚集，因此站厅要起到分配和组织人流的作用。站厅应有足够的面积，除考虑正常所需购票、检票及通行面积外，还需考虑乘客作短暂停留及特殊情况下紧急疏散的情况，如图 1-7

图 1-7　车站站厅

所示。

　　站厅的面积主要由远期车站预测的客流量大小和车站的重要程度决定，一般根据经验和类比分析确定。

　　（2）站厅布置形式。一般站厅有两种布置形式：一种为分别在站台两端上层设置站厅，这种布置形式站厅面积小，但站台感觉层高较高，比较开阔（图 1-8）；另一种为在站台上层集中布置，这种布置方式站厅面积大，但站台感觉较为压抑（图 1-9）。

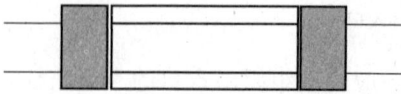

图 1-8　站厅分散布置图

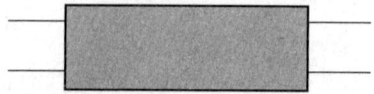

图 1-9　站厅集中布置图

　　（3）站厅层公共区布局。公共区是乘客集散的区域，利用自动售检票设备和隔离栏杆等可将其划分为付费区和非付费区，如图 1-10 所示。进站乘客在非付费区完成购票后，通过检票设备进入付费区，再通过楼梯或扶梯到达站台乘车；出站乘客通过自动检票设备后到非付费区出站。

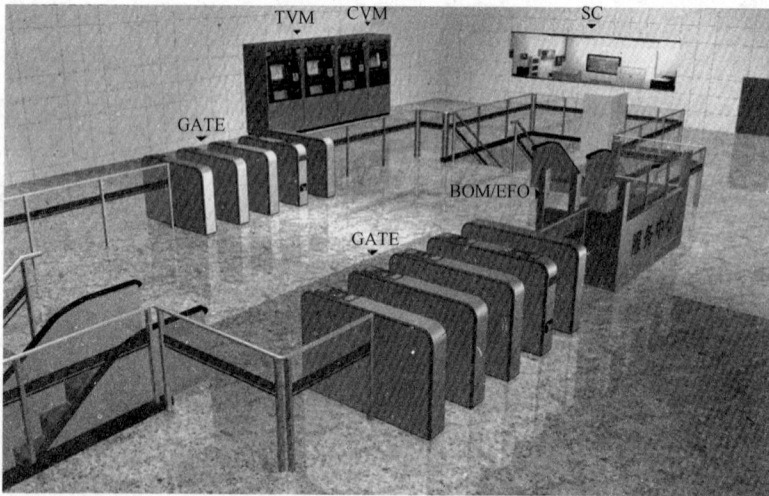

图 1-10　站厅公共区布置

　　（4）站厅层车站用房区。

　　1）车站管理用房。车站管理用房一般设置在站厅层非付费区，有些也设置在站台层非公共区域。车站管理用房主要包括：车站综合控制室（车控室）、票务管理室、站台门工班管理室、通信信号工班管理室、AFC 工班管理室等，如图 1-11 所示。正线运营的每个车站都必须设置车站综合控制室、票务管理室，站台门工班管理室、通信信号工班管理室、AFC 工班管理室等，其他专业根据其所管理的区段设置在合适的车站。车站综合控制室是车站运营的中心。

图 1-11　车站管理用房

2）车站设备用房。车站设备用房一般设置在站厅层非付费区或站台层非公共区域，主要是安置各类设备、进行日常维修及保养设备的场所。车站设备用房主要包括：风机空调房、综合控制设备房、低压配电室、通信信号设备室、站台门设备室、消防气瓶间等，如图 1-12 所示。

3. 站台

站台是最直接体现车站功能的层面，其主要作用是供列车停靠、乘客候车及上下列车之用。站台两端一般设有设备用房及办公用房、厕所等，站台通常还设置座椅供乘客休息，由于站台直接与轨道相接，一般在站台边缘设置站台门来保障乘客乘车的安全性，如图 1-13 所示。

图 1-12　车站低压配电室

图 1-13　车站站台

（1）站台布置原则。站台层布置需以车站上下行远期超高峰小时设计客流量来计算站台宽度，根据列车编组确定站台长度，根据线路走向及换乘要求确定站台型式。

（2）站台类型。

1）岛式站台。站台位于上、下行线路之间，可供上、下行线路同时使用的车站称为岛式站台车站，站台两端有供旅客上下的楼梯通至站厅。岛式车站适用于规模较大的车站，需设中间站厅进入站台。岛式站台空间利用率高，可以有效利用站台面积调剂客流，方便乘客的使用，站厅及出入口也可灵活安排，与建筑物结合或满足不同乘客的需要。其缺点是车站规模一般较大，不易压缩，如图 1-14 所示。

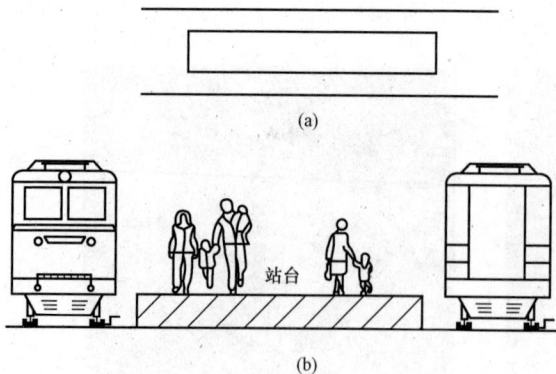

图 1-14　岛式站台示意图

（a）岛式站台平面图；（b）岛式站台断面图

2）侧式站台。站台位于线路两侧，线路用最小间距通过两站台之间的车站称为侧式站台车站。侧式站台在面积利用率、调剂客流、人流疏散、站台之间的联系等方面不及岛式站台，适用于客流量较小的车站或高架车站。由于侧式站台设置在线路两侧，售检票区可以灵活地设置，车站两侧也可结合空间开发统一利用，同时侧式站台在节省工程造价、后期工程预留等方面有自身优点，如图 1-15、图 1-16 所示。

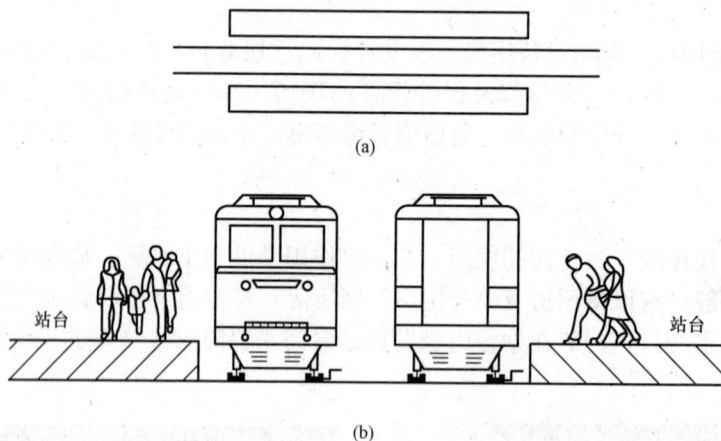

图 1-15　侧式站台示意图

（a）侧式站台平面图；（b）侧式站台断面图

3）混合式站台。在有些特殊的情况下，可以综合上述两种形式，形成混合式站台的车站，既有岛式站台又有侧式站台。从运营方面看，乘客可同时在两侧上下车，能缩短停靠时间，常用于大型车站。某些繁忙线路需设三条轨道，或是换乘站，一般采用混合式站台，如图 1-17 所示。

图 1-16　侧式站台

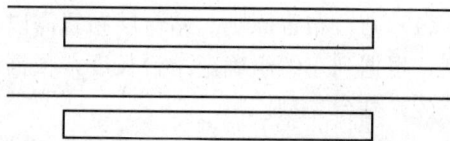

图 1-17　混合式站台平面图

（3）站台的长度、宽度和高度。

1）站台长度。站台长度分为站台总长度及站台有效长度两种。

站台总长度是包含了站台有效长度和所设置的设备、管理用房及迂回风道等总的长度，即车站规模长度。

站台有效长度即站台计算长度，其量值为远期列车编组有效使用长度加上停车误差。

站台的有效使用长度，无站台门的站台指首末两节列车司机门之间的长度；有站台门的站台为首末两节列车不包括司机门的站台门所围长度。

2）站台的宽度。站台宽度主要根据车站远期预测高峰小时客流量大小、列车运行间隔时间、结构横断面形式、站台形式、站房布置、楼梯及自动扶梯位置等因素综合考虑确定。

为保证乘客在站台上候车安全，距站台边缘 400mm 处应设不小于 80mm 宽的醒目安全线。

为保证列车高速进站及出站的限界要求，设于站台计算长度外的所有立柱、墙与站台边缘距离不得小于 220mm。

侧式站台宽度，可分两种情况：一是沿站台纵向布设楼梯（自动扶梯）时，站台总宽度由楼（扶）梯的宽度、设备和管理用房所占的宽度（移出站台外则不计宽度）、结构立柱的宽度和侧站台宽度等组成；二是通道垂直于站台方向布置时，楼梯（自动扶梯）均布置在通道内，站台总宽度包含设备和管理用房所占的宽度（移出站台外则不计宽度）、结构立柱的宽度和侧站台宽度。侧式站台宽度的计算公式为

$$B_1 = \frac{MW}{L} + 0.48 \qquad (1-2)$$

式中　$B_1$——侧式站台宽度，m；

　　　$M$——超高峰小时每列车单向上下车人数；

　　　$W$——人流密度，按 $0.4\text{m}^2/$人计算；

　　　$L$——站台有效长度，m。

岛式站台宽度包含了沿站台纵向布置的楼梯（自动扶梯）的宽度、结构立柱（或墙）的宽度和侧站台宽度。岛式站台宽度的计算公式为

$$B_2 = 2B_1 + C + D \qquad (1-3)$$

式中　$B_2$——岛式站台宽度，m；

　　　$B_1$——侧式站台宽度，m；

　　　$C$——柱宽，m；

　　　$D$——楼梯、自动扶梯宽，m。

3）站台高度。站台高度是指线路走行轨顶面至站台地面的高度。站台实际高度是指线路走行轨下面结构底板面至站台地面的高度，它包括走行轨顶面至道床底面的高度。

4. 通道

乘客从车站出入口到站厅或站台层需要有一定的通道，通道是联系城市轨道交通车站出入口和站厅层的纽带。一个车站从立体结构上分一般有 3～4 层，大型换乘枢纽层数更多，因此每层之间的联系通道直接影响站内乘客流线的组织。通道的设计应以乘客流动的路线为主要依据，最大限度减少进出站乘客流线的交叉和最大限度缩短乘客从出入口到站台的走行距离。通道主要由楼梯、电梯和步行道组成。

5. 综合开发区

现代城市轨道交通车站特别强调车站及沿线的综合开发能力，对车站来说，就是通过合

理的功能划分和安排，使车站在满足乘客出行服务要求的同时，能进行一定的服务功能与规模的延伸，包括车站与城市其他交通方式的结合，与地下市政公共设施的结合，与商业、服务设施的结合，与民防工程设施的结合等。

## 实训模块

### 一、实训任务描述

通过对城市轨道交通车站内容的学习，以小组为单位，完成制作车站各区域功能宣传手册这一工作。

### 二、相关资料及资源

相关资料：

（1）教材《城市轨道交通车站设备》学习单元一。

（2）《地铁设计规范》（GB 50157—2013）。

（3）教学课件。

相关资源：

（1）典型车站平面图。

（2）教学课件。

### 三、任务实施说明

（1）学生分组，每 8～10 人为一小组。

（2）小组进行任务分析。

（3）资料学习。

（4）现场教学。

（5）小组学习车站的类型、车站的组成及功能、车站设备布置原则、车站能力简单计算等。

（6）小组成员合作完成宣传手册制作，并进行检查。

（7）小组合作，展示成果，进行讲解演练，小组成员补充优化。

### 四、任务实施注意事项

（1）必须阅读《地铁设计规范》（GB 50157—2013）相关内容。

（2）进行处理工作时，应确保安全，包括人身和设备安全。

（3）遇到问题时小组进行讨论，可以让老师参与讨论，通过团队合作获取问题的解决。

（4）注意成本意识的培养。

# 任务二　车站设备配置

## 学习目标

（1）能熟知城市轨道交通车站设备配置原则。

（2）能掌握车站设备配置方法。

（3）获取信息的能力、应变能力、分析判断能力、逻辑思维能力。

（4）具备良好的职业道德、严格的纪律性、一定的团队协作和交流与沟通能力。

**学习任务**

车站设备配置。

**教学环境**

城轨交通实训场、城轨交通车站。

**教学设施**

城市轨道交通车站（或车站沙盘模型）、各类车站设备（或仿真模型）。

**理论模块**

### 一、车站设备配置原则

城市轨道交通车站的设备配置首先要满足面向乘客的服务要求，其次要强调设备配置的能力匹配与经济性，最后要体现出轨道交通服务方式在各类城市公共交通服务中的先进性，具体表现在以下几个方面。

1. 实用性

车站的设备配置要符合车站服务的特点，即服务的短暂性和高效率。轨道交通主要解决乘客在该服务系统中的汇聚与疏解，有很强的时效性，乘客的基本要求是在短暂的移动过程中充分享受到车站所提供的舒适服务。因此设备的实用性是车站首先考虑的问题，如车站的自动扶梯、先进的售票系统、车站的空调系统等设备都是城市轨道交通车站完成其优质服务功能所不可缺少的。另外作为现代文明城市的代表窗口，无障碍通行走廊（系统）的设置也是必不可少的，为行动不便的乘客提供最大的出行方便。

2. 功能匹配

由于轨道交通系统投资巨大，城市轨道交通车站的设备配置既要满足乘客所需的服务要求，同时也要防止出现设备能力闲置，降低设备的使用效率以及系统运营的经济效益（不包括正常的设备能力储备），即车站设备服务能力与乘客所需服务容量的匹配。另一方面，车站设备配置的能力匹配还包括各设备之间的容量与能力匹配，如列车运营密度对站厅候车能力、疏解能力、自动扶梯服务容量、售检票能力等都提出了相应的配套要求，这一要求首先就是车站各配置设备之间的能力协调。

3. 先进性

城市轨道交通系统作为先进的大容量、快捷交通运行工具，同时也是一个复杂的运营系统。高技术、高智能化是基本特征，而要体现这一高技术、高智能化特征，构成这一系统的诸设备必须有相当的先进性，就目前而言应以计算机技术、信息技术和控制技术为主要应用对象，提高车站设备的技术和应用层次。

4. 经济性

在满足乘客乘降需求的前提下，本着提高设备利用率的原则，车站内所配置的相关设备必须有一个符合经济性的问题，即从设备的等级、规模、先进的程度等方面出发体现出够用的原则，从而使车站建设的投资恰到好处。

5. 安全性

与其他各类交通工具一样，城市轨道交通系统的运营也十分强调其运营的安全性，它是所有被考虑因素中的第一位要素。而安全运营的实现除了依靠严格而又科学的运营管理以外，所属设备的运行可靠程度也是一个决定因素。对于车站设备的配置来说，要从所配置设备的安全可靠性上严格把关，同时还要配备必要的应急设备以防万一，如车站的供电系统。

**二、车站主要机电设备及其配置**

1. 楼梯及站内客运设备

出入口至站厅、站厅至站台需要设置楼梯或电梯。

（1）楼梯。若车站从出入口到站厅层只有步行楼梯，需要从楼梯中部利用隔离栏杆划分，这样进站客流和出站客流就不容易交叉干扰；若有些车站既有步行楼梯，又有自动扶梯，自动扶梯可以有效地将进出站客流分开，避免对流干扰。

由于地铁开挖深度较大，如果楼梯坡度大，容易造成乘客的疲劳感和不安全感；坡度太小会增加车站占地面积和工程量，因此应科学地设计楼梯坡度，当通道台阶数量多时，可分不同段设置缓解平台。楼梯一般采取 26°～34°倾角，其宽度单向通行不小于 1.8m，双向通行不小于 2.4m。当宽度大于 3.6m 时，应设置中间扶手，且每个梯段不应超过 18 步。

（2）站内客运设备。站内客运设备包括垂直电梯、自动扶梯以及轮椅升降机。其中垂直电梯和轮椅升降机主要面向进出站行动不便的乘客，可根据车站建设成本进行不同设置。如若车站中设置垂直电梯不能直达地面，则必须在车站设置轮椅升降机。

1) 垂直电梯一般设置在站厅到站台之间的垂直空间部分，主要目的是方便残疾人往站台乘车。系统设计标准规定：电梯平台需距离路面 150～450cm，采用玻璃外墙增加站内透明度，如图 1-18 所示。

2) 轮椅升降机是电梯的一个分支，安装在车站站台到站厅和地面到站厅步行楼梯一侧，提供给坐轮椅的乘客上下楼梯使用，弥补了车站现有直梯不能到达地面的不足。在升降机的上端和下端均设有对讲设备，只要按下对讲机上的按钮，即可与车站控制室对话，要求工作人员开梯使用，如图 1-19 所示。

图 1-18　垂直电梯

图 1-19　轮椅升降机

3) 自动扶梯是指带有循环运动梯路向上或向下倾斜输送乘客的固定电力驱动设备。一般车站出入口及站厅可设置上下行扶梯，对客流量不大的车站，可用楼梯代替下行扶梯。

自动扶梯作为车站中必须配置的设备，其作用是解决乘客在车站内的快速疏解。所以，自动扶梯的配置要根据车站客流量进行考虑。

以出站客流乘自动扶梯向上到达站厅层或地面考虑，自动扶梯台数 $M$ 的计算公式为

$$M = \frac{NK}{n_2 n} \tag{1-4}$$

式中　$N$——预测下客量（上下行），人/h；

　　　$K$——超高峰系数，取 $1.2 \sim 1.4$；

　　　$n_2$——每小时输送能力；

　　　$n$——楼梯的利用率，选用 $0.8$。

2. 自动售检票系统终端设备

（1）售票系统设备。包括售票机、验票机、充值机、兑币机等。这些设备应沿着进站客流流线顺序摆放，同时尽量避免阻碍和干扰其他方向客流。另外，为了节省地下空间，车站售票亭一般兼有人工售票、验票、补票等功能，宜布置在靠近出站检票机处以方便验票和补票。

（2）检票系统设备。包括进站检票机、出站检票机、双向检票机。检票机台数应根据远期高峰客流量确定，并有适当的预留量。检票机的摆放对进出站客流的流线组织起着关键作用，它的布置应遵循：①设置在付费区和非付费区的交界处；②进站检票机应与售票机及楼梯、扶梯配合设置；③出站检票机应与楼梯、扶梯及出入口配合设置；④出站检票机和进站检票机应按规范规定的距离分开设置，使客流在付费区不交叉干扰、顺畅有序，无阻塞拥挤，以方便乘客进出站为基本原则。在设计检票机数量的时候，请注意相邻两台检票机可以形成一个通道。所以应先满足通道数量，再根据布置情况确定检票机的数量。

售票可分为人工售票、半人工售票及自动售票三种。人工售票与半人工售票亭的尺度相同。半人工售票的方式为人工收费找零、机器出票，售票机将作为主要售票设备。人工售票亭、自动售票机数量 $N_1$ 的计算公式为

$$N_1 = M_1 K / m_1 \tag{1-5}$$

式中　$M_1$——使用售票机的人数或上下行车的客流总数（按高峰小时计）；

　　　$K$——超高峰系数，选用 $1.2 \sim 1.4$；

　　　$m_1$——人工售票每小时售票能力或自动售票机每小时售票能力。

检票口数量 $N_2$ 的计算公式为

$$N_2 = M_2 K / m_2 \tag{1-6}$$

式中　$M_2$——高峰小时进站客流量（上下行）或出站客流量总量；

　　　$K$——超高峰系数，选用 $1.2 \sim 1.4$；

　　　$m_2$——检票机检票能力。

3. 站台门

站台门是安装于站台上，用以将站台区域与轨道区域隔离开来的一系列门组成的屏障。该系统沿地铁站台边缘安装设置，将列车与地铁站台候车室隔离开来，除了能防止人员跌落轨道，为乘客提供一个舒适、安全、美观的候车环境，提高地铁服务水平外，还能隔断区间隧道内热空气与车站内空调风之间的热交换，使车站成为一个独立的空调场所，以显著降低车站空调的运行能耗，同时减少列车运行噪声和活塞风对车站的影响。

（1）站台门的分类。

1）全高封闭式站台门：适用于新建地铁地下车站以及需要对站台进行环境控制的地面和高架车站，如图1-20所示。

2）半高敞开式安全门：适用于地铁地下车站后期加装以及与自然环境相连的地面和高架车站，如图1-21所示。

图1-20　全高封闭式站台门

图1-21　半高敞开式安全门示意图

图1-22　站台门门体布置形式

（2）站台门门体的组成。站台门门体由滑动门、端门、应急门、固定门四大门体组成（图1-22、图1-23），各门体介绍如下。

滑动门：每个门单元有两扇滑动门。每扇滑动门由门玻璃、门框、门吊挂连接板、门导靴、门缘橡胶密封条和手动解锁装置等组成。

图1-23　站台门门体各组成部分

端门：列车在区间隧道火灾或故障时停在隧道内，乘客从列车端门下到隧道后疏散到站台的通道，也是车站人员进出隧道、进行维修的通道。端门由端门门玻璃、门框、闭门器、手动解锁装置和门锁等构成。

应急门：列车进站停车后列车门无法对准滑动门时的乘客疏散通道，乘客通过推开应急门的推杆从内侧打开应急门。

固定门：车站与区间隧道隔离和密封的屏障之一。固定门设置在滑动门与滑动门之间，滑动门与端门之间。

4．导向标识系统

导向标识系统需要按照车站进出站客流走向设置清晰、简洁、易懂的导向标识；需要在可能危及和影响乘客安全、行车安全的设备处设置警醒的警告标识；需要在不影响客流流通速度的位置设置详细、直观的服务信息标识。

导向标识系统按照其功能可以划分为导向标识、警告标识、服务信息标识三大类。

（1）导向标识：指向标识图形元素一般由图形、文字构成，经常用箭头符号作为辅助图形，强化方向感，指引前往目的地的前进方向。

常见导向标识包括列车运行方向、车站出入口方向、购票方向、进出站方向、换乘方向等，如图1-24～图1-27所示。

（2）警告标识：包括乘客禁止停留标识、乘客不能进入的区域、禁止吸烟等标识，如图1-28所示。

图1-24　出入口外导向标识

图1-25　站厅售检票导向标识

图1-26　站台乘车导向标识

图1-27　站厅出站导向标识

图1-28　站台警告标识

（3）服务信息标识：包括地铁系统线路图、车站立体图、早晚开行时刻表、车站周边公共服务设施等标识，如图1-29和图1-30所示。

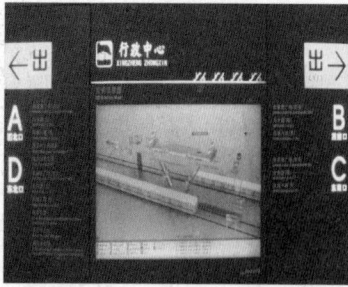

图 1-29　车站立体图

图 1-30　车站周边信息图

### 5. 乘客信息系统

乘客信息系统（Passenger Information System，PIS）是依托多媒体网络技术，以计算

图 1-31　站台 PIS 显示列车到发时间

机系统为核心，以车站和车载显示终端为媒介向乘客提供信息服务的系统。乘客信息系统由中心子系统、车站子系统、车载子系统和网络子系统组成。

乘客信息系统在常态下为旅客提供乘车须知、服务时间、列车到发时间、列车时刻表、管理者公告、政府公告、出行参考、股票信息、媒体新闻、赛事直播、广告等实时动态多媒体信息，如图 1-31 所示；在火灾、阻塞及恐怖袭击等非常态下，为旅客提供动态紧急疏散服务信息。

### 6. 消防系统

消防系统包括火灾自动报警系统、气体灭火系统、喷淋系统以及消防联动设备。

城市轨道车站消防系统按照车站公共区域、管理用房、设备用房以及轨行区隧道进行设备配置。在车站公共区域，设置易感知、易发现的触发器件。在乘客疏散通道设置隔烟防火设备以及喷淋系统。在设备用房内配置气体灭火系统。车站消防设备都通过火灾自动报警系统进行监控。

### 7. 环境与设备监控系统

环境与设备监控系统（BAS）是对地铁建筑物内的环境与空气调节、通风、给排水、照明、乘客导向、自动扶梯及电梯、站台门、防淹门等建筑设备和系统进行集中监视、控制和管理的系统。

### 8. 照明系统

地下车站内终日不见自然光，因此地铁车站照明系统对于空间氛围的营造举足轻重。灯光不足的黑暗环境中，眼睛无法清楚地辨识物体，但在过分明亮的光线之下也无法清楚地看事物。过强或过弱的照度及光源布置、选型的不恰当，都会引起乘客和工作人员不适的感觉，影响人的情绪、健康、安全及装饰效果。

所以，在城市轨道交通车站中，分工作场合分别设置正常照明、应急照明、值班照明以及过渡照明。

## 实训模块

### 一、实训任务描述

通过对学习单元一相关内容的学习，以小组为单位完成车站基础设计。

### 二、相关资料及资源

相关资料：

(1) 教材《城市轨道交通车站设备》学习单元一。

(2)《地铁设计规范》(GB 50157—2013)。

(3) 教学课件。

相关资源：

(1) 典型车站平面图。

(2) 教学课件。

车站设计基本资料：

(1) 车辆基本长度：A 车—22m；B 车—19m；C 车—19m。

(2) 车辆编组：A—B—C—B—C—B—C—A。

(3) 车站柱宽：2000mm。

(4) 自动扶梯性能：梯级宽度 1000mm，运行速度 0.5m/s，仰角 30°，梯级节距 400mm。

(5) 楼梯为双向混行。

(6) 每节车平均载客量：350 人。

(7) 闸机间距 550mm；闸机宽度 300mm。

(8) 人工售票厅的布置量为理论值的 30%。

(9) 列车高峰小时间隔时间：120s。

(10) 站址选择。

### 三、任务实施说明

(1) 学生分组，每 8～10 人为一小组。

(2) 小组进行任务分析。

(3) 资料学习。

(4) 现场教学。

(5) 小组学习车站的类型、车站的组成及功能、车站设备布置原则、车站能力简单计算等。

(6) 小组成员合作完成车站基础设计，并进行检查。

(7) 小组合作，展示成果，进行讲解演练，小组成员补充优化。

### 四、任务实施注意事项

(1) 必须阅读《地铁设计规范》(GB 50157—2013) 相关内容。

(2) 进行处理工作时，应确保安全，包括人身和设备安全。

(3) 遇到问题时小组进行讨论，可以让老师参与讨论，通过团队合作获取问题的解决。

(4) 注意成本意识的培养。

选择一：永宁门站是西安地铁 2 号线的一个站点，位于明城墙的南门附近，呈南北走向 (图 1-32)。

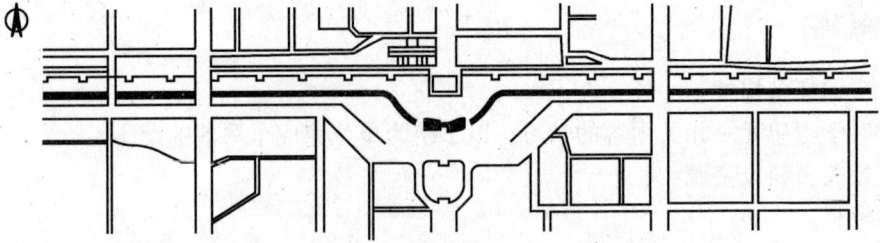

图 1-32　永宁门站附近道路分布示意图

由于该站位于西安市中心区，且靠近城门，因此，附近地面交通量非常大，交通比较拥挤，建筑物也比较密集。

站点附近的主要道路包括：南大街、粉巷、东木头市、书院门、顺城南巷、环城南路和长安北路等。南北方向的南大街有6条机动车道，左右各有一条公交专用道、非机动车道，其道路交通负荷已接近饱和。站点周围以商业和居住用地为主。

选择二：作为西安地铁2号线站点之一的南稍门站，位于长安路与友谊路交叉的十字路口，南北走向（图1-33）。其周围的道路网已基本形成，站点附近的道路有红会路、朱雀路、文艺南路、文艺北路、友谊东路，友谊西路等，站点附近只有少数规划路网，并以支路为主。站点附近的道路中，长安北路饱和度为0.94，友谊东路的饱和度为0.82，友谊西路饱和度为0.8，朱雀大街饱和度为0.94，道路接近饱和或较为拥挤。站点周围以商业和居住用地为主。

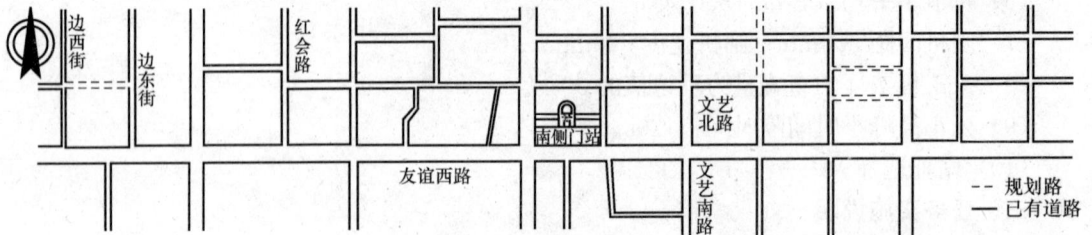

图 1-33　南稍门站附近道路分布示意图

选择三：小寨站位于长安南路与小寨路相交的十字路口（图1-34），路口东北侧为单、

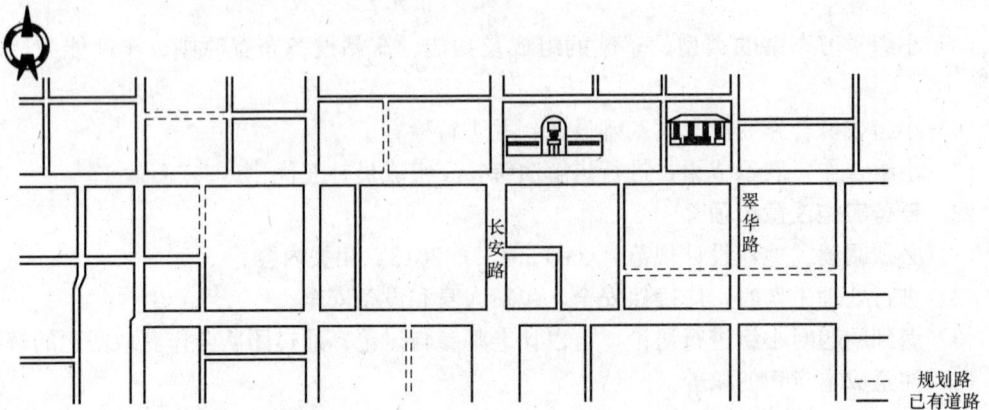

图 1-34　小寨站附近道路分布示意图

多层面门房；西北侧为西安电信小寨局；西南侧为陕西省军区军人服务社；东南侧为西安国际贸易中心大厦。站点附近道路中的长安路、小寨东路及与长安路垂直交叉的雁塔西路均为西安市的主干道，且道路饱和度很大，道路交通比较拥挤。

（5）客流数据：见表1-1至表1-4。

表1-1　　　　　　　2036年各站点早、晚高峰乘降客流的超高峰系数

| 站点 | 早高峰乘降量 | 晚高峰乘降量 | 早高峰超高峰系数 | 晚高峰超高峰系数 |
| --- | --- | --- | --- | --- |
| 南门 | 16 250 | 11 784 | 1.20 | 1.19 |
| 南稍门 | 10 172 | 7481 | 1.21 | 1.23 |
| 小寨 | 25 610 | 18 554 | 1.30 | 1.28 |

表1-2　　　　　　　远期主要站点的过街通道客流预测（高峰：人次/h）

| 站点 | 过街设施现状 | 站点处过街总需求 | 其他过街设施承担量 | 地铁车站通道承担量 |
| --- | --- | --- | --- | --- |
| 小寨 | 人行天桥 | 19 180 | 13 626 | 5553 |

表1-3　　　　　　　远期各个车站高峰小时流量

| 站点 | 由 南 到 北 | | 由 北 到 南 | |
| --- | --- | --- | --- | --- |
| | 上车 | 下车 | 上车 | 下车 |
| 南门 | 5593 | 3319 | 1531 | 5807 |
| 南稍门 | 3458 | 2502 | 851 | 3360 |
| 小寨 | 10 707 | 4185 | 2857 | 7860 |

表1-4　　远期各个车站出入口高峰时段的分担客流量（人次/h）（以四个出入口为例）

| 站点 | 1号出入口 | 2号出入口 | 3号出入口 | 4号出入口 |
| --- | --- | --- | --- | --- |
| 南门 | 4585 | 4546 | 3465 | 3655 |
| 南稍门 | 2533 | 2565 | 2567 | 2507 |
| 小寨 | 2675 | 2710 | 2609 | 2705 |

**拓展模块**

**一、车站事故疏散能力**

人行楼梯和自动扶梯的总量布置除应满足上、下乘客的需要外，还应按站台层的事故疏散时间不大于6min进行验算。消防专用梯及垂直电梯不计入事故疏散用。

事故疏散时间的计算公式为

$$T = 1 + \frac{Q_1 + Q_2}{0.9[A_1(N-1) + A_2 B]} \qquad (1-7)$$

式中　$Q_1$——1列车乘客数，人；

　　　$Q_2$——站台上候车乘客和站台上工作人员，人；

　　　$A_1$——自动扶梯通过能力，人/（min·m）；

　　　$A_2$——人行楼梯通过能力，人/（min·m）；

$N$——自动扶梯台数，台；

$B$——人行楼梯总宽度，m。

## 二、车站各部位的最大通过能力

车站各部位最大通过能力标准见表 1-5。

表 1-5 车站各部位最大通过能力

| 部 位 名 称 | | | 每小时通过人数 |
|---|---|---|---|
| 1m 宽楼梯 | | 下行 | 4200 |
| | | 上行 | 3700 |
| | | 双向混行 | 3200 |
| | | 单向 | 5000 |
| | | 双向混行 | 4000 |
| 1m 宽自动扶梯 | | 输送速度 0.5m/s | 8100 |
| | | 输送速度 0.65m/s | 不大于 9600 |
| 人工售票口 | | | 1200 |
| 自动售票机 | | | 300 |
| 人工检票口 | | | 2600 |
| 自动检票机 | 三杆式 | 磁卡 | 1500 |
| | | 非接触 IC 卡 | 1800 |
| | 门扉式 | 磁卡 | 1800 |
| | | 非接触 IC 卡 | 2100 |

## 三、车站各部位的最小宽度及最小高度

车站各部位最小宽度、最小高度标准见表 1-6、表 1-7。

表 1-6 车站各部位最小宽度

| 名 称 | 最小宽度（m） |
|---|---|
| 岛式站台 | 8 |
| 岛式站台的侧站台 | 2.5 |
| 侧式站台（长向范围内设梯）的侧站台 | 2.5 |
| 侧式站台（垂直于侧站台开通道口）的侧站台 | 3.5 |
| 通道或天桥 | 2.4 |
| 单向公共区人行楼梯 | 1.8 |
| 双向公共区人行楼梯 | 2.4 |
| 与自动扶梯并列设置的人行楼梯（困难情况下） | 1.2 |
| 消防专用楼梯 | 0.9 |
| 站台至轨道区的工作梯（兼疏散梯） | 1.1 |

表 1 - 7　　　　　　　　　　　　　车站各部位的最小高度

| 名　　称 | 最小高度（m） |
|---|---|
| 站厅公共区（地面装饰面至吊顶面） | 3 |
| 地下车站站台公共区（地面装饰面至吊顶面） | 3 |
| 地面、高架车站站台公共区（地面装饰面至风雨棚） | 2.6 |
| 站台、站厅管理用房（地面装饰面至吊顶面） | 2.4 |
| 通道或天桥（地面装饰面至吊顶面） | 2.4 |
| 人行楼梯和自动扶梯（踏步面沿口至吊顶面） | 2.3 |

#### 四、车站环境设计

（1）车站建筑设计应简洁、明快、大方，易于识别，适度装修，充分利用结构美，体现现代交通建筑特点。地面、高架车站设计应因地制宜，并尽可能减小建筑物规模和使其具有良好的空透性。

（2）装修应采用防火、防潮、防腐、耐久、易清洁的环保材料，应便于施工与维修，可能条件下兼顾吸声。地面材料应防滑耐磨。

（3）照明灯具要节能、耐久，尽可能采用深罩明露式。半敞开式风雨棚的地面、高架站的灯具应能防水、防尘。

（4）车站内应设置各种导向、事故疏散、服务乘客的标志。

（5）车站公共区内可适度设置广告，其位置、色彩不得干扰导向、事故疏散、服务乘客的标志。

（6）不采用站台门系统的车站，应考虑车站行车区的吸声处理。有噪声源的房间，应采取隔声、吸声措施。

（7）地面、高架车站应综合考虑噪声、振动防治措施。当采用声屏障时，应综合考虑功能和城市景观的要求。

学习单元二

# 站 内 客 运 设 备

## 任务一　垂直电梯的使用

### 学习目标

（1）能熟练进行站务员使用操作垂直电梯。

（2）获取信息的能力、应变能力、分析判断能力、逻辑思维能力。

（3）具备良好的职业道德、严格的纪律性、一定的团队协作和交流与沟通能力。

### 学习任务

垂直电梯的使用与维护。

### 教学环境

城轨交通实训场、城轨交通车站。

### 教学设施

垂直电梯、IBP 盘。

### 理论模块

电梯是用电力拖动的轿厢运行于铅垂的或倾斜不大于 15°的两列刚性导轨之间运送乘客或货物的固定设备。习惯上不论其驱动方式如何，将电梯作为建筑物内垂直交通运输工具的总称。

根据《地铁设计规范》（GB 50157—2013）规定：当地铁设置电梯用于运送乘客时，应满足坐轮椅者和盲人使用。电梯的提升速度不小于 0.63m/s，载重量不小于 1t。

### 一、垂直电梯类型认知

根据建筑的高度、用途及客流量（或物流量）的不同，而设置不同类型的电梯。目前电梯的基本分类方法大致如下。

1. 按用途分类

（1）乘客电梯：为运送乘客设计的电梯，要求有完善的安全设施以及一定的轿内装饰。

（2）载货电梯：主要为运送货物而设计，通常有人伴随的电梯。

（3）医用电梯：为运送病床、担架、医用车而设计的电梯，轿厢具有长而窄的特点。

（4）杂物电梯：供图书馆、办公楼、饭店运送图书、文件、食品等设计的电梯。

（5）观光电梯：轿厢壁透明，供乘客观光用的电梯。

（6）车辆电梯：用作装运车辆的电梯。

（7）船舶电梯：船舶上使用的电梯。

（8）建筑施工电梯：建筑施工与维修用的电梯。

（9）其他类型的电梯：除上述常用电梯外，还有些特殊用途的电梯，如冷库电梯、防爆电梯、矿井电梯、电站电梯、消防员用电梯等。

2. 按驱动方式分类

（1）交流电梯：用交流感应电动机作为驱动力的电梯。根据拖动方式又可分为交流单速、交流双速、交流调压调速、交流变压变频调速等。

（2）直流电梯：用直流电动机作为驱动力的电梯。这类电梯的额定速度一般在 2.00m/s 以上。

（3）液压电梯：一般利用电动泵驱动液体流动，由柱塞使轿厢升降的电梯。

（4）齿轮齿条电梯：将导轨加工成齿条，轿厢装上与齿条啮合的齿轮，电动机带动齿轮旋转使轿厢升降的电梯。

（5）螺杆式电梯：将直顶式电梯的柱塞加工成矩形螺纹，再将带有推力轴承的大螺母安装于油缸顶，然后通过电机经减速机（或皮带）带动螺母旋转，从而使螺杆顶升轿厢上升或下降的电梯。

（6）直线电机驱动的电梯：其动力源是直线电机。

电梯问世初期，曾用蒸汽机、内燃机作为动力直接驱动电梯，现已基本绝迹。

3. 按速度分类

电梯无严格的速度分类，我国习惯上将电梯分为以下几种。

（1）低速梯：常指速度低于 1.00m/s 的电梯。

（2）中速梯：常指速度在 1.00～2.00m/s 之间的电梯。

（3）高速梯：常指速度大于 2.00m/s 的电梯。

（4）超高速：速度超过 5.00m/s 的电梯。

随着电梯技术的不断发展，电梯速度越来越高，区别高、中、低速电梯的速度限值也在相应地提高。

4. 按电梯有无司机分类

（1）有司机电梯：电梯的运行方式由专职司机操纵来完成。

（2）无司机电梯：乘客进入电梯轿厢，按下操纵盘上所需要去的层楼按钮，电梯自动运行到达目的层楼，这类电梯一般具有集选功能。

（3）有/无司机电梯：这类电梯可变换控制电路，平时由乘客操纵，如遇客流量大或必要时改由司机操纵。

5. 按操纵控制方式分类

（1）手柄开关操纵：电梯司机在轿厢内控制操纵盘手柄开关，实现电梯的启动、上升、下降、平层、停止的运行状态。

（2）按钮控制电梯：是一种简单的自动控制电梯，具有自动平层功能，常见有轿外按钮控制、轿内按钮控制两种控制方式。

（3）信号控制电梯：这是一种自动控制程度较高的有司机电梯。除具有自动平层、自动开门功能外，还具有轿厢命令登记、层站召唤登记、自动停层、顺向截停和自动换向等功能。

（4）集选控制电梯：是一种在信号控制基础上发展起来的全自动控制的电梯，与信号控制的主要区别在于能实现无司机操纵。

（5）并联控制电梯：2～3台电梯的控制线路并联起来进行逻辑控制，共用层站外召唤按钮，电梯本身都具有集选功能。

（6）群控电梯：是用微机控制和统一调度多台集中并列的电梯。群控有梯群的程序控制、梯群智能控制等形式。

6. 其他分类方式

（1）按机房位置分类，则有机房在井道顶部的（上机房）电梯、机房在井道底部旁侧的（下机房）电梯，以及机房在井道内部的（无机房）电梯。

（2）按轿厢尺寸分类，则经常使用"小型""超大型"等抽象词汇表示。

此外，还有双层轿厢电梯等。

7. 特殊电梯

（1）斜行电梯：轿厢在倾斜的井道中沿着倾斜的导轨运行，是集观光和运输于一体的输送设备。特别是由于土地紧张而将住宅移至山区后，斜行电梯发展迅速。

（2）立体停车场用电梯，根据不同的停车场可选配不同类型的电梯。

（3）建筑施工电梯，是一种采用齿轮齿条啮合方式（包括销齿传动与链传动，或采用钢丝绳提升），使吊笼作垂直或倾斜运动的机械，用以输送人员或物料，主要应用于建筑施工与维修。它还可以作为仓库、码头、船坞、高塔、高烟囱的长期使用的垂直运输机械。

**二、垂直电梯结构认知**

曳引式式电梯是垂直交通运输工具中使用最普遍的一种电梯，现将其基本结构（图2-1）介绍如下：

1. 曳引系统

曳引系统由曳引机、曳引钢丝绳、导向轮及反绳轮等组成。

曳引机由电动机、联轴器、制动器、减速箱、机座、曳引轮等组成，它是电梯的动力源。

曳引钢丝绳的两端分别连接轿厢和对重（或者两端固定在机房上），依靠钢丝绳与曳引轮绳槽之间的摩擦力来驱动轿厢升降。

导向轮的作用是分开轿厢和对重的间距，采用复绕型时还可增加曳引能力。导向轮安装在曳引机架上或承重梁上。

当钢丝绳的绕绳比大于1时，在轿厢顶和对重架上应增设反绳轮。反绳轮的个数可以是一个、两个甚至三个，这与曳引比有关。

2. 导向系统

导向系统由导轨、导靴和导轨架等组成。其作用是限制轿厢和对重的活动自由度，使轿厢和对重只能沿着导轨作升降运动。

导轨固定在导轨架上，导轨架是承重导轨的组件，与井道壁连接。

导靴装在轿厢和对重架上，与导轨配合，强制轿厢和对重的运动服从于导轨的直立方向。

３. 门系统

门系统由轿厢门、层门、开门机、联动机构、门锁等组成。

轿厢门设在轿厢入口，由门扇、门导轨架、门靴和门刀等组成。

层门设在层站入口，由门扇、门导轨架、门靴、门锁装置及应急开锁装置组成。

开门机设在轿厢上，是轿厢门和层门启闭的动力源。

４. 轿厢

轿厢是用以运送乘客或货物的电梯组件，由轿厢架和轿厢体组成。轿厢架是轿厢体的承重构架，由横梁、立柱、底梁和斜拉杆等组成。轿厢体由轿厢底、轿厢壁、轿厢顶及照明、通风装置、轿厢装饰件和轿内操纵按钮板等组成。轿厢体空间的大小由额定载重量或额定载客人数决定。

５. 重量平衡系统

重量平衡系统由对重和重量补偿装置组成。对重由对重架和对重块组成。对重将平衡轿厢自重和部分的额定载重。重量补偿装置是补偿高层电梯中轿厢与对重侧曳引钢丝绳长度变化对电梯平衡设计影响的装置。

６. 电力拖动系统

电力拖动系统由曳引电机、供电系统、速度反馈装置、调速装置等组成，对电梯实行速度控制。

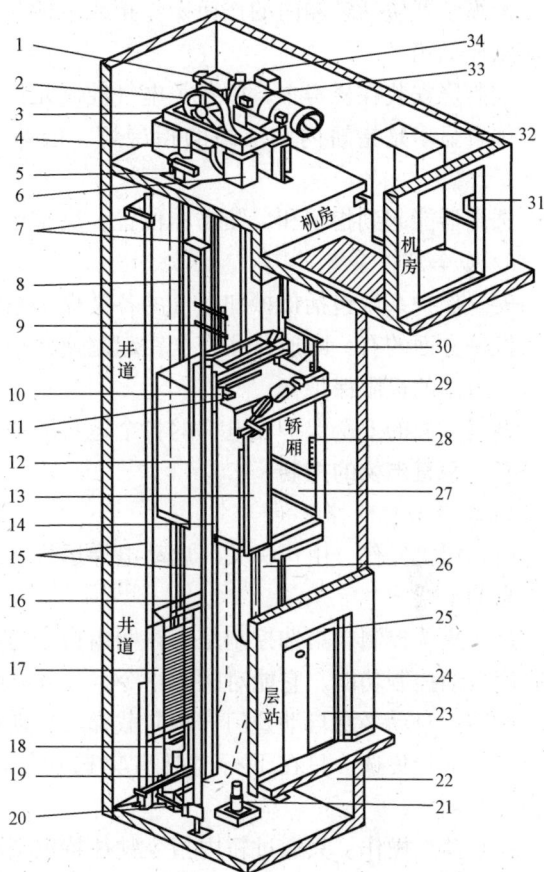

图２-１　曳引式垂直电梯结构

１—减速箱；２—曳引轮；３—曳引机底座；４—导向轮；
５—限速器；６—机座；７—导轨支架；８—曳引钢丝绳；
９—开关碰铁；１０—紧急终端开关；１１—导靴；１２—轿架；
１３—轿门；１４—安全钳；１５—导轨；１６—绳头组合；
１７—对重；１８—补偿链；１９—补偿链导轮；２０—张紧装置；
２１—缓冲器；２２—底坑；２３—层门；２４—呼梯盒；２５—层
楼指示灯；２６—随行电缆；２７—轿壁；２８—轿内操纵箱；
２９—开门机；３０—井道传感器；３１—电源开关；
３２—控制柜；３３—曳引电机；３４—制动器

曳引电机是电梯的动力源，根据电梯配置可采用交流电机或直流电机。

供电系统是为电机提供电源的装置。

速度反馈装置是为调速系统提供电梯运行速度信号。一般采用测速发电机或速度脉冲发生器，与电机相连。

调速装置对曳引电机实行调速控制。

７. 电气控制系统

电气控制系统由操纵装置、位置显示装置、控制屏、平层装置、选层器等组成，其作用是对电梯的运行实行操纵和控制。

操纵装置包括轿厢内的按钮操作箱或手柄开关箱、层站召唤按钮、轿顶和机房中的检修或应急操纵箱。

控制屏安装在机房中，由各类电气控制元件组成，是电梯实行电气控制的集中组件。

位置显示是指轿内和层站的指层灯。层站上一般能显示电梯运行方向或轿厢所在的层站。

选层器能起到指示和反馈轿厢位置、决定运行方向、发出加减速信号等作用。

8. 安全保护系统

安全保护系统包括机械和电气的各类保护系统，可保护电梯安全使用。

机械方面的有：限速器和安全钳起超速保护作用；缓冲器起冲顶和撞底保护作用；还有切断总电源的极限保护等。

电气方面的安全保护在电梯的各个运行环节都有。

**三、垂直电梯的控制**

1. 单台电梯的控制

（1）司机操作。由司机关门启动电梯运行，由轿内指令按钮选向，厅外召唤只能顺向截梯，自动平层。

（2）集选控制。集选控制是将轿厢内指令与厅外召唤等各种信号集中进行综合分析处理的高度自动控制功能。它能对轿厢指令、厅外召唤登记，停站延时自动关门启动运行，同向逐一应答，自动平层自动开门，顺向截梯，自动换向反向应答，能自动应召服务。

（3）下行集选。只在下行时具有集选功能，因此厅外只设下行召唤按钮，上行不能截梯。

（4）独立操作。只通过轿内指令驶往特定楼层，专为特定楼层乘客提供服务，不应答其他层站和厅外召唤。

（5）特别楼层优先控制。特别楼层有呼唤时，电梯以最短时间应答。应答前往时，不理会轿内指令和其他召唤。到达该特别楼层后，该功能自动取消。

（6）停梯操作。在夜间、周末或假日，通过停梯开关使电梯停在指定楼层。停梯时，轿门关闭，照明、风扇断电，以利节电、安全。

（7）编码安全系统。本功能用于限制乘客进出某些楼层，只有当用户通过键盘输入事先规定的代码，电梯才能驶往限制楼层。

（8）满载控制。当轿内满载时，不响应厅外召唤。

（9）防止恶作剧功能。本功能防止因恶作剧而按下过多的轿内指令按钮。该功能是自动将轿厢载重量（乘客人数）与轿内指令数进行比较，若乘客数过少，而指令数过多，则自动取消错误的多余轿内指令。

（10）清除无效指令。清除所有与电梯运行方向不符的轿内指令。

（11）开门时间自动控制。根据厅外召唤、轿内指令的种类以及轿内情况，自动调整开门时间。

（12）按客流量控制开门时间。监视乘客的进出流量，使开门时间最短。

（13）开门时间延长按钮。用于延长开门时间，使乘客顺利进出轿厢。

（14）故障重开门。因故障使电梯门不能关闭时，使门重新打开再试关门。

（15）强迫关门。当门被阻挡超过一定时间时，发出报警信号，并以一定力量强行关门。

（16）光电装置。用来监视乘客或货物的进出情况。

（17）光幕感应装置。利用光幕效应，如关门时仍有乘客进出，则轿门未触及人体就能自动重新开门。

（18）副操纵箱。在轿厢内左边设置副操纵箱，上面设有各楼层轿内指令按钮，便于乘客较拥挤时使用。

（19）灯光和风扇自动控制。在电梯无厅外召唤信号，且在一段时间内也没有轿内指令预置时，自动切断照明、风扇电源，以利于节能。

（20）电子触钮。用手指轻触按钮便完成厅外召唤或轿内指令登记工作。

（21）灯光报站。电梯将到达时，厅外灯光闪动，并有双音报站钟报站。

（22）自动播音。利用大规模集成电路语音合成，播放温柔女声。有多种内容可供选择，包括报告楼层、问好等。

（23）低速自救。当电梯在层间停止时，自动以低速驶向最近楼层停梯开门。在具有主、副 CPU 控制的电梯，虽然两个 CPU 的功能不同，但都同时具有低速自救功能。

（24）停电时紧急操作。当市电电网停电时，用备用电源将电梯运行到指定楼层待机。

（25）火灾时紧急操作。发生火灾时，使电梯自动运行到指定楼层待机。

（26）消防操作。当消防开关闭合时，使电梯自动返回基站，此时只能由消防员进行轿内操作。

（27）地震时紧急操作。通过地震仪对地震的测试，使轿厢停在最近楼层，让乘客迅速离开，以防由于地震使大楼摆动，损坏导轨，使电梯无法运行，危及人身安全。

（28）初期微动地震紧急操作。检测出地震初期微动，即在主震动发生前就使轿厢停在最近楼层。

（29）故障检测。将故障记录在微机内存（一般可存入 8～20 个故障），并以数码显示故障性质。当故障超过一定数量时，电梯便停止运行。只有排除故障，清除内存记录后，电梯才能运行。大多数微机控制电梯都具有这种功能。

2. 群控电梯的控制

群控电梯就是多台电梯集中排列，共有厅外召唤按钮，按规定程序集中调度和控制的电梯。群控电梯除了上述单梯控制功能外，还可以有下列功能。

（1）最大最小功能。系统指定一台电梯应召时，使待梯时间最小，并预测可能的最大等候时间，可均衡待梯时间，防止长时间等候。

（2）优先调度。在待梯时间不超过规定值时，对某楼层的厅召唤，由已接受该层内指令的电梯应召。

（3）区域优先控制。当出现一连串召唤时，区域优先控制系统首先检出"长时间等候"的召唤信号，然后检查这些召唤附近是否有电梯。如果有，则由附近电梯应召，合则由"最大最小"原则控制。

（4）特别层楼集中控制。包括：①将餐厅、表演厅等存入系统；②根据轿厢负载情况和召唤频度确定是否拥挤；③在拥挤时，调派两台电梯专职为这些楼层服务；④拥挤时不取消这些层楼的召唤；⑤拥挤时自动延长开门时间；⑥拥挤恢复后，转由"最大最小"原则控制。

（5）满载报告。统计召唤情况和负载情况，用以预测满载，避免已派往某一层的电梯在中途又换派一台。本功能只对同向信号起作用。

（6）已启动电梯优先。本来对某一层的召唤，按应召时间最短原则应由停层待命的电梯负责，但此时系统先判断若不启动停层待命电梯，而由其他电梯应召时乘客待梯时间是否过长。如果不过长，就由其他电梯应召，而不启动待命电梯。

（7）"长时间等候"召唤控制。若按"最大最小"原则控制时出现了乘客长时间等候情况，则转入"长时间等候"召唤控制，另派一台电梯前往应召。

（8）特别楼层服务。当特别楼层有召唤时，将其中一台电梯解除群控，专为特别楼层服务。

（9）特别服务。电梯优先为指定楼层提供服务。

（10）高峰服务。当交通偏向上高峰或下高峰时，电梯自动加强需求较大一方的服务。

（11）独立运行。按下轿内独立运行开关，该电梯即从群控系统中脱离出来，此时只有轿内按钮指令起作用。

（12）分散备用控制。大楼内根据电梯数量，设低、中、高基站，供无用电梯停靠。

（13）主层停靠。在闲散时间，保证一台电梯停在主层。

（14）几种运行模式。低峰模式：交通疏落时进入低峰模式；常规模式：电梯按"心理性等候时间"或"最大最小"原则运行；上行高峰：早上高峰时间，所有电梯均驶向主层，避免拥挤；午间服务：加强餐厅层服务；下行高峰：晚间高峰期间，加强拥挤层服务。

（15）节能运行。当交通需求量不大时，系统又查出候梯时间低于预定值时，即表明服务已超过需求，则将闲置电梯停止运行，关闭电灯和风扇；或实行限速运行，进入节能运行状态。如果需求量增大，则又陆续启动电梯。

（16）近距避让。当两轿厢在同一井道的一定距离内，以高速接近时会产生气流噪声，此时通过检测，使电梯彼此保持一定的最低限度距离。

（17）即时预报功能。按下厅召唤按钮，立即预报哪台电梯将先到达，到达时再报一次。

（18）监视面板。在控制室装上监视面板，可通过灯光指示监视多台电梯运行情况，还可以选择最优运行方式。

（19）群控备用电源运行。开启备用电源时，全部电梯依次返回指定层，然后使限定数量的电梯用备用电源继续运行。

（20）群控消防运行。按下消防开关，全部电梯驶向应急层，使乘客逃离大楼。

（21）不受控电梯处理。如果某一电梯失灵，则将原先的指定召唤转为其他电梯应召。

（22）故障备份。当群控管理系统发生故障时，可执行简单的群控功能。

**四、垂直电梯安全防护**

1. 电梯运行前的安全保护

（1）接地。电梯上所有的电气设备的金属外壳均有良好的接地，其接地电阻值都小于$4\Omega$。电梯的保护接地（接零）系统都是良好的，对电气设备的绝缘强度在安装时都进行了测试。其绝缘电阻都大于$1000\Omega/V$，并且其阻值不小于：动力电路和电气安全装置电路时$0.5M\Omega$；其他电路（控制、照明、信号）时$0.25M\Omega$。所以电梯设备是安全用电设备，不易发生触电、漏电现象。

（2）曳引绳。曳引绳承受着电梯的全部悬挂重量，它的质量直接关系到运行中的安全。

电梯上使用的钢丝绳比普通钢丝绳要求高，国家规定曳引绳必须符合《电梯用钢丝绳》（GB 8903—2005）标准。曳引绳的特点是强度大、柔韧性好，而且像客梯、医用电梯的钢丝绳根数都不少于四根，静载安全系数不少于12，绳头组合的拉伸强度都不低于钢丝绳的拉伸强度。因此高质量的曳引绳保证了电梯运行中的安全。

（3）制动器。电梯不运行时轿厢能稳稳地停在原来的位置，不会上下滑动。电梯的传动方式是利用曳引绳搭在曳引轮上，绳的一端悬挂着轿厢，另一端悬挂着对重。当曳引轮转动时利用摩擦力来传动曳引绳，使轿厢上下运行。只要曳引轮不转动，轿厢就不会移动。而曳引轮经制动轮被控制，不运行时制动器上的制动压簧产生制动力矩迫使闸瓦紧紧地抱住制动轮，制动轮又通过轴等机械零件使曳引轮不能转动。

为了确认制动器的工作可靠性，电梯在交工前还曾做过静载试验和运行试验，即要求在轿内加入重物达到额定载重量的150%，历时10min，此时各承载部件都没有损坏，曳引绳没有打滑现象，制动必须可靠。

此外在交工前电梯应做的另一试验，即电梯做以额定载重量110%运行时制动器也均能可靠地把电梯制动住。制动器保证了电梯在运行前的安全，它在运行中和发生事故时更起到重要的作用。

（4）轿厢的超载装置。为了使电梯能在设计载重量范围内正常运行，在轿厢上设置了超载装置。一般在载重量达到额定载重量的110%时电梯超载保护装置起作用，超载蜂鸣器鸣响，轿厢不能关门，电梯将自动切断控制电路，使电梯无法启动，这时只有减少轿内重量到规定范围内电梯才能关门、启动。因此电梯在没有运行前就由该装置把关，避免了启动后的不安全运行。

超载装置结构很多，但工作原理都是一样的。此装置一般设在轿底，轿底与轿厢体是分离的，活动轿底安装在超载装置的杠杆上，随着轿内重量的增加，杠杆系统在外力作用下产生移动。当杠杆移动到一定位置时使轿底开关动作切断电源，电梯无法启动。有的电梯在轿底称重装置上还有一个控制开关，它规定了电梯最小载重量，当轿内重量达不到这个值时电梯也同样不能启动。这主要是为了防止无司机操作时小孩进入轿内自己开电梯发生危险，也为了节约电力。也有的超载装置装在轿顶。

（5）直驶功能及满载保护。当轿厢内载荷达到80%～90%的额定载荷时满载开关应动作，这时电梯启动后途中不停车，直驶到所指令的顺向最近的一站停车，减载后才能应答其他层站的呼梯。也就是说当满载时顺向载车功能取消。

2. 电梯运行中的安全保护

（1）厅门和轿门。要使电梯启动，其中一个重要的条件是必须所有的厅门及轿门均关闭好，只要有一扇门没关上，电梯就不能启动。这是由于在各门上都装有机械电气联锁装置。门没关好，电路就不通，电梯就不能启动。

一般电梯上装有自动门锁，关门时锁臂插入开关盒，而锁臂头向上运动推动行程开关触头接通电梯控制电路，只有在所有门上的电气触头都接通的前提下车才能行走。

电梯轿门上还装有安全触板。在关门过程中当触板碰到任何人或物时，厅门、轿门立即自动退回，然后重新关门，触板动作的碰撞力不大于4.9N，这样就避免了门扇夹伤人或夹着物件关不上门。目前还有的电梯上装有光电触板，采用不可见光来控制开关门，也有的采用先进的超声雷达检验器来控制开关门，这些装置均避免了事故的发生。

关门时门速也有所控制。首先厅、轿门全速运行，然后分两次减速运行，最后靠惯性来使门扇关好。这样做一方面使门关时运行平稳，避免关门速度太快最后门扇撞击门框，另一方面也为了安全起见避免夹人。

要使电梯启动，除了轿门、厅门关好外，还必须是在轿顶安全窗开关、安全钳开关、坑底开关、上下极限开关等都处在正常状态时才能启动。

（2）超载试验。电梯竣工前，电梯已做了超载试验，即在轿厢内加入110%额定载荷断开超载保护电路通电持续率40%情况下，到达全行程范围往复运行30次，电梯都能可靠地启动、运行、停止而且各部分都正常的情况下才能交付使用。这一试验保证了电梯今后的正常运行。

3. 电梯运行中出现事故时的安全保护

（1）照明线路和动力线路分开。当电梯发生故障时为了使电梯停止运行，必须切断电源，但这时只是切断了动力电源使电梯无法运行，同时必须保证轿厢内的照明、通风、报警装置有电，避免电梯失电后轿厢内一片黑暗及无法与外界联系，造成乘客恐惧和慌乱。另外此时还必须保证轿顶插座、机房内照明插座、井道内照明均有电，使设在井道壁上的照明灯亮着，当人们通过安全窗撤出轿厢时避免再出事故。

（2）限速器与安全钳。当电梯失控轿厢超速下降时，由限速器和安全钳装置来保证使电梯停止下降，从而使电梯安全地停在井道某个位置。限速器和安全钳一起组成轿厢快速制停的装置。限速器安装在机房内，安全钳安装在轿厢的两侧，它们之间由钢丝绳和拉杆连接。限速器和安全钳种类很多，常见的限速器有抛块式限速器、抛球式限速器；安全钳有瞬时式安全钳（用于低速梯）和渐进式安全钳。它们共同的功能就是制止轿厢失控下滑降。

当轿厢超速下降时，轿厢的速度立即反映到限速器上，使限速器的转速加快，当轿厢的运行速度达到115%的额定速度时，限速器开始动作，分两步迫使电梯停下来。第一步是限速器会立即通过限速器开关切断控制电路使电机和电磁铁制动器失电，曳引机停止转动，制动器牢牢卡住制动轮使电梯停止运行。如果这一步没有达到目的，电梯还是超速下降，这时限速器进行第二步制动，即限速器立即卡住限速器钢丝绳，此时钢丝绳停止运动，而轿厢还是下降，这样钢丝绳就拉动安全钳拉杆提起安全钳楔块，楔块牢牢夹住导轨。安全钳起作用时轿厢制动距离为当电梯额定速度为1.75m/s时的制动距离，最多为1020mm。

在安全钳动作之前或与之同时迫使安全钳开关动作也起到切断控制电路的作用（该开关必须采用人工复位的形式）。一般情况下限速器动作的第一步就能避免事故的发生，尽量避免安全钳动作，因为安全钳动作后安全钳楔块将牢牢地卡在导轨上，将会在导轨上留下伤痕，损伤导轨表面。所以一旦安全钳动作了，维修人员在恢复电梯正常后，将会修锉一下导轨表面，使表面保持光洁、平整，以避免安全钳误动作。

为了防止由于绕在限速器上的钢丝绳断裂或钢丝绳张紧装置失效，在张紧装置边上装有断绳开关。一旦限速器绳断裂或张紧装置失效，断绳开关动作，同样切断控制电路。该装置使轿厢运行速度正确无误地反映到限速器上，从而保证了电梯正常运行。

（3）轿顶安全窗及安全窗开关。在轿厢顶部设有向外开启的安全窗，作用是当电梯发生事故时专供救急和检修使用，人们可从此窗撤出轿厢。此外当安全窗开启时设在窗边的安全窗开关将动作，它也能切断控制电路，使电梯无法启动，另外此开关也能使检修或快速运行的电梯立即停止运行。

在轿厢顶部还设有排气扇，留有空气进出的通道，使轿厢内人员不会有气闷的感觉。

（4）上下终端超越层保证装置。当电梯运行到最高层或最低层时，为防止电梯失灵继续运行，造成轿厢冲顶或撞击缓冲器事故，在井道的最高层及最低层外安装了几个保护开关来保证电梯的安全。

1）强迫缓速开关。当电梯运行到最高层或最低层应减速的位置而电梯没减速时，装在轿厢边的上下开关打板使上缓速开关或下缓速开关动作，强迫轿厢减速运行到平层位置。

2）限位开关。当轿厢超越应平层的位置 50mm 时，轿厢打板使上限位开关或下限位开关动作，切断电源，使电梯停止运行。

3）极限开关。当以上两个开关均不起作用时，轿厢上的打板触动极限开关上碰轮或下碰轮，通过钢丝绳使装在机房的终端极限开关动作，切断电源使电梯停下。

有的电梯在安装极限开关上下碰轮处直接安装上极限和下极限开关，以代替机房内的终端开关，其作用是一样的。极限和缓速限位开关在轿厢超越平层位置 50～200mm 内就迅速断开，这样就避免了事故的发生。

（5）缓冲器。在以上所有安全装置都失灵的情况下（这种可能极少），电梯轿厢或对重直冲井道底坑时，就由最后一道安全装置——缓冲器——来保证电梯的安全。

缓冲器安装在井道底坑内，一般为三个，在对应轿底处安装两个，对应对重下面安装一个。缓冲器分弹簧缓冲器及液压缓冲器。当轿厢或对重压在缓冲器上后，缓冲器受压变形，使轿厢或对重得到回弹，回弹数次后使轿厢或对重得到缓冲，最后静止下来。

对重缓冲器还起到一个避免轿厢冲顶的危险。在轿厢冲顶前，对重架子撞上了对重缓冲器，避免了轿厢冲顶撞击机房地面的危险。

（6）通信设备。轿厢内装有警铃、电话，它们直通机房或值班室。当发生故障时人们在轿内可通过它们和外界取得联系，以便尽快解除故障，使电梯尽快投入正常使用。

（7）顶层高度与底坑深度。设计人员在设计井道高度时，为了安全对顶层高度和底坑深度这两个尺寸有所要求。

1）顶层高度为电梯最顶层平层位置至井道顶面的距离，这个距离保证了当轿厢冲顶时，对重被缓冲器缓冲后轿厢撞不到井道顶面。

2）底坑深度为建筑物最底层平层位置至井道地坑的距离，这一距离一方面使轿厢撞击缓冲器时有一个缓冲的距离，另一方面是为了当轿厢压缩缓冲器到达最低位置时使轿厢底部的任何零部件都碰不到地面，以免损坏电梯。

**五、垂直电梯的应急处理**

无论是停电或电梯自身发生故障造成意外停梯，还是因为消防系统报火警引起电梯迫降，都给乘梯人员带来极大不便，甚至使乘客受到惊吓。为此，需严格按以下程序执行，保证乘客的人身安全。

（1）当消防系统报火警引起停梯时，消防值班人员应沉着冷静，迅速查清报警点位置和数量，电话通知保安值班人员急赴现场查看，同时用对讲电话提醒乘客保持镇静。现场确认发生火灾时必须立即通知管理处组织人员灭火救灾，同时停止电梯运行。若系误报，尽快排除故障，恢复电梯正常运行。

（2）突发性停电引起电梯停止运行，消防值班人员应通过对讲电话告诉乘客不要惊慌失措，不可将身体任何部位探出轿厢外，然后立即通知工程部人员，根据楼层灯指示或小心开启外门查看，确定轿厢所在位置。在解救被困人员离开轿厢前，应先切断故障电梯电源，视情况依下列步骤释放被困乘客。

1）轿厢停于接近候梯厅门口的位置，且高于或低于楼面不超过 0.5m 时，用专用外门钥匙开启外门，同时用力缓慢打开轿厢门，协助乘客安全离开轿厢，然后重新将外门关好。

2）轿厢停于远离候梯厅门口的位置，如果轿厢门处于半关闭状态，应先将其完全关闭或开启，然后通过手动盘车使轿厢就近平层，用专用外门钥匙打开轿厢门解救出被困人员，然后重新将外门关好。

3）手动盘车时，至少两人进行，一人双手抓牢盘车轮，另一人撬开抱闸，每松开抱闸一次，盘车一次，进行间断操作。若轿厢停于最高或最低层候梯厅门口以上或以下位置时，应在松开报闸的同时把握紧盘车轮，用人力盘车使轿厢向正确方向移动，严禁松闸后让轿厢自行移动。

4）若电梯因安全钳动作停车，手动盘车无法生效，则从安全窗解救出被困乘客。

（3）电梯自身发生故障引起电梯停止运行时，造成乘客困在轿厢内，应采取紧急施救措施，施救时，要由经验丰富的专业技术人员指导实施；在特殊情况下，也应由受过专业培训的人员来指挥（一般情况下，乘客困在电梯轿厢内并无危险，许多事故都是因乘客过度惊慌或由非专业人员盲目施救才发生的）。具体解救工作步骤如下。

1）首先应设法通知受困乘客，外面已经在进行施救，请乘客不要惊慌，切勿强行走出轿厢，以免发生二次事故。

2）盘车工作通常需由两名工作人员在机房进行。操作前，必须首先切断总电源开关。

3）对无齿高速电梯进行盘车时，要加倍小心，应采用"步进方式"松动制动器，缓慢进行。

4）盘动轿厢至平层楼面后，制动器一定要复原，然后用电梯厅门专用钥匙打开厅轿门，放出被困乘客。

5）当遇到电梯无法盘动的情况时，可能是安全钳已动作，进一步工作应由专业技术人员指导进行。

6）在整个施救过程中，要始终保持与轿厢内乘客的联系，安慰乘客不要惊慌，随时关注乘客情况。

**实训模块**

**一、实训任务描述**

当车站发生火灾，需要车站工作人员将垂直电梯中的乘客疏散到安全地方，完成这一工作。

**二、相关资料及资源**

相关资料：

（1）教材《城市轨道交通车站设备》学习单元二。

（2）《垂直电梯使用说明书》。

（3）教学课件。

相关资源：

（1）典型车站平面图。

（2）教学课件。

### 三、任务实施说明

(1) 学生分组，每 8～10 人为一小组。

(2) 小组进行任务分析。

(3) 资料学习。

(4) 现场教学。

(5) 小组学习垂直电梯的结构、垂直电梯的功能、垂直电梯的操作等。

(6) 小组成员独立完成相应工作，并进行检查。

(7) 小组合作，讨论过程，进行讲解演练，小组成员补充优化。

### 四、任务实施注意事项

(1) 必须阅读《垂直电梯使用说明书》相关内容。

(2) 进行处理工作时，应确保安全，包括人身和设备安全。

(3) 遇到问题时小组进行讨论，可以让老师参与讨论，通过团队合作获取问题的解决。

(4) 注意成本意识的培养。

# 任务二　自动扶梯的使用与维护

在城市轨道交通车站中，自动扶梯的用途主要是解决乘客的快速疏解，即列车到达后，大量的乘客从候车站台向地面站厅疏解。

### 学习目标

(1) 能熟练进行站务员使用操作自动扶梯。

(2) 获取信息的能力、应变能力、制订计划的能力、分析判断能力、逻辑思维能力。

(3) 具备良好的职业道德、严格的纪律性、一定的团队协作和交流与沟通能力。

### 学习任务

自动扶梯使用与维护。

### 教学环境

城轨交通实训场、城轨交通车站。

### 教学设施

自动扶梯、IBP 盘。

### 理论模块

城市轨道交通车站自动扶梯的特点如下。

(1) 输送能力大，生产效率高，能连续运送乘客，特别适合于有大量人流汇集与疏解的场所，如商店、车站、机场、码头等，对地下车站尤是如此。

(2) 自动扶梯能逆转，上下行都能运转，同时近来又出现了旋转式和平行式等新型自动扶梯，以满足不同场所的需要，甚至可以实现在车站从候车站台到地面出入口的连续输送。

（3）与一般电梯不同，当停电或重要零件损坏需停车时，它又可用做普通扶梯。

（4）自动扶梯构成中有水平区段，产生附加的能量损失，同时提升高度较大时，乘客在自动扶梯上停留时间较长。

（5）造价较高。

**一、自动扶梯构造认知**

自动扶梯的构造如图 2-2 所示，一般可分为四大部分。

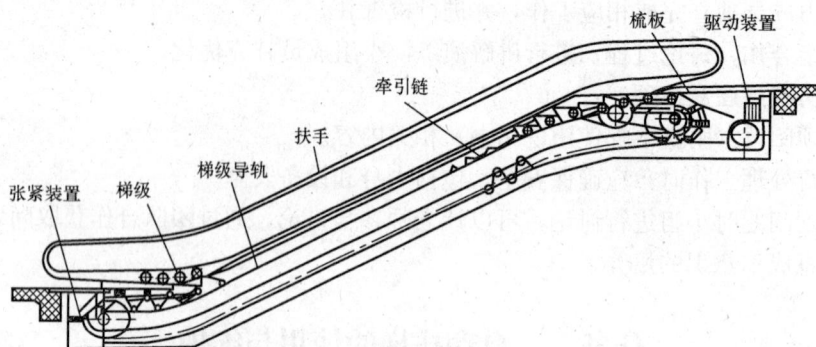

图 2-2　自动扶梯构造图

（1）梯路系统：供乘客站立并能连续提升和连续循环运转，包括梯级、牵引构件和梯路导轨系统。

（2）动力驱动装置：驱动装置的作用是将动力传递给梯路系统及扶手系统。一般由电动机、减速器、制动器、传动链条及驱动主轴等组成。

（3）框架结构：安装和支承自动扶梯的各个部件，承受各种载荷以及将建筑物两个不同层高的地面连接起来。

（4）控制保障装置：保证自动扶梯协调地工作，使自动扶梯的工作平稳。控制装置包括张紧装置、扶手装置、电气控制设备。

**（一）梯路系统**

**1. 梯级**

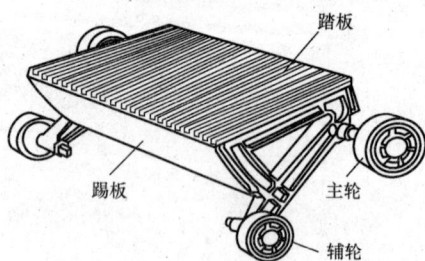

图 2-3　梯级结构

梯级是特殊结构形式的四轮小车，有两只主轮，两只辅轮（图 2-3）。梯级的主轮的轮轴与牵引链条铰接在一起，而辅轮轴则不与牵引链条连接。这样，全部梯级通过按一定的规律布置的导轨运行，可以做到在自动扶梯上分支的梯级保持水平，而在下分支的梯级可以倒挂。自动扶梯的基本运行规律是：在自动扶梯上分支的梯级保持水平，以保证乘客站立；在自动扶梯下分支的梯级处于倒挂位置，以完成梯级的循环运行。

采用铝合金整体压铸而成的梯级为整体式梯级；采用铝合金分零件压铸拼装而成的梯级为分体式梯级。分体式梯级由踏板、踢板、支架等部分拼装组合而成，而整体式梯级集三者于一体整只压铸而成。整体梯级加工速度快、精度高、自重轻。以下对梯级踏板、踢板、梯级支架及车轮等进行讨论。

（1）梯级踏板。踏板表面应具有凹槽（图 2-4），其作用是使梯级通过扶梯上下出入口时，能嵌在梳板齿中，以保证乘客安全上下。另外，可防止乘客在梯级上滑动。槽的节距应有较高精度。槽的尺寸：槽深为 10mm，槽宽为 5～7mm；槽齿顶宽为 2.5～5mm。一只梯级的踏板由 2～5 块踏板拼成，并固接于梯级骨架的纵向构件之上。

（2）踢板。踢板面为圆弧面（图 2-5）。小提升高度自动扶梯梯级的踢板面做成有齿的，而在梯级踏板的后端也做成齿形，这样可以使后一个梯级踏板后端的齿嵌入前一个梯级踢板的齿槽内，使各梯级间相互进行导向。大提升高度自动扶梯踢板可做成光面。

图 2-4　梯级踏板

图 2-5　梯级踢板

（3）梯级骨架。梯级骨架是梯级的主要支承结构，由两侧支架和以板材或角钢构成的横向连系件所组成（图 2-6）。支架一般采用压铸件，骨架上面固接踏板，下面有装主轮、辅轮心轴的轴套。整体梯级的骨架、支架、踏板与踢板等均整体压铸而成。

（4）车轮。一只梯级有四只车轮，两只铰接于牵引链条上的为主轮，两只直接装在梯级支架短轴上的为辅轮。

自动扶梯梯级车轮的特点是：工作转数不高，一般

图 2-6　梯级骨架

在 80～140r/min 范围内，但工作载荷大（至 8000N 或更大），外形尺寸受到限制（直径 70～180mm）。

各种梯级车轮如图 2-7 所示。

2. 牵引构件

自动扶梯所用牵引构件有牵引链条与牵引齿条两种。牵引构件是传递牵引力的构件。一台自动扶梯一般有两根构成闭合环路的牵引链条（或称梯级链）或牵引齿条。使用牵引链条的驱动装置装在上分支上水平直线区段的末端，即所谓端部驱动式的，使用牵引齿条的驱动装置装在倾斜直线区段上，下分支的当中，即所谓中间驱动式的。下面分别讨论牵引链条及牵引齿条。

（1）牵引链条。端部驱动装置所用的牵引链条一般为套筒滚子链（图 2-8），它由链片、销轴和套筒等组成。按连接方法牵引链条分为可拆式和不可拆式两种。

可拆式的就是在任何环节都可分拆而无损于链条及其零件的完整性。不可拆的是仅在一定数目的环节处，也就是在一定的分段长度处可以拆装。牵引链条是自动扶梯主要的传递动

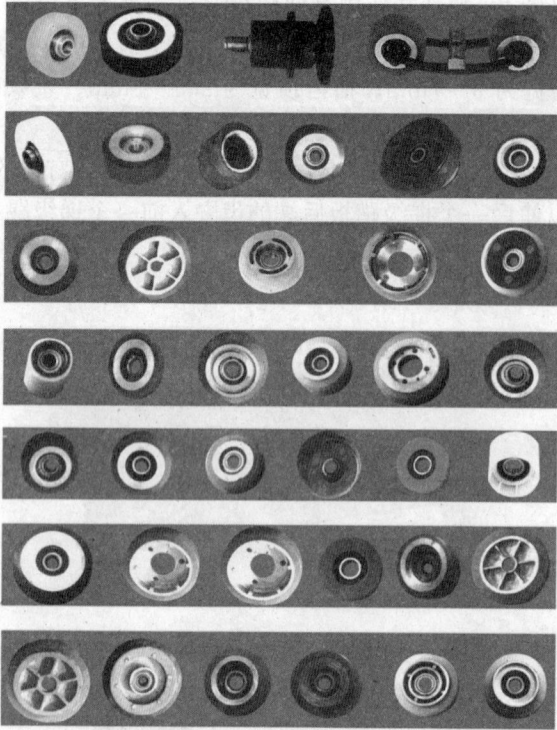

图 2-7　梯级车轮

力构件，其质量直接影响自动扶梯的运行平稳和噪声高低。节距是牵引链条的主要参数。节距越小，工作越平稳，但是关节越多，自重越大，价格越高，而且关节处的摩擦越大。反之，节距越大，自重越轻，价格越便宜。

（2）牵引齿条。中间驱动装置所使用的牵引构件是牵引齿条，它的一侧有齿。两梯级间用一节牵引齿条连接，因此，牵引齿条的节距应为 400mm。中间驱动装置机组上的传动链条的销轴即与牵引齿条的牙齿相啮合以传递动力。

3. 导向轨道系统

自动扶梯的梯级沿着金属结构内按一定要求设置的多根导轨运行，以形成阶梯。因此，从广义上讲导轨系统（图 2-9）也是自动扶梯梯路系统的组成部分。

自动扶梯梯路导轨系统包括主轮和辅轮的全部导轨、反轨、反板、导轨支架及转向壁等。导轨系统的作用在于支承由梯级主轮和辅轮传递来的梯路载荷，保证梯级按一定的规律运动以及防止梯级跑偏等。因此，要求导轨既要满足梯路设计要求，还应具有光滑、平整、耐磨的工作表面，并具有一定的尺寸精度。

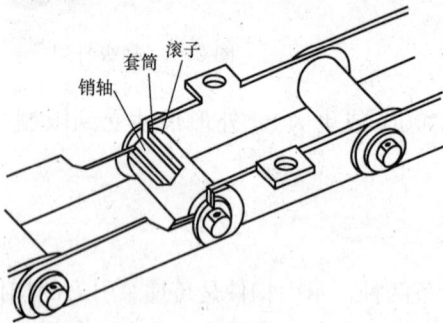

图 2-8　套筒滚子链

图 2-9　导向轨道系统

（二）动力驱动装置

由于自动扶梯是运载人员的，往往用于人流集中之处；特别是服务于公共交通型的自动扶梯更是如此，而且每天运转时间很长。因此，对驱动装置提出了较高的设计要求。

1. 主要要求

（1）所有零、部件应进行详细计算，都需有较高的强度和刚度，以保证在短期过载的情况下，机器具有充分的可靠性。

（2）零件具有较高的耐磨性，以保证机器在若干年内，每天进行长期工作。

（3）由于驱动装置设置地点位置的限制，要求机构尽量紧凑，并需装拆维修方便。

2. 驱动装置的作用与组成

（1）驱动装置的作用是将动力传递给梯路系统及扶手系统。

（2）驱动装置由电动机、减速器、制动器、传动链条及驱动主轴等组成。

3. 驱动装置工作原理

按驱动装置所在自动扶梯的位置可分为端部驱动装置和中间驱动装置两种。端部驱动装置以牵引链条为牵引件，又称链条式自动扶梯。这种驱动装置装在自动扶梯的端部。我们称安装驱动装置的地方为机房。小提升高度自动扶梯使用内机房，在提升高度相当大时或特殊要求时，端部驱动自动扶梯需要采用外机房，也就是驱动装置装在自动扶梯金属结构外建筑物的基础上。中间驱动装置装在自动扶梯的中部，以牵引齿条为牵引件，又称为齿条式自动扶梯。中间驱动自动扶梯不需要内、外机房，而将驱动装置装在自动扶梯梯路中部的上、下分支之间，而该处是自动扶梯未被利用的空间。

端部驱动结构形式生产时间已久，工艺成熟，维修方便。我国绝大多数企业均生产这种形式结构。中间驱动形式结构紧凑，能耗低，特别是大提升高度时，可以进行多级驱动。由于驱动装置装在有载梯级的下面，因而应注意驱动装置所产生的振动与噪声。

下面分别讨论端部驱动装置、中间驱动装置和制动器等。

（1）端部驱动装置。端部驱动装置是常用的一种驱动装置。

1）组成。端部驱动装置由驱动机组、传动链条、驱动主轴、主轴上有两个牵引链轮、两个扶手驱动轮、传动链轮以及紧急制动器等。

2）工作原理。驱动机组通过传动链条带动驱动主轴，在主轴上装有两个牵引链条，从而驱动一系列梯级；主轴上的扶手驱动轮通过扶手传动链条使扶手驱动轮驱动扶手胶带（图2-10）。

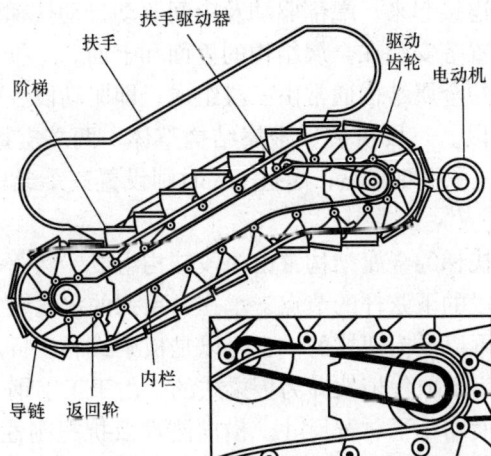

图 2-10　自动扶梯工作原理

3）动力传动方式。

①链条：链条传动依靠链轮带动链条进行动力传递。驱动力作用在链轮和链条上。由于链条在链轮旋转过程中不断地与链轮啮合和脱开，于是其间产生摩擦，其结果出现能量损

耗，链条磨损，致使链轮的齿距增加，链条也将伸长。于是出现链条不在理想的节圆直径上，而在比节圆直径大的直径上进行运动。这样就会出现链条在链轮上"爬高"的现象。在极端情况下，传动链条在链轮的顶圆直径上运动，链条会在轮齿上跳跃。所以要考虑链条的"爬高"现象及链条在轮齿上跳跃。

②皮带：皮带传动存在一个打滑问题。皮带传动效果与作用在皮带轮上的摩擦力、皮带的张力、皮带的强度及摩擦系数等有关。温度、湿度会影响皮带的张力。

③齿轮：其优点是结构紧凑；在大提升高度时，这种驱动装置可以不使用外机房；使现场安装工作量降至最低，与常用外机房结构的驱动装置相比，这种结构与金属结构连成一体，只有内力作用在驱动装置上，金属结构和基础部分都没有受到由链传动所引起的作用力，避免了噪声增大。

另外，还有弹性联轴节的传动方式。

（2）中部驱动装置。将驱动机组置于上、下两分支之间时即为中间驱动装置。这种结构可节省端部驱动装置所占用内机房的空间，而且简化自动扶梯两个端部的结构。中间驱动装置必须用牵引齿条来代替牵引链条。电动机通过减速器将动力传递给两侧的两根构成闭合环路的传动链条，每侧的两根传动链条之间铰接一系列滚子，滚子与牵引齿条的牙齿啮合，驱使自动扶梯运行。制动器装在减速器的高速轴上。

中间驱动装置的一大特点是有可能进行自动扶梯的多级驱动。当自动扶梯提升高度相当大时，端部驱动的牵引链条的张力在有载分支上升时急剧地增大，牵引链条尺寸及电动机功率也相应加大。此时，如果将上述的中间驱动机组多设几组，则形成多级驱动自动扶梯，可以大大降低牵引齿条的张力。另一特点是牵引齿条在驱动机组出端受推力，以后经过一个转点之后变成承受拉力。

（三）框架结构

自动扶梯框架结构的作用在于安装和支承自动扶梯的各个部件，承受各种载荷以及将建筑物两个不同层高的地面连接起来。端部驱动及中间驱动自动扶梯的梯路、驱动装置、张紧装置、导轨系统及扶手装置等安装在金属结构的里面和上面。

小提升高度自动扶梯的金属结构通常由三段组成，即驱动段、张紧段以及中间段。中间段可分为标准段与非标准段。三段拼装成金属结构整体，两端支撑在建筑物的不同层高之上。提升高度 $H \leqslant 6m$ 时，采用双支座；超过 6m 时则设置三个或三个以上支座，以保证金属结构有足够的刚度。

大、中提升高度自动扶梯的金属结构常由多段结构组成。除驱动段与张紧段外，还有若干中间结构段。中间结构段的下弦杆的节点支承在一系列的水泥墩上，形成多支撑结构。

自动扶梯金属结构既可以是桁架式的，也可以是板梁式的，目前常用的是桁架式的。采用在建筑结构中常用的工字钢取代桁架即为板梁式的，由于工字钢上面的空间可以容纳全部扶手系统的有关部件，因而缩小了总宽尺寸。横向刚性及抗扭刚性都有很大的提高，同时，具有优良的抗震性能。

为了避免自动扶梯金属结构和建筑物直接接触，以防振动与噪声的传播，在支撑金属结构的支座下衬以减振金属片，将金属结构与建筑物隔离开来。金属结构与地面之间的空隙用弹性充填物来填满。减振金属板旁边垂直放置的隔离板可防止充填物进入金属结构的支撑角钢处。

（四）控制保障装置

1. 张紧装置

（1）张紧装置的作用。

1）使自动扶梯的牵引链条获得必要的初张力，以保证自动扶梯正常运转。

2）补偿牵引链条在运转过程中的伸长。

3）牵引链条及梯级由一个分支过渡到另一分支的改向功能。

4）梯路导向所必需的部件，如转向壁等均装在张紧装置上。

（2）张紧装置的结构。重锤式张紧装置是利用重锤的上下以自动调节牵引构件的张力的一种张紧装置。这种结构复杂和自重大，在自动扶梯中已很少使用。目前，一般采用弹簧张紧装置，这种结构形式的张紧装置链轮轴的两端各装在滑块内，滑块可在固定的滑槽中滑动，以调节牵引链条的张力。

由于张紧链轮除张紧作用外还具有改向功能，牵引链条的链节与张紧链轮的轮齿需要不断地进行啮合和脱开，增加了阻力，也使结构与工艺复杂化了。如果将张紧链轮改为没有链齿的轮了；或是将张紧链轮改为类似辅轮转向壁一样的、但仍可在滑槽中滑动的转向构件，同样都可起张紧与改向作用，我国生产自动扶梯的企业已采用了这些结构。

中间驱动的自动扶梯没有张紧链轮和牵引链轮，因而自动扶梯的上端与下端设置具有与辅轮转向壁作用相同的主轮转向壁。这种主轮转向壁由两个约 1/4 圆弧段的导轨所组成，其中有一个为可摆动导轨，这种结构的自重较轻。

2. 扶手装置

扶手装置是供站立在自动扶梯梯路上的乘客扶手用的。自动扶梯自从有了活动扶手之后，才真正进入实用阶段。自动扶梯的活动扶手有如电梯中的安全钳一样，是重要的安全设备。扶手装置由扶手驱动系统、扶手胶带、栏杆等组成。扶手装置是装在自动扶梯梯路两侧的两台特种结构形式的胶带，自动扶梯在空载运行情况下，能源主要消耗于克服梯路系统的运行阻力和扶手系统的运行阻力。其中空载扶手运行阻力占空载总运行阻力的 80% 左右。由此可知，减少扶手运行阻力，尤其是空载运行阻力，可以大幅度地降低能源消耗。

常用的扶手系统有两种结构形式，一种是传统使用的摩擦轮驱动形式，另一种是压滚驱动形式，下面分别进行讨论。

（1）摩擦轮驱动扶手系统。扶手胶带围绕若干组导向滚柱群、进出口的改向滚柱群及特种型式的导轨构成闭合环路的扶手系统线路。扶手与梯路由同一驱动装置驱动，并应保证两者速度基本相同，其差值不能大于 2%。这种扶手系统采用手动的张紧装置，其特点是结构紧凑，但张紧行程小，要求扶手胶带延伸率小。

（2）压滚驱动扶手系统。这种扶手驱动系统由扶手胶带的上下两组压滚组成。上压滚组由自动扶梯的驱动主轴获得动力驱动扶手胶带，下压滚组从动，压紧扶手胶带，这种结构的扶手胶带基本上是顺向弯曲，较少反向弯曲，弯曲次数大大减少，降低了扶手胶带的僵性阻力。由于不是摩擦轮驱动，扶手胶带不再需要启动时的初张力，只需装一调整装置以调节扶手胶带长度的制造误差，因而，可以大幅度减少运行阻力，同时，也可增加扶手胶带的使用寿命。测试结果表明，这种结构形式较摩擦轮驱动形式的运行阻力减少约 50% 左右。

一般应用的压滚驱动系统是上压滚固定并传递动力，下压滚活动，用弹簧压紧。另一种结构是将传递动力的上压滚装在活动板上，可垂直滑动；而将起压紧作用的下压滚装在固定板上，使其固定。这种结构的特点是传递动力的上压滚增加了对扶手胶带上的压力，从而增加了驱动功率。

（3）扶手胶带。扶手胶带是一种边缘向内弯曲的橡胶带。按照内部衬垫不同分为：

1）多层织物衬垫扶手胶带，这种结构延伸率大。

2）织物夹钢带扶手胶带（图 2-11），这种结构在工厂里做成闭合环形带，不需工地拼接，延伸率小。缺点是钢带与橡胶织物间脱胶时，钢带会在扶手胶带内隆起，甚至戳穿帆布造成扶手胶带损坏。

3）夹钢丝绳织物扶手胶带（图 2-12），这种结构在织物衬垫层中夹一排细钢丝绳，既增加扶手胶带的强度，又可控制扶手胶带的伸长。这种扶手胶带在工厂里做成闭合环形，不需工地拼接。我国生产的自动扶梯多用这种结构。扶手胶带宽度 $l＝80～90mm$，厚度 $\delta＝10mm$。扶手带开口处与导轨或扶手支架之间的距离在任何情况下均不允许超过 8mm。

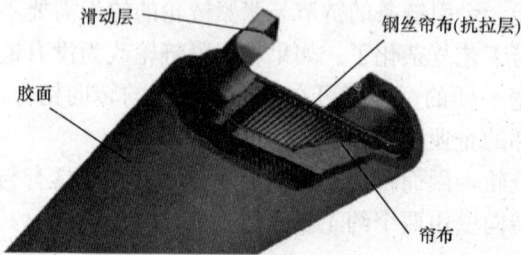

图 2-11　织物夹钢带扶手胶带

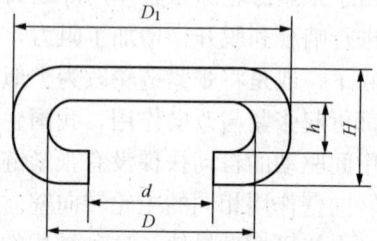

图 2-12　夹钢丝绳织物扶手胶带

$D_1$—胶带外宽；$D$—胶带内容；$d$—胶带开口宽；$H$—胶带外高；$h$—胶带内高

4）扶手的栏杆。扶手的栏杆有如自动扶梯的"外貌"。整台自动扶梯最能起到建筑物内装饰作用的是扶手栏杆。栏杆的型面必须与建筑物内部色彩相协调，必须适应乘客的心理需求。扶手栏杆端部延伸到靠近建筑物的地板，所以在考虑人机工程时，栏杆的结构必须具有紧凑感，以使乘客能平稳地上下自动扶梯。现代自动扶梯的栏杆端部的特点是采用了"手握线"。这种"手握线"由扶手胶带水平直线区段与端部椭圆曲线部分所组成，使乘客在自动扶梯入口处更自然地手握扶手胶带。

扶手栏杆结构分为全透明无支撑式、半透明有支撑式及不透明有支撑式等。根据自动扶梯的使用情况可知，全透明无支撑式的占 90%。全透明支撑由玻璃钢构成，为了突出亮度和具有端庄华丽感，支撑应扩大玻璃组成部分。新型栏杆离梯级的垂直高度与普通自动扶梯相比增加了 80mm。

3. 电气控制设备

（1）组成：主控制柜、操纵面板、检修控制盒及各种安全保护开关。节能型扶梯还包含变频器、进入感应装置，在无人乘梯时扶梯停止或以低速运行，当感应到有人进入扶梯时扶梯加速到正常速度。

（2）自动扶梯控制系统。

1）组成。

输入部分：收集并保存被控制对象实际运行的数据和信息。

逻辑部分：处理输入部分所取得的信息，并按照被控对象实际动作要求作出逻辑反应。

输出部分：可提供正在被控制的许多装置中的哪几个设备需要实时操作处理。

2）特点：可靠性高、抗干扰能力强。功能完善、编程简单、使用方便和控制程序可变，具有很好的柔性。

（3）自动扶梯的电气控制特点。

1）自动扶梯基本上不带载启动。

2）自动扶梯的运行速度保持不变。

3）自动扶梯不频繁启制动，无加减速度问题。

4）自动扶梯正常运行时不需改变运行方向。

5）自动扶梯无开关门系统。

6）自动扶梯不需要信号登录及信号显示系统（自动启动式自动扶梯或自动人行道除外）。

7）自动扶梯不需考虑其运行位置及运行状态。

**二、自动扶梯安全防护**

自动扶梯安全防护防止自动扶梯在工作中可能出现的危及乘客安全的事故或在出现事故后能及时中断自动扶梯的运行，减少可能造成的对乘客的伤害。自动扶梯常设置多种安全装置，一般可分为两大类，一类是必备的安全装置；另一类是辅助的安全装置。

1. 必备安全装置

（1）工作制动器。制动器是依靠构成摩擦副的两者间的摩擦来使机构进行制动的一个重要部件。摩擦副的一方与机构的固定机架相连，另一方与机构的转动件相连。当机构启动时，使摩擦面的两方脱开，机构进行运转；而当机构需要制动时，使摩擦面的两方接触并压紧，此时，摩擦面间产生足够大的摩擦力矩、动能消耗，使机构减速，直到停止运动。

自动扶梯所采用的制动器包括工作制动器、附加制动器和辅助制动器。

工作制动器是自动扶梯正常停车时使用的制动器。这类制动器应持续通电保持正常释放打开，在制动电路断开后，制动器应立即制动。这种制动器也称机电一体式制动器。能用手释放的制动器，应由手的持续力使制动器保持松开状态，如提供手动盘车装置，该装置应操作方便、安全可靠，并在该装置附近备有使用说明及明确地表明自动扶梯或自动人行道的运行方向。手动盘车装置不允许采用曲柄或多孔手轮。

工作制动器一般装在电动机高速轴上，它应能使自动扶梯或自动人行道在停止运行过程中，以接近匀减速度停止运转，并能保持停住状态。工作制动器在动作过程中应无故意的延迟现象。工作制动器都采用常闭式的。所谓常闭式制动器是机构不工作期间是闭合的，也就是处于制动状态。而在机构工作时，通过持续通电由释放器将制动器释放（或称打开、松闸），使之运转。在制动器电路断开后，工作制动器立即制动。制动器的制动力必须由有导向的压缩弹簧或重锤来产生。工作制动器的释放器应不能自激。这种制动器也称为机电一体式制动器。自动扶梯的工作制动器常使用块式制动器、带式制动器或盘式制动器等。

（2）附加制动器。附加制动器是在紧急情况下起作用的。在驱动机组与驱动主轴间采用传动链条进行连接时，应该设置附加制动器。为了确保乘客的安全，即使提升高度在6m以下，也应设置。因为我国使用的自动扶梯满载系数一般较大。

在驱动机组与驱动主轴间使用传动链条进行连接时，一旦传动链条突然断裂，两者之间即失去联系。此时，即使有安全开关使电源断电，电动机停止运转，也无法使自动扶梯梯路停止运行。特别是在有载上升时，自动扶梯梯路将突然反向运转和超速向下运行，导致乘客受到伤害。在这种情况下，如果在驱动主轴上装设一只或多只制动器，该制动器直接作用于梯级踏板或胶带驱动系统的非摩擦元件上（单根链条不能认为是一个非摩擦元件）使其整个停止运行，则可以防止上述情况发生。这个制动器应该称为附加制动器。

附加制动器在下列情况下设置。

1）和梯级、踏板或胶带驱动轮之间不是用轴齿轮、多排链条、两根或两根以上的单根链条连接的。

2）工作制动器不是使用机电一体式制动器的。

3）公共交通型自动扶梯。

4）提升高度超过 6m。附加制动器的功能应在制动力作用下，使有载自动扶梯或自动人行道以有明显感觉的减速度停止下来，保持在静止状态，并不需要保证工作制动器的制动距离。附加制动器的动作要能在紧急情况下切断控制电路。附加制动器应该是机械式的，利用摩擦原理通过机械结构进行制动。

附加制动器应在下列两种情况的任一种起作用。

1）在速度超过额定速度的 40% 之前。

2）梯路突然改其规定的运行方向时。棘轮与牵引链轮间垫以高摩擦系数的制动衬垫片，并加以压紧。另在传动链条上压一重块，重块通过杠杆系统与装在该牵引链轮处的棘爪相连。一旦传动链条断裂，重锤下坠，杠杆系统使棘爪嵌入棘轮齿，棘轮固定，通过制动衬垫片，即对牵引链轮进行制动，从而使自动扶梯停止运行。也有利用径向作用力使驱动主轴制动的机械式附加制动器。

辅助制动器的作用在于自动扶梯停车时起保险作用，尤其是在满载下降时，其作用更为显著。

（3）速度监控装置。自动扶梯或自动人行道在超过额定速度或低于额定速度时都是危险的。如果发生上述情况，速度监控装置应能切断自动扶梯和自动人行道的电源。

（4）牵引链条伸长或断裂保护设备。前述的防止牵引链条断裂保护设备是机械式的。另外，在张紧装置的张紧弹簧端部装设开关，当牵引链条由于磨损或其他原因而过长时，即碰到开关，切断电源而使自动扶梯停止运行。

（5）梳齿板保护装置。梳齿板或其支撑结构应是可调式的，以保证正确啮合。梳齿板应易于更换。

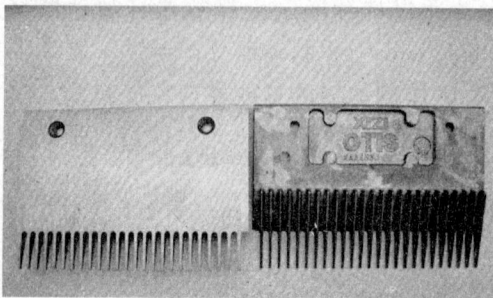

图 2-13 梳齿板

位于运行的梯级或踏板出入口，为方便乘客上下过渡，与梯级或踏板相啮合的部件即为梳齿板（图 2-13）。梳齿板也是电梯的安全保护装置，梳齿板的后面有微动开关，如有异物卡入可以使电梯停止运行。在梳板下方装一斜块，斜块之前装一开关，当乘客的伞尖、高跟鞋后跟或其他异物嵌入梳齿之后，梳齿板向前移动。当移到一定距离时，梳板下方的斜块，撞击开关，切断电源，自动扶梯立即停止运转。斜块和开关间的距离用安装在梳板下的螺杆进行调节。

　　(6) 扶手胶带入口防异物保护装置及扶手带断带监控装置。扶手胶带在端部下方入口处常常发生异物夹住事故，孩子的手也容易被夹住。因此，应安装防异物保护装置。此处介绍一种弹性体套圈防异物保护装置。缓冲器装有许多销钉，销钉沿扶手胶带的运动方向穿过套圈。当套圈缓冲器由于与扶手胶带入口的异物接触而充分变形时，这些销钉能触动安装在入口内的开关，当销钉触动开关时，自动扶梯停车并发出警报信号。当引起停车的物体与套圈缓冲器脱离接触时，缓冲器的固有弹力使销钉离开开关，使自动扶梯重新启动。

　　用于公共交通型的自动扶梯或自动人行道，如果制造商没有提供扶手带破断载荷至少为25kN的证明，则应设置能使自动扶梯或自动人行道在扶手带断带时停止运行的装置。

　　(7) 梯级塌陷保护装置。梯级是运载乘客的重要部件，如果损坏是很危险的。在梯级损坏而塌陷时，应有保护措施。在梯路上下曲线段处各装一套梯级塌陷保护装置。在梯级辅轮轴上装一角形杆，另在金属结构上装一立杆，与一六方轴相连，其下为开关。当梯级因损坏而下陷时，角形杆碰到立杆，六方轴随之转动，碰击开关，自动扶梯停止运转。排除故障后，六方轴复位，自动扶梯重新运转。

　　(8) 裙板保护装置。自动扶梯正常工作时，裙板与梯级间保持一定间隙，单边不应大于 4mm，两边之和不应大于 7mm。如果自动人行道的围裙板设置在踏板或胶带之上时，则踏板表面与围裙板下端间所测得的垂直间隙不应超过 4mm。踏板或胶带的横向摆动不允许踏板或胶带的侧边与围裙板垂直投影间产生间隙。为保证乘客乘行自动扶梯的安全，在裙板的背面安装 C 形钢，离 C 形钢一定距离处设置开关。当异物进入裙板与梯级之间的缝隙后，裙板发生变形，C 形钢也随之移动，达到一定位置后，碰击开关，自动扶梯立即停车。

　　(9) 梯级间隙照明装置。在梯路上下水平区段与曲线区段的过渡处，梯级在形成阶梯或在阶梯的消失过程中，乘客的脚往往踏在两个梯级之间而发生危险。为了避免上述情况的发生，在上下水平区段的梯级下面各安装一个绿色荧光灯，使乘客经过该处看到绿色荧光灯时，及时调正在梯级上站立的位置。

　　(10) 电机保护。当超载或电流过大时，开关自动断开使自动扶梯停车。在充分冷却后，开断装置自动复位。直接与电源连接的电动机应进行短路保护，该电动机应采用手动复位的自动开关进行过载保护，该开关应切断电动机的所有供电电源。

　　(11) 相位保护。当电源相位接错或相位脱开时，自动扶梯应不能运行。

　　(12) 急停按钮。在扶手盖板上装有上下各一个红色紧急开关，在上面或紧靠它的地方标上"停止"字样。紧急开关装在醒目而又容易操作的地方。对于提升高度超过 12m 的自动扶梯及使用区段长度超过 40m 的自动人行道应增设附加停止装置，并使各附加停止装置距离分别不超过 15m 和 40m。在遇有紧急情况时，按下开关，即可立即停车。

　　未设置主开关的驱动站和转向站应设置停止自动扶梯或自动人行道运行的停止开关。停止开关应能切断驱动主机电源并使工作制动器制动。停止开关应为：

　　1) 手动的。

　　2) 具有清晰的、永久性的转换位置标记。

　　3) 符合安全触点要求。

（13）非操纵逆转保护装置。该装置应该在梯级改变规定运行方向时动作，使自动扶梯自动停止运行，重新启动后方能改变运行方向。

（14）驱动装置与转向装置距离保护装置。驱动装置与转向装置之间应设保护装置，当它们之间的距离（无意性）缩短时，自动扶梯或自动人行道应自动停止运行。

2. 辅助的安全装置

（1）辅助制动器。

（2）机械锁紧装置。在自动扶梯运输过程中，或长期不用时，为保险起见，按用户要求可将驱动机组锁紧。

（3）梯级上的黄色边框。梯级是运载乘客的重要部件，为确保乘客安全，有的国家和地区还要求在梯级上具备黄色边框，以告知乘客只能踏在非黄色边框区域，以策安全。

（4）裙板上的安全刷。为防止梯级与裙板之间夹住异物例如伞尖等，除上述安全措施外，某些国家还要求有安全刷。若干安全刷安装在裙板上的底座上，刷子上带油，乘客怕弄脏裤脚就离开裙板站立，因而消除夹住的危险。

（5）扶手胶带同步监控装置。扶手胶带正常工作时应与梯级同步。如果相差过大，作为重要的安全设施的活动扶手就会失去意义，特别是在扶手胶带过分慢时，会将乘客的手臂向后拉。为此，可设置扶手胶带监控装置。

### 三、运行管理的任务和内容

（一）运行管理的任务

保证设备处于正常运行状态，实现系统的设计功能。同时为车站迅速输送乘客、维持良好秩序提供有力的保证。

（二）运行管理的内容

（1）应急处理：指设备发生客伤等事故时，由运行管理人员按照应急方案处理，并按规定通知维修人员。

（2）故障报告：观察设备的运行状态，若发现异常（如异常响声、停梯等），及时将故障情况报告环调，再由环调组织专业人员维修。

（3）设备监管：对设备的正确使用进行监管，防止乘客违规使用。

（4）运行操作：每天对设备的启动和停止运行进行操作。

### 四、自动扶梯日常操作使用

由于系统设备属于特种设备，安全性要求很高，因此制订了严格的操作规程及管理制度，以保证乘客的安全。操作规程为：

当开始运转和停止自动扶梯时，需按以下顺序进行操作。（注：自动扶梯在上下端各装有一个操作盘，任一操作盘都可以操作。）

1. 站内客运设备运行前的准备工作

（1）检查扶梯踏板、扶手带、梳齿板和裙板及裙板与梯级间的间隙。除去夹在里面的碎纸、小石子、口香糖等物。

（2）用手感触裙板，确认其上的润滑剂是否充分，如果不充分，需通知维修人员。

（3）确认自动扶梯周围的安全设施（三角区的护板，防止进入的栅栏、隔板及防护网）有无破损等异状。

（4）确认紧急按钮是否处于正常状态。如处于动作状态，须将其恢复到正常状态。

2. 开启扶梯的程序

（1）将钥匙插入操作盘上报警停止开关鸣响警笛，发出信号将开始运转，放手后钥匙将回到中央位置，将其拔出。

（2）确认自动扶梯周围扶梯踏板和梯级上没有人时，将钥匙插入运行开关后，向需运行方向（上或下）旋转，自动扶梯开始工作，放手后钥匙将回到中央位置，将其拔出。（启动时一只手旋转钥匙同时一只手轻按住急停开关，当出现异常时及时按动急停开关。）

（3）确认扶手带是否正常工作，如有异常声响或振动时，要立即按动紧急停止按钮，停住自动扶梯，同时通知维修人员。

（4）确认正常运转后，再试运转5～10min。

（5）如果试运转中按动紧急停止按钮，在问题处理后，必须将红色罩复原。

3. 关闭扶梯的程序

（1）确认有无发生异常声响或振动。如有问题则使自动扶梯停止。

（2）停止之前，不允许乘客进入自动扶梯的梯口。

（3）将钥匙插入报警停止开关鸣响警笛。

（4）确认自动扶梯附近或扶梯梯级上无人后，再用钥匙开启停止开关，自动扶梯则停止运行。

（5）一天的正常运行结束后须认真检查并清扫扶梯踏板、扶手带、梳齿、裙板以及扶梯下部专用房。

（6）正常停止扶梯后，应采取措施，用栅栏等挡住乘梯口以防将其当作楼梯使用。

4. 使用紧急停止按钮时

（1）在出现异常状况下，必须使用紧急停止按钮时，应大声通知乘客"紧急停止，请抓住扶手"后，再进行操作。

（2）紧急停止按钮说明。

1）现场操作。

正常状态：平时红色罩呈向外膨胀凸出状。

操作时：用手指按动，凸起状态变塌陷状态。

操作后的状态：用手指按动红色罩的周围，使其中部恢复正常状态。

2）站控室操作。

①敲破玻片。

②按压按钮。

③复位：拔起按钮。

（3）扶梯转换运行方向的操作程序。

1）将钥匙插入报警停止开关鸣响警笛。

2）确认扶梯梯级上无人后再用钥匙开启停止开关，将钥匙拔出。

3）待完全停止后，将钥匙插入运行开关，开启希望运行方向的开关（上或下）。

5. 转换运行方向时

（1）利用通知停止的警报开关鸣响警笛。

（2）在确认扶梯踏板上无人后再用停止开关停止运行。

（3）待完全停止后，再重新用启动开关向希望的方向运行。

实训模块

**一、任务描述**

车站产生突发客流，需要车站工作人员利用自动扶梯组织乘客快速进站乘车以及下车出站，完成这一工作。

**二、相关资料及资源**

相关资料：

（1）教材《城市轨道交通车站设备》学习单元二。

（2）《自动扶梯使用说明书》。

（3）教学课件。

相关资源：

（1）典型车站平面图。

（2）教学课件。

**三、任务实施说明**

（1）学生分组，每8～10人为一小组。

（2）小组进行任务分析。

（3）资料学习。

（4）现场教学。

（5）小组学习自动扶梯的结构、自动扶梯的功能、自动扶梯的操作等。

（6）小组成员独立完成相应工作，并进行检查。

（7）小组合作，讨论过程，进行讲解演练，小组成员补充优化。

**四、任务实施注意事项**

（1）必须阅读《自动扶梯使用说明书》相关内容。

（2）进行处理工作时，应确保安全，包括人身和设备安全。

（3）遇到问题时小组进行讨论，可以让老师参与讨论，通过团队合作获取问题的解决。

（4）注意成本意识的培养。

# 任务三　轮椅升降机的使用与维护

**学习目标**

（1）能熟练进行站务员使用操作轮椅升降机。

（2）获取信息的能力、应变能力、分析判断能力、逻辑思维能力。

（3）具备良好的职业道德、严格的纪律性、一定的团队协作和交流与沟通能力。

**学习任务**

轮椅升降机的使用与维护。

**教学环境**

城轨交通实训场、城轨交通车站。

**教学设施**

轮椅升降机、IBP 盘。

**理论模块**

### 一、轮椅升降机结构认知

轮椅升降机由轮椅平台、驱动机与牵引系统、导轨、轮椅平台控制柜、对讲及平台召唤、发射装置、充电装置及安全装置等组成。

1. 轮椅平台

轮椅平台的主体是钢结构，由锁匙开关、急停开关、盖板、护栏、侧板、接触底板等构成。轮椅平台为折叠式，不使用时折叠后靠墙放置。平台的放下和折叠是自动的。但当自动装置失效时，可以手动方式收放平台。

平台表面采用防滑花纹铝板覆盖，从而约束轮椅，使轮椅在轮椅升降机运行时始终被限制在固定位置上。轮椅升降机上下停车时，侧板自动放下供轮椅通行。

2. 驱动机与牵引系统

驱动机安装在轮椅平台内，采用蓄电池供电。传动方式为驱动电机经蜗轮减速机传给链轮，通过链条、链轮带动上、下轴上的齿轮传动，再通过齿轮传动带动滚动摩擦轮在导轨上行驶，气体弹簧始终保持滚动摩擦轮在轨道上的正压力。

驱动机上有制动器、安全钳和限速器。制动器能将最大负载条件的下行轮椅升降机在20mm 距离内平稳制动停止。制动器应是断电抱闸、通电松闸，制动弹簧是压缩弹簧。

牵引系统能适用于多次折返楼梯，采用滚动摩擦轮的方式，动力的传递平稳可靠。

3. 导轨

导轨用立柱安装在楼梯梯级面上，立柱用膨胀螺栓固定，导轨、立柱和附件均采用不锈钢制造。立柱采用足够强度的不锈钢方形管材制造，端部有不锈钢封盖密封，防止垃圾、雨水进入。

4. 轮椅平台控制柜

轮椅升降机采用微机控制，控制柜设置在轮椅平台正面，具有开关、急停等功能，能适应露天的工作条件，外壳保护等级不小于 IP65。

5. 对讲及平台召唤、发射装置

安装在车控室内的对讲系统采用壁挂式，在轮椅升降机上、下端的对讲机采用立柱支撑式安装，立柱采用不锈钢制造。每台轮椅升降机在上下部的对讲机立柱上安装有召唤盒，盒上有召唤按钮、平台折叠按钮，钥匙开关。当需要使用升降机时，在召唤端先用专用钥匙打开锁，按下召唤按钮，平台自动运行到召唤端后自动打开；当平台使用完毕，按下折叠按钮，平台自动折叠到位后，处于停止使用状态。

6. 充电装置

轮椅升降机上下部均有充电位。当轮椅升降机正确驶入充电装置，蓄电池开始充电，充电器指示灯快速闪烁；当蓄电池充满电，充电器指示灯慢速闪烁，蓄电池进入浮充状态。

### 二、轮椅升降机的安全防护

（1）安全钳与限速器：额定负载下，安全钳可在 150mm 距离内制停平台并保持平台在原位。安全钳动作时平台偏摆度不大于5°。安全钳动作时应同时切断驱动电机和制动器的电源。限速器应能准确反映轮椅平台的速度，在速度超过 0.3m/s 之前，应使安全钳动作。

（2）轮椅平台运行受阻保护装置：轮椅平台上设置有触刃和触面，碰上障碍物后，在 20mm 距离内应使平台停下。触刃两端和中点测量的平均阻力应不超过 30N。触面两个对角及其中心测量的平均阻力不应超过下列值：

当触面面积小于 $0.15m^2$ 时为 35N。

当触面面积大于 $0.15m^2$ 时为 50N。

（3）终端限位开关：上下终端处应设有终端限位开关，当平台超过正常终端停止位置 40mm 时，开关动作，强制平台停止。

（4）运行安全联锁：当平台未处于正常运行的工作状态，如平台上的安全围栏未放下、上、下行板未收到位等，电机不能启动。

（5）专用锁匙：轮椅升降机应设有专门的控制钥匙，只允许持有控制锁匙的人员使用轮椅升降机。

（6）急停按钮：在轮椅升降机上下端和轮椅平台及控制器上，都有紧急停车按钮，紧急停车按钮是非自动复位式的。

（7）紧急手动提升装置：特殊情况时可手动将轮椅平台提升或下降到端点让乘客离开轮椅升降机。

（8）平台安全挡板：平台三面设有安全挡板。当挡板不升起时，系统通过机械和电器联锁阻止平台运行。

### 三、轮椅升降机的日常使用管理

（1）轮椅升降机属于残疾人专用设备，禁止使用轮椅升降机载货。

（2）火灾时，禁止使用轮椅升降机。

（3）轮椅升降机禁止超载，且一次只允许运载一位乘客。

（4）如果在轮椅升降机导轨、平台边等有障碍物，切勿使用。

（5）乘客坐好后方能开始启动。

（6）升降机在运行时要注意导轨周围的情况。

（7）切勿让乘客身体或轮椅突出平台。

（8）升降机运行时，在平台上避免不必要的移动。

（9）升降机运行时，切勿将手放置在护栏上或者平台外。

（10）如使用时环境照明不好，切勿使用升降机。

（11）不论在站内还是在站外（出入口），升降机都严禁浸泡。

（12）清洁时，只需用湿布擦干净，不能用水喷。

**实训模块**

### 一、任务描述

伤残人士进站乘车，由于乘坐轮椅，无法通过楼梯或轮椅升降机进站，车站垂直电梯并未连接地面与站厅。作为车站工作人员，需要操作轮椅升降机将伤残人士接入车站，完成这一工作。

## 二、相关资料及资源

相关资料：

（1）教材《城市轨道交通车站设备》学习单元二。

（2）《轮椅升降机使用说明书》。

（3）教学课件。

相关资源：

（1）典型车站平面图。

（2）教学课件。

## 三、任务实施说明

（1）学生分组，每 8～10 人为一小组。

（2）小组进行任务分析。

（3）资料学习。

（4）现场教学。

（5）小组学习轮椅升降机的结构、轮椅升降机的功能、轮椅升降机的操作等。

（6）小组成员独立完成相应工作，并进行检查。

（7）小组合作，讨论过程，进行讲解演练，小组成员补充优化。

## 四、任务实施注意事项

（1）必须阅读《轮椅升降机使用说明书》相关内容。

（2）进行处理工作时，应确保安全，包括人身和设备安全。

（3）遇到问题时小组进行讨论，可以让老师参与讨论，通过团队合作获取问题的解决。

（4）注意成本意识的培养。

## 学习单元三

# 自动售检票系统

自动售检票系统，英文全称为 Automatic Fare Collection system，简称 AFC。自动售检票系统是通过对计算机、统计、财务等专业知识的综合运用，来实现轨道交通的售票、检票、计费、收费、统计、清分结算和运行管理等全过程的自动化系统，同时也为决策提供客流、收入等各类信息支持。

自动售检票系统是集机械、电子、计算机应用、计算机网络管理、通信传输、票务政策及票务管理等功能于一体的控制系统和信息管理系统。

自动售检票系统的城轨运营中体现出以下几点内涵。

（1）人性化。自动售检票系统为乘客设置了符合人体工程学的售票机和检票闸机，方便了乘客的购票和检票过程，同时提供符合地方特色的操作方式。

（2）客流导向。自动售检票系统可方便地实现乘车路径和优惠票价管理，可以通过票价设定来为乘客提供导向性服务，实现柔性的乘客自主对出行路径或时段的选择，合理调整客流分布。

（3）社会效益。一方面可通过自动售检票系统形成对区域交通客流状况的调整，对社会生活产生影响；另一方面可通过自动化的设施影响人们的行为模式，规范管理模式，克服票务工作中的舞弊行为。

（4）提供信息支持。自动售检票系统能够提供客流量、票务收入等统计信息，为轨道交通的运营、规划和管理决策提供信息支持。

（5）提高运行效率。轨道交通运营单位可根据自动售检票系统的客流信息及时调整运行组织，合理安排运能，提高运行效率。

（6）强化安全管理。借助自动售检票系统付费区的封闭条件，可对乘客在车内的行为进行管理。在紧急情况下，可通过闸机的禁行和放行措施疏导人群，实现安全管理。另外，还可以通过闸机的关隘作用，协助社会治安管理。

（7）通过自动售检票系统，增加了轨道交通与乘客的操作交互性和乘客的主动性，良好的应用效果可以提升运营企业和所在地区的形象。

自动售检票系统主要工作内容是实现中央系统、车站系统和终端设备之间的数据传输和处理；完成车票制作、售票、检票、票务统计分析等工作；及时、准确地进行客流、票务数据的收集、整理、汇总和分析；实现轨道交通收益方的清分结算以及关联系统等外部接口之间的清分结算，同时可通过银行或金融机构实现账务划拨。

自动售检票系统的运营特点是采用全封闭计时、计程收费的运营方式；进、出车站均须通过闸机检票合格后方能通行；储值票采取交纳押金的方式发行；储值票具有多个票种，并实行不同类型储值票不同收费价格的计费方式；单程票不记名、不挂失，一次性购买，一次性使用。

随着轨道交通的快速发展、相应技术的进步以及不同政策组合的灵活应用，自动售检票系统总的发展趋势是标准化、简单化、集成化和人性化。

# 任务一　自动售检票系统的认知

**学习目标**

（1）能了解自动售检票系统结构。

（2）能了解自动售检票系统功能。

（3）获取信息的能力、应变能力、制订计划的能力、分析判断能力、逻辑思维能力。

（4）具备良好的职业道德、严格的纪律性、一定的团队协作和交流与沟通能力。

**学习任务**

自动售检票系统的认知。

**教学环境**

城市轨道交通实训场或自动售检票系统理实一体化教室，城轨交通车站。

**教学设施**

自动售检票系统计算机系统、自动售检票系统终端设备等。

**理论模块**

## 一、系统概述

1. 系统组成

AFC 系统由三部分组成，即中心 AFC 系统、车站 AFC 系统及票卡，如图 3-1 所示。

（1）中心系统。负责 AFC 系统在中心的业务处理和管理，它是 AFC 系统的核心部分，包括卡库存管理和卡初始化、材料库存管理、黑名单生成、票价方案管理、运营管理和用户管理等模块，其终端设备主要有卡初始化机。

中心系统主要实现以下功能。

1）对地铁 AFC 系统内的所有设备进行监控。

2）各种运营及票务参数的生成，实现系统运作、收益及设备维护集中管理功能。

3）所有票卡的初始化。

4）对系统数据进行集中采集、统计及管理功能。

5）与公交"一卡通"系统、银行等外部系统的数据交换及财务清算功能。

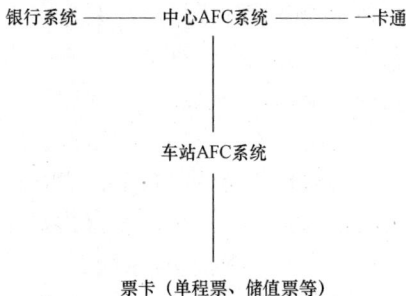

图 3-1　AFC 系统构成

（2）车站系统。运行在各车站，负责 AFC 系统在各自车站的业务处理，如售卡、充值和进出站、挂失、退卡等业务处理，同时负责车站卡和现金的管理。车站的终端设备主要有票务处理机、自动售票机、自动增值机、进出站闸机和自动验票机、手持验票机等。

车站系统主要实现以下功能。

1）对当前车站 AFC 系统内的所有设备进行监控。

2）采集并上传售检票的交易、设备工作状态和维修等信息。

3）储存由中心 AFC 下载的运营和设置参数，并下载到所有售检票设备。

4）具备售检票设备及运营的收益管理功能。

5）生成及打印车站全天的运营报表。

6）售票、充值、自动检票、挂失等业务功能。

（3）票卡。分储值票、单程票两种（图 3-2、图 3-3），作为电子车票使用，可挂失、退票，并有黑名单处理方式。

图 3-2　地铁储值票　　　　　　　　图 3-3　地铁单程票

2. 应用系统软件

应用系统软件运行在 OCC 票务中心和车站计算机系统中，负责 OCC 票务中心和车站 AFC 的管理业务，主要功能模块如下。

（1）库存管理模块：各种实物的出入库登记管理；各种与维修有关的材料、配件等的库存管理；对运营中的卡和营收现金按照操作员和设备等进行流水台账登记等。

（2）票务管理模块：与票务有关的业务处理，如交易查询；特殊交易（挂失余额、信用交易等）的确认；卡种类及其属性的设置；卡特殊名单（黑名单、特惠名单）的制订；运营站点的登记、划分（线路、区域）；票价方案的制订等。

（3）运营管理模块：与运营有关的管理，如设备种类；运营模式；对参与运营的系统和设备及其参数进行注册登记；实时监控下属系统设备的运行情况，发送控制命令、模式管理信息等；运营参数下载，运营数据的人工采集处理；状态查询与分析等。

（4）结算管理模块：对账务进行汇总处理，包括账务基本信息管理、日常交易账务处理、运营统计分析等。

（5）通信服务模块：系统之间、系统与终端设备之间、系统与系统外部（如交通一卡通、银行系统）之间的通信与数据交换。

（6）清算服务模块：对交易今昔功能实时汇总和清算，交易稽核（如失效、重复、错误、不连续等判断）；分级（三级）汇总；特殊业务处理（如挂失交易处理、退款记录预生成等）；数据有效备份恢复处理等。

（7）运营分析模块：对客流、卡流通、财务有关的分析。

（8）系统维护模块：对当前系统的参数、编码及用户权限等进行维护。

3．系统软件

地铁 AFC 系统软件作为应用系统软件的支持软件，装于中心及车站计算机系统中，主要包括以下几种。

（1）操作系统软件。

（2）数据库开发工具。

（3）网管软件。

（4）防病毒软件。

4．AFC 系统硬件设备

（1）AFC 终端设备。终端设备指能完成特定的与卡处理有关的 AFC 系统具体业务的专用设备，因此终端设备一般能对卡进行读写处理。主要的终端设备包括：

1）自动售票机：自助式出售单程票，可使用硬币和纸币。

2）自动增值机：自助式对储值票进行充值，可使用纸币和银行卡转账方式。

3）闸机：用于出入站的检票，又分为入站闸机、出战闸机、出入站闸机和特殊通道闸机等。

4）票务处理机：用于辅助人工处理有关票务方面的事务，基本上涵盖除票卡初始化业务外的所有业务，如售票、充值、挂失、退卡、检票、验票和特殊化业务处理等。

5）卡初始化机：对票进行初始化和再初始化，又分单程票（筹码式）初始化机、普通储值票初始化机、记名储值票（卡式）初始化机（打印个人信息）。

6）卡清分机：按照给定条件对单程票（筹码式）进行分检，条件可以动态制作。

7）验票机：检查票上余额和最近 10 次交易记录。

（2）计算机网络设备。目前地铁 AFC 系统所需的各种计算机和网络设备，包括以下几种。

1）小型计算机。

2）微机服务器。

3）微型计算机。

4）磁盘阵列、磁带机。

5）打印机。

6）网络交换机。

7）路由器。

8）UPS。

（3）AFC 终端设备关键部件。为保护系统的可靠性、安全性及稳定性，目前售检票设备中关键的设备部件（如闸机机芯、纸币识别器、纸币钱箱、硬币处理单元、硬币补充箱、硬币回收箱、IC 卡出卡机、单程票 IC 芯片、IC 卡读写器等）大多数采用进口。

**二、系统说明**

1．总体结构

AFC 系统总体结构如图 3-4 所示。

设备终端 ——— 中心AFC系统 ——— 中心计算机系统

设备终端 ——— 车站AFC系统 ——— 中心计算机系统

票卡（单程票、储值票等）

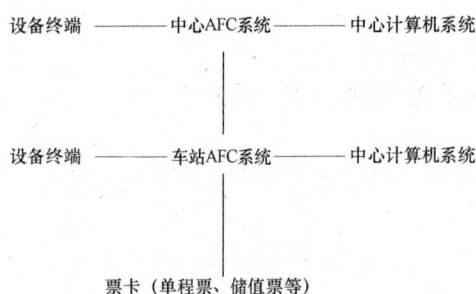

图 3-4　AFC 系统总体结构

**2. 各层次功能说明**

（1）中心 AFC 计算机系统。

1）接受所有车站 AFC 系统上传的业务数据并给予集中储存，如票务数据、收益数据和维护数据等。

2）中心的票卡管理。

3）提供票卡基本信息管理和票卡跟踪机制，制订黑名单、特殊名单的生成规则和生成黑名单、特殊名单，并下达到车站 AFC 系统。

4）保持整个 AFC 系统内部以及与外部地铁通信系统之间的时钟同步。

5）制订票价表和执行细则，并下达到各车站 AFC 系统。

6）财务统计、结算管理、交易稽核和异常数据管理。

7）接受外部报警信息，并向各车站 AFC 系统发送相关的信息和命令。

8）实时监视各个车站 AFC 系统及其售检票设备的运行情况，具体管理、控制和诊断功能。

9）处理和提供与 AFC 运营业务有关的统计分析报告。

10）分票种对进出站客流差异进行统计和分析。

11）提供系统维护功能，如参数维护、数据维护、设备维护等，包括车站 AFC 系统的维护工作；同时提供有关数据的软盘拷贝（输入输出）功能。

12）处理行车调度指挥中心和地铁其他专业与 AFC 系统有关的业务。

13）在车站计算机出现故障时，中心计算机可以直接控制车站售检票设备。

14）提供对外系统的信息交换，如一卡通和银行。

（2）车站 AFC 系统计算机系统。

1）数据采集、存储与上传：接收、存储各售检票设备上传的业务数据（运营数据、交易数据），根据 AFC 系统运营的需要就业务数据上传中心 AFC 系统。

2）接收中心 AFC 系统送来的控制命令和指令信息，按照要求给予存储或发到相应的售检票设备中。

3）查询与当前车站票务运营有关的信息。

4）车站的票卡、设备与现金管理。

5）实时监视本车站 AFC 系统的售检票设备和网络运行情况，具有控制和故障诊断功能。

6）处理和提供与车站运营业务有关的统计分析报告。

7）提供车站 AFC 应用系统的维护功能（如参数维护、数据维护、设备维护）和重要数据的软盘拷贝（输入输出）功能。

（3）中心与车站的 AFC 终端设备。

1）独立或联网工作，处理特定的业务，如初始化、售票、增值、特殊业务处理等。

2）交易数据存储，并与上级（中心，车站）进行数据交换。

3）多种工作方式下工作，如正常、暂停、维护、降级等。

4）紧急状态下，接受车站或中心控制命令。

5）通过网络下载安全及更新设备软件。

6）自我诊断及本地维护功能。

7）提供外接控制软件及硬件接口（RS-232）。

8）友好人机界面。

9）在上级 AFC 系统（车站或中心）监控下工作，并上传各种运营信息。

### 三、AFC 系统业务描述

（1）卡初始化：普通、个性化等。

（2）售卡：销售、代售。

（3）充值：现金、转账、信用、时间和计数等。

（4）检票：入站、出战（普通、信用、时间段和计数等）。

（5）其他特殊业务：退卡、挂失、记名、标志处理、特殊现金处理等。

### 四、系统安全性说明

AFC 系统的安全性需要通过主机/网络、操作系统/数据库和应用软件三个层次得到保证。

1. 主机/网络

主机采用防火墙、操作系统和文件系统等安全策略保证系统安全。

在网络方面，充分利用操作系统和应用软件系统的安全控制，使用口令和访问控制，对外部访问者通过防火墙进行安全检查，保证网络安全。同时还加强系统安全方面的管理，如明确人员职责和网络访问级别、定期对系统数据进行备份、加强硬件系统的物理保护等。

2. 操作系统/数据库

操作系统和数据库通过以下方式保证数据访问、存储和交换的安全性。

（1）身份验证：通过符合工业标准的身份验证方法负责确认试图登录的任何用户的身份。

（2）授权：通过权限设置定义用户的权利和允许访问的类型（例如文件的读/写权限）。

（3）安全审核：负责监视并记录各种与安全性有关的事件。

（4）安全设置：通过安全配置工具实现包括安全策略、访问控制、时间日志、组成员（受限的组）、网际协议（IP）的安全策略和公钥策略的设置。

（5）存储数据的保护：通过文件加密系统、数字签名、数据备份确保存储数据的合法性和完整性。

3. 应用软件

应用软件通过以下几个方面满足安全需要。

（1）身份识别的确认：应用软件应能识别进入者的身份，并确认它是否为合法用户的身份。只有当身份识别的确认是正确的，才允许该用户进入系统。

（2）访问控制：根据允许访问的系统资源的类别以及其访问操作类型不同，应用软件将用户划分为不同的用户类别，并规定相适应的权限确认机制。

（3）审计：用户使用应用程序进行的有关操作都有完整的记录，并采取相应的安全措施，将非法用户逐出系统。

（4）完整性：应用软件能够判别进入到系统中的数据的真实性和有效性，通过校验码等手段保证数据的完整性。

（5）密钥管理：AFC 系统采取有效的密钥管理措施，通过密钥本身的安全机制和标准密钥算法（如 DES、3DES），有效地保证了系统的安全性能，其中包括有密钥的生成、存储、分配、更换、保管、使用和销毁的全过程。同时保证密钥不能被窃取，即使被窃取，也会因窃取而自行销毁或失去它应有的价值。

### 五、地铁 AFC 系统性能说明

1. 系统处理能力

（1）构成能力：多层结构（≤9层），设置灵活（大部分配置和程序可中心下载），节点容量大（可容纳≤10 亿个终端设备）。

（2）交易处理能力：中心 AFC 系统＞50 万笔/h，车站 AFC 系统（PCSERVER）＞20 万笔/h。

（3）交易上传时间（正常情况下）：设备至车站＜10s，车站至中心＜30s。

（4）命令反应能力（正常情况下）：＜3s。

（5）多级实时汇总，结算灵活，时间短，出账延迟时间最长＜30min。

（6）存储能力：与硬件和数据库有关。

2. 操作与维护

（1）统一、标准的图形化操作界面和风格，操作简单，易学易用。

（2）提供在线帮助。

（3）岗位化权限管理，能根据人员及其所在岗位的特点进行权限控制。

（4）参数化安装配置：统一的安装和灵活的参数配置，方便系统的统一管理。

（5）数据一致性维护：提供基本系统的复制功能，确保系统与子系统之间基本信息的一致性。

### 六、AFC 主机系统

主机系统是地铁 AFC 系统的重要组成部分，它与网络系统、售检票终端设备共同构成地铁 AFC 系统的硬件整体骨架。应考虑初期、近期与远期日客流规模、日高峰期客流规模以及地铁远期增加线路的情况，对中心主机系统和车站主机进行合理配置。

1. AFC 主机系统总体结构

整个系统按地理位置进行划分，由 AFC 中心主机系统（Center Computer，CC）和各自车站主机系统（Sub-station Computer，SC）两部分组成，CC 和 SC 之间通过地铁网络提供的专用线路实现局域网之间的互联。

2. AFC 中心主机系统

中央主机系统是整个系统的核心部分，由中心主机（小型机）、各种管理工作站、通信服务器、网管工作站、数据存储系统和打印机、UPS 等几部分组成。

3. AFC 车站主机系统

AFC 车站主机系统由车站主机（服务器）、管理工作站、监视工作站、打印设备等组成。

### 七、AFC 网络通信系统

地铁 AFC 网络系统由三部分组成，即中心主机网络系统、车站主机网络系统和骨干网络传输系统。

1. AFC 网络总体结构设计

AFC 系统通过网络传输，将中心 AFC 系统、车站 AFC 系统、自动售票机、半自动售票机、进出闸机和自动增值机等终端设备连接起来。车站 AFC 主机完成交易数据处理、上传和控制信息（如黑名单）的下传。终端设备完成交易数据的采集，由车站 AFC 主机管理，它通过车站局域网络连接，并通过专用骨干网络将数据转发到 AFC 中心主机。

2. AFC 中心局域网络结构设计

AFC 中心作为整个网络的核心点，担负着 AFC 交易数据的汇聚点，AFC 系统控制核心点的作用。因此，AFC 中心网络的结构必须设计为具有在设备单点故障时能够及时转换至正常设备的能力，即设备接入端口的备用。故采用以下措施。

（1）核心路由器冗余。线路接入设备的核心路由器能够实现备份的可靠性保证。

（2）交换设备冗余。配置两台核心交换机设备，同时通过在服务器中配置两块以太网卡，进行冗余连接。在一块网卡或以太网交换机出现故障时，能够自动地启用备份的链路，保持链路的畅通。

（3）中心局域网通过在路由器中配置多个同步串口卡，并连接 DTU 设备（如 RAD 同步 MODEM）与地铁通信骨干网提供的 E1 接口连接。

3. 车站星型网络设计

车站网络结构设计的重点在于满足数量众多的车站售检票设备、查询设备等终端设备的接入设计。采用堆叠交换机作为所有终端的接入设备，通过交换机的上连端口连接车站路由器接入 AFC 中心网络。

4. 网络设备的造型设计

由于 AFC 中心局域网交换机的选择的较高要求、端口数量和可管理性，在中心局域网中选用中型企业核心级三层交换机。

在各个地铁车站，由于车站的接入设备较多，且对数据通信线路的要求不高，因此选用低端入门级交换机作为售检票终端设备提供接入和管理。

骨干网接入是该网络系统的关键部分，因为它提供了数据汇总的通道，它的扩展能力应满足远期 AFC 中心网络系统为新增车站 AFC 系统提供接入的需求。

## 八、AFC 系统终端设备

根据不同的应用分类，AFC 终端设备主要分为以下几种。

（1）入站闸机：用于乘客从车站非付费区进入付费区的合法性检查，主要功能有车票合法性检查、入站信息登记、允许或禁止旅客通行以及相关的业务统计和设备部件状态监视等，能与车站 AFC 应用系统进行网络通信和数据交换。

（2）出站闸机：用于乘客从车站付费区进入非付费区的合法性检查，主要功能有车票合法性检查、出站信息登记、车费扣除、允许或禁止旅客通行以及相关的业务统计和设备部件状态监视等，能与车站 AFC 应用系统进行网络通信和数据交换。

（3）出入站兼用闸机：具有入站闸机和出站闸机的两套不同用途功能，具有用途方式的选择功能。

（4）特殊通道闸机：专为方便残疾人士等特殊人员设置的专用检票收费通道，具有入站闸机和出站闸机的两套不同用途功能。

（5）票务处理机：辅助票务员与乘客之间有关票务的处理，主要功能有售票、退票（储值票）、补票（单程票）、挂失（记名储值票）、充值（储值票）、验票及其相关的业务统计和设备部件状态监视等，能与车站 AFC 应用系统进行网络通信和数据交换。

（6）自动售票机：用于乘客自助式购买车票（单程票），能与车站 AFC 应用系统进行网络通信和数据交换。

（7）自动增值机：用于乘客自助式补充车票（储值票）金额，能与车站 AFC 应用系统进行网络通信和数据交换。

（8）自动验票机：用于乘客自助式检查车票上与交易有关的信息，能与车站 AFC 应用系统进行网络通信和数据交换。

（9）IC 卡初始化机：用于对外购卡进行初始化处理为地铁车票和对需初始化的车票进行再处理，主要功能有 IC 卡分区、基础信息写入以及相关的业务统计和设备部件状态监视等，能与 CC 进行网络通信和数据交换。

**实训模块**

**一、任务描述**

通过对自动售检票系统的学习，以小组为单位，完成制作 AFC 系统控制流程图这一工作。

**二、相关资料及资源**

相关资料：

（1）教材《城市轨道交通车站设备》学习单元三。

（2）《自动售检票系统说明书》。

（3）教学课件。

相关资源：

（1）自动售检票系统中心计算机、车站计算机。

（2）教学课件。

**三、任务实施说明**

（1）学生分组，每 8～10 人为一小组。

（2）小组进行任务分析。

（3）资料学习。

（4）现场教学。

（5）小组学习，自动售检票系统中央级管理下中央及控制功能、车站级管理下车站级控制及就地级控制功能。让学生通过对任务的实施，加深对自动售检票系统、系统两级管理三级控制功能、系统工作流程等的认识。

（6）小组成员合作完成流程图制作，并进行检查。

（7）小组合作，展示成果，进行讲解演练，小组成员补充优化。

**四、任务实施注意事项**

（1）必须阅读《自动售检票系统说明书》。

（2）进行处理工作时，应确保安全，包括人身和设备安全。

（3）遇到问题时小组进行讨论，可以让老师参与讨论，通过团队合作获取问题的解决。

（4）注意成本意识的培养。

# 任务二　自动售票机（TVM）常见问题处理

### 学习目标

（1）能熟练进行乘客使用操作 TVM。

（2）能熟练进行站务员维护操作 TVM。

（3）获取信息的能力、应变能力、制订计划的能力、分析判断能力、逻辑思维能力。

（4）具备良好的职业道德、严格的纪律性、一定的团队协作和交流与沟通能力。

### 学习任务

自动售票机（TVM）常见问题处理。

### 教学环境

城市轨道交通实训场或自动售检票系统理实一体化教室，城轨交通车站。

### 教学设施

自动售票机、硬币处理模块、方卡发行模块、自动售检票系统车站计算机系统等。

### 理论模块

自动售票机安装在非付费区内，用于出售非接触式单程车票并具备对储值票（包括地铁票和一卡通票）加值、验票的功能。可发售单程车票，其发售的票价可通过参数设置。

自动售票机可接受硬币、纸币、储值票以及银行卡付费方式出售车票，具备一次出售多张车票的功能。自动售票机具备硬币、纸币找零功能。

自动售票机具备乘客操作面板及乘客显示器（图3-5），用于显示轨道交通线路、票价、设备基本情况、运行状态等信息，其前面板应附有清楚易懂的操作指引。乘客显示屏和运营状态显示屏应可以根据参数设置，定时显示指定信息。

在没有乘客操作时，乘客显示屏可以自动播放预先录制的影音片断，可以向乘客宣传系统使用方法、公司通告以及操作指南的动画短片等信息。当乘客站到自动售票机前或进行任何操作时，自动中断影音片断的播放并切换到相应的操作模式。

自动售票机通过车站局域网与车站计算机相连，并上传有关的车票处理交易、审计及设备状态等数据，接收系统运行的参数，接收车站计算机与线路中央计算机的运营模式命令。

图3-5　自动售票机

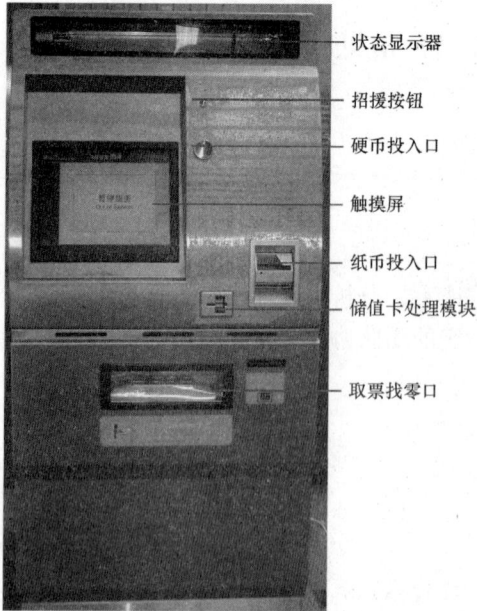

- 状态显示器
- 招援按钮
- 硬币投入口
- 触摸屏
- 纸币投入口
- 储值卡处理模块
- 取票找零口

图 3-6 自动售票机乘客操作面结构组成

## 一、自动售票机结构认知

自动售票机乘客操作面和工作人员操作面的结构组成分别如图 3-6 和图 3-7 所示。

## 二、自动售票机实现的功能

自动售票机安装在地铁车站的非付费区内，用于乘客自助式购买单程票，可接受人民币硬币、纸币并出售票，同时具备硬币找零功能；自动售检票具备触摸屏及乘客显示器，显示地铁线路及票价、操作提示等信息。乘客操作面板标有操作流程，在纸币入口、硬币入口、取票口、退币口有明显提示；自动售票机上设置有招援按钮，当乘客需地铁管理人员帮助时使用，并在设备故障时提醒乘客使用招援按钮；自动售票机暂停使用时也有明确的提示。其主要功能如下。

（1）能在正常服务模式、暂停模式、维修模式下工作。

（2）乘客可以通过人机对话方式自助实现购买单程票。设备应能完成对纸币和硬币的自动识别处理、硬币找零、自动出票、招援等基本业务功能。

（3）设备具备能同时接收纸币和硬币方式。

（4）乘客可以中止交易，中止时如果乘客已经投入纸币或者硬币，"原币奉还"乘客投入的纸币和硬币。

（5）整机状态显示器显示设备所处的工作模式和收费方式。

（6）设备能实时与系统进行网络通信，接收系统的命令及上传设备自诊断检测信息和交易数据。当发生网络通信故障时设备能按设定的方式和参数脱机运行，并可保存最近交易记录。网络通信恢复正常后，可自动将没有上传的交易记录上传给系统。

（7）设备具有检测和自诊断功能，当检测到纸币识别器、硬币识别器、单程票出票机构、维护单元发生异常情况时，及时将信息报告给系统，并根据信息类型决定设备进入降级运行或暂停运行。

（8）设备具有维护管理功能，便于维护人员更换钱箱、补充硬币、回收硬币、补充单程票、设置维护参数、故障诊断等。

（9）硬币处理单元应具有硬币的防伪识别、缓存、分拣、找零、补充、回收等功能。

（10）纸币处理单元应具有防伪识别、缓存、叠放回收等功能。

## 三、自动售票机的操作

（一）乘客操作

设备正常启动后，进入服务界面，乘客可进行购票、充值等相关操作。

1. 购票操作

乘客可通过下述两种方式购买地铁单程票。

（1）按目的站购票。在购票界面中，乘客首先通过点击按钮选择目的地所在线路号码，

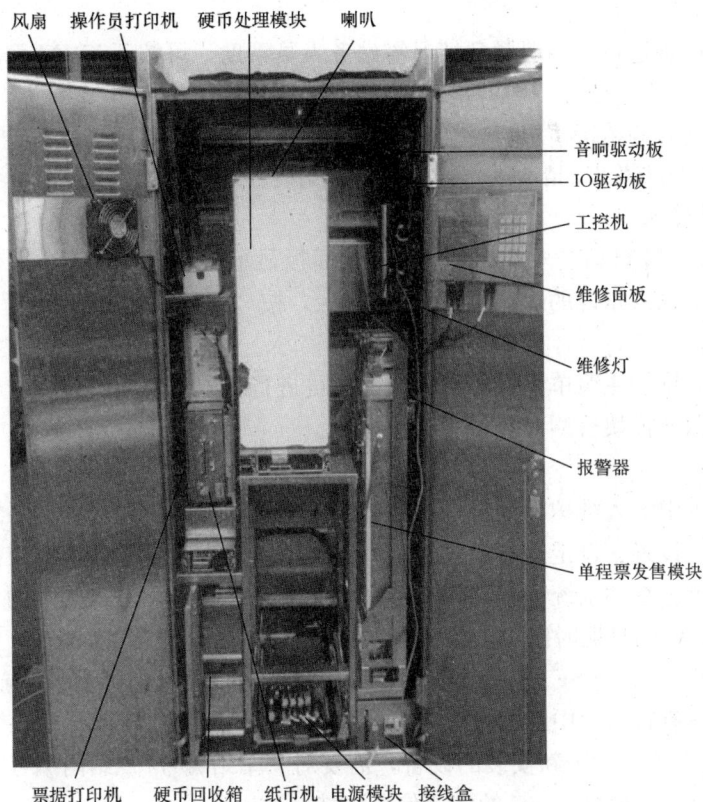

图 3-7　自动售票机工作人员操作面结构组成

进入车站选择界面。

选取目的车站后，购票界面中会出现选定的信息，包括目的站、本站到目的站的车票单价、选定张数等，此时乘客可通过左侧的张数按钮来追加购票张数，同时总的购票金额也会根据张数做相应的变化。

（2）按票价购票。若乘客能够确定本站到目的站的票价，也可通过点击右侧票价按钮直接选择购票信息界面。进入购票信息界面后，乘客可通过左侧的张数按钮来追加购票张数，同时总的购票金额也会根据张数做相应的变化。

（3）投币。目的站与购票张数确定后，乘客可以开始投币，正常模式下，TVM 支持以下投币方式。

1）只投硬币购票。

2）只投纸币购票，并找零。

3）硬币与纸币混合投放。

乘客所投入的现金会在界面上累积显示。

（4）出票、找零。当乘客投入钱币后，设备开始出票，如需找零，则会在成功出票后根据乘客投入的纸币金额找出相应的零钱。

（5）购票取消。在未确认购票前的任何一个操作界面，乘客都可以通过屏幕上的"取消"按钮来取消当前交易。取消交易时，若有现金投入，则所投入的现金会退还给乘客。

2. 乘客招援

乘客在使用设备过程中如遇紧急情况需站务人员帮助，可按下 TVM 面板上的招援按钮发出请求。

车站在收到乘客的招援请求后，会立即安排站务人员到设备现场进行处理。

注：招援按钮非自复位式，请站务人员到现场后将招援按钮复位。

（二）操作员登录

打开后门，TVM 自动进入维护模式，维护面板显示主要模块状态。操作员可通过维护面板一侧操作键盘输入正确的操作员 ID 及密码后，按"确定"键进行系统登录。

（三）维护操作

登录后，进入维护主菜单，操作、维修人员可进行权限范围内的设置、钱票箱更换、结算等运营操作，以及模块检测、测试等维护操作。

1. 系统设置

在维护主菜单中键入维护界面显示的编码进入相应的参数设置选项。系统设置模式可进行参数设置、辅助设置、设定运行模式、查看系统信息及进行本地运营结束操作。

（1）参数设置。在"系统设置"界面键入相应编码并确定，进入其中的"参数设置"界面，在此可对 TVM 的日期时间、设备信息和网络参数进行相关设置。

1）日期时间设置。与 SC 通信正常情况下，TVM 的日期与时间自动与 SC 时钟进行同步，不需设置。只有在通信中断的情况下，才可以在维护界面中进行设置。

2）设备信息设置。对于新安装的设备，需要对"车站编号""站内编号""组号""组内编号"等进行设置，以使之与 SC 的配置信息保持一致。

3）网络设置。对于新装设备，需对网络参数进行相应的设置，以使其能正常地接入车站 AFC 网络。

（2）辅助设置。在"系统设置"界面键入相应编码并确定，进入其中的"辅助设置"界面。在这里可进行用户密码设置及使用管理卡进行一票通的本地认证。

1）用户密码设置。通过"辅助设置"界面，进入"用户密码设置"界面，按数字键输入当前密码及新密码，最后保存设置。所设定的新密码在次日运营开始时才会生效。

2）管理卡认证。当 ACC 联机认证失败时，可使用管理卡进行本地认证，以使 TVM 可以进行正常的售票服务。拉出发票模块，将管理卡置于读写器天线正上方的传送皮带上，如图 3-8 所示。

然后确定开始执行认证操作。待界面提示"签到成功"后，取下管理卡，并将发票模块推回原位。

（3）设定运行模式。在与 SC 通信正常的情况下，不能自行设定运行模式。只有在与 SC 通信中断的情况下，才可进行相关设置。

1）设置 24 小时模式。在离线状态下，通过"设置运行模式"界面进行"24 小时模式"的设置。

2）取消 24 小时模式。若想取消"24 小时模式"，可通过"设置运行模式"界面取消之前关于"24 小时模式"的设定。

3）延长运营时间。通过"设置运行模式"界面进入"延长运营时间设置"界面，按数字键输入需要延长的分钟数，最后按"确定"键保存设置。

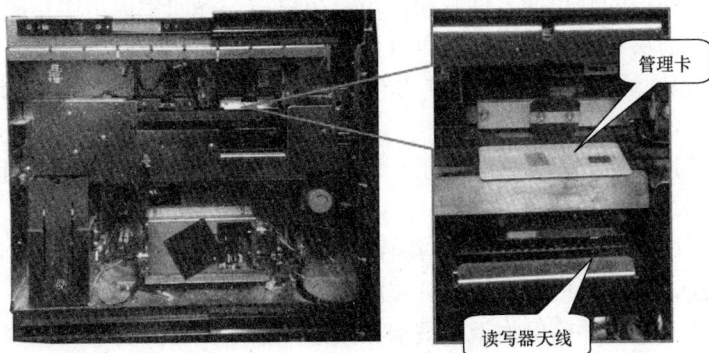

图 3-8　管理卡放置位置

4）取消延长运营。如需取消延长运营时间设置，可通过"设置运行模式"取消设置。

（4）系统信息。通过"系统设置"界面进入其中的"系统信息"查询界面。在这里可以查询包括开始运行时间、结束运行时间、切换日时间、当前运营日、24 小时运行状态、延长运营时间、剩余授权金额、下次授权时间、售票可接收的币种、充值可接收的币种等系统信息。

（5）运营结束。通过"系统设置"界面执行"运营结束"操作。执行运营结束成功后，界面会提示"运营结束，等待关机..."。随之，TVM 的主控单元（工控机）会自动关闭。

2. 更换钱票箱

在维护主菜单下进入"更换钱票箱"界面。

（1）更换票箱。通过"更换钱票箱"界面进入"更换票箱"界面。

1）票箱信息查询。通过"更换票箱"界面进入"票箱信息"显示界面，可以查询当前各票箱的 ID 号，以及各票箱内当前的票卡存量。

2）卸载票箱。通过"更换票箱"界面进入"卸载票箱"提示界面，并进行票箱的卸载操作。打印出卸载时的票箱信息。

3）安装票箱。通过"更换票箱"界面进入"安装票箱"提示界面，请将装好票的票箱装入 TVM。成功后界面会显示安装后的票箱 ID、票箱内票卡存量等信息。打印输出安装后的票箱信息。

（2）更换纸币回收箱。通过"更换钱票箱"界面进入"更换纸币回收箱"界面。

1）查看纸币回收箱信息。通过"更换纸币回收箱"界面可以查看当前的纸币回收箱信息。可以选择"打印"，打印输出当前的纸币回收箱信息。

2）更换纸币回收箱。通过"更换纸币回收箱"界面进入"更换钱箱"界面。请将欲投入使用的纸币回收箱放入 TVM 纸币接收模块的钱箱支架中锁定，即完成了纸币回收箱的更换操作。

（3）更换硬币箱。通过"更换钱票箱"界面进入"更换硬币箱"的操作界面。

1）查看硬币箱信息。通过"更换硬币箱"界面进入"硬币箱信息"显示界面，可显示补币斗、循环斗及硬币回收箱等相关信息。

2）清空硬币箱。通过进行"更换硬币箱"操作，TVM 开始执行硬币的清空操作，将补币斗及循环找零斗中的硬币清入回收箱。清空结束后，界面会提示操作成功信息，同时打印单据，记录清空前后各硬币箱内的硬币计数。

3）卸下回收箱。通过进行"更换硬币箱"操作，TVM进行回收箱的卸载操作。卸载回收箱的同时会清除各硬币箱的计数。

确定执行卸载操作后，根据界面提示，取下硬币回收箱，然后在维护面板上按"确定"键，执行卸载操作。打印卸载单据。

4）添加硬币。通过"更换硬币箱"操作界面进入"添加硬币"操作界面。首先输入本次添加的硬币数量，确定后按界面提示分步骤执行如下操作。

①插入硬币加币箱，并确保加币箱被卡扣锁定，如图3-9所示。

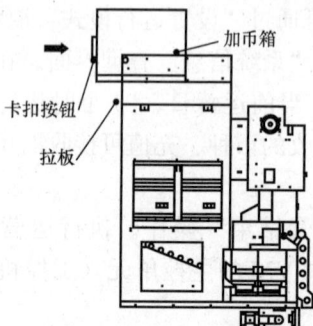

②听到硬币模块"滴"声后，按界面提示，在维护面板上按"确定"键，执行加币，然后将拉板拉出到尽头，确保硬币全部进入找零斗，如图3-10所示。

①将加币箱逐个推入导轨，并确保加币卡扣完全卡住，每个加币箱到位后发出"滴"一声。

图3-9　加币步骤一——插入加币箱

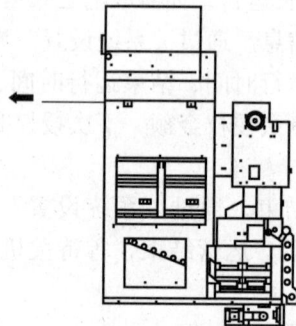

②执行"开始加币"命令，等待约1s，然后将拉板拉出最大距离。

图3-10　加币步骤二——拉出拉板

③听到硬币模块"滴滴滴"声后，根据界面提示，在维护面板上按"确定"键，然后将拉板推回到尽头，如图3-11所示。

④推回拉板后，当听到硬币模块"滴滴滴"声后，根据界面提示，在维护面板上按"确定"键，然后按住加币箱下方的按钮将加币箱取下，如图3-12所示。

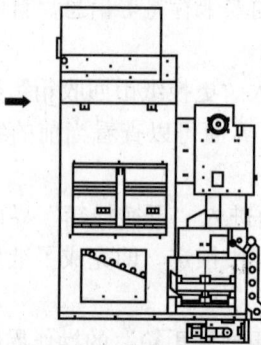

③拉板拉出几秒钟，并听到"嘀嘀嘀"的声音后再轻轻将其复位。

图3-11　加币步骤三——推回拉板

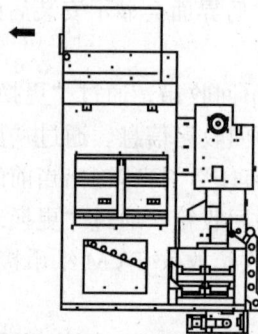

④听到"嘀嘀"的声音后，按压加币箱下方的按钮，逐个取走加币箱，加币完成。

图3-12　加币步骤四——取下加币箱

将加币箱取下后，根据界面提示，在维护面板上按"确定"键，完成整个加币操作，同时，TVM会打印出此次加币单据。在加币过程中，加币箱和拉板不能随意推拉，须严格按上述流程进行。

5）安装回收箱。通过"更换钱票箱"界面，进行硬币回收箱的安装。根据界面提示，将硬币回收箱插入，然后在维护面板上按"确定"键，即完成了硬币回收箱的安装操作，同时会打印出硬币回收箱的安装单据。

（4）更换纸币找零箱。通过"更换钱票箱"界面进入"更换纸币找零箱"的操作界面。

1）查看纸币找零箱信息。通过"更换纸币找零箱"界面进入"找零箱信息"查看界面。

2）纸币找零箱加钞。通过"更换纸币找零箱"界面进入"加钞"操作提示界面。加钞时，请先将装好找零纸币的找零钱箱放入TVM纸币找零模块中，然后根据界面提示进行确定。

确定后出现信息输入界面，需要在这里输入本次加钞的张数及钞箱的ID号。

上述信息正确输入后按"确定"键，如模块状态正常，且钱箱安装到位，则界面会提示加钞成功，同时会打印出此次的加钞单据。

3. 打开安全门

授权操作员可通过维护界面开启现金安全门，对钱箱进行更换或安装操作。对现金安全区操作结束后，请将现金安全门推回原位锁定。

4. 日结结算处理

通过"维护主菜单"可进行"日结结算处理"操作，同时打印出本结账周期内的日结结算信息。

5. 其他功能

除上述功能外，在"维护主菜单"可以进入"其他"功能选择界面，在这里可以查询TVM的软件版本、参数版本，可以关闭或重启TVM。

（1）软件版本查看。在"其他"功能菜单进入"软件版本"查看界面。

（2）参数版本查看。通过"其他"功能菜单进入TVM的"参数版本"查看界面，可以查看售票TPU的参数信息、充值TPU的参数信息、TVM当前参数信息，如有将来参数还可以对TVM的将来参数信息进行查询。

（3）关闭TVM。在维护界面下，可以通过维护面板关闭TVM。在"其他"功能菜单中执行TVM的关闭操作。

（4）重启TVM。在维护界面下，可以通过维护面板重新启动TVM。在"其他"功能菜单中执行TVM的重新启动操作。

## 实训模块

### 一、实训一

（一）实训任务描述

在自动售票机上进行清币作业，出现清币过程中硬币卡住，导致清币工作无法有效完成，处理这一问题。

（二）相关资料及资源

相关资料：

（1）教材《城市轨道交通车站设备》学习单元三。

（2）《自动售票机使用说明书》。

（3）教学课件。

相关资源：

（1）自动售票机及附件。

（2）教学课件。

（三）任务实施说明

（1）学生分组，每 8～10 人为一小组。

（2）小组进行任务分析。

（3）资料学习。

（4）现场教学。

（5）小组学习自动售票机结构、乘客使用面各功能区功能、乘客使用自动售票机购票流程、工作人员操作面各功能模块功能、各功能模块的操作方法及操作注意事项等。

（6）小组成员独立完成处理清币卡币工作，并进行检查。

（7）小组合作，制作 PPT，进行讲解演练，小组成员补充优化。

（四）任务实施注意事项

（1）必须阅读《自动售票机使用说明书》。

（2）进行处理工作时，应确保安全，包括人身和设备安全。

（3）遇到问题时小组进行讨论，可以让老师参与讨论，通过团队合作获取问题的解决。

（4）注意成本意识的培养。

二、实训二

（一）实训任务描述

自动售票机售票过程中，单程票发行模块中的单程票售空，导致自动售票机无法工作，处理这一问题。

（二）相关资料及资源

相关资料：

（1）教材《城市轨道交通车站设备》学习单元三。

（2）《自动售票机使用说明书》。

（3）教学课件。

相关资源：

（1）自动售票机及附件。

（2）教学课件。

（三）任务实施说明

（1）学生分组，每 8～10 人为一小组。

（2）小组进行任务分析。

（3）资料学习。

（4）现场教学。

（5）小组学习自动售票机结构、乘客使用面各功能区功能、乘客使用自动售票机购票流程、工作人员操作面各功能模块功能、各功能模块的操作方法及操作注意事项等。

（6）小组成员独立完成处理补充单程票工作，并进行检查。

（7）小组合作，制作PPT，进行讲解演练，小组成员补充优化。

（四）任务实施注意事项

（1）必须阅读《自动售票机使用说明书》。

（2）进行处理工作时，应确保安全，包括人身和设备安全。

（3）遇到问题时小组进行讨论，可以让老师参与讨论，通过团队合作获取问题的解决。

（4）注意成本意识的培养。

## 三、实训三

（一）任务描述

自动售票机售票过程中，由于纸币处理模块发生故障，导致自动售票机无法接受纸币售卖单程票，处理这一问题。

（二）相关资料及资源

相关资料：

（1）教材《城市轨道交通车站设备》学习单元三。

（2）《自动售票机使用说明书》。

（3）教学课件。

相关资源：

（1）自动售票机及附件。

（2）教学课件。

（三）任务实施说明

（1）学生分组，每8～10人为一小组。

（2）小组进行任务分析。

（3）资料学习。

（4）现场教学。

（5）小组学习自动售票机结构、乘客使用面各功能区功能、乘客使用自动售票机购票流程、工作人员操作面各功能模块功能、各功能模块的操作方法及操作注意事项等。

（6）小组成员独立完成解决纸币处理模块故障工作，并进行检查。

（7）小组合作，制作PPT，进行讲解演练，小组成员补充优化。

（四）任务实施注意事项

（1）必须阅读《自动售票机使用说明书》。

（2）进行处理工作时，应确保安全，包括人身和设备安全。

（3）遇到问题时小组进行讨论，可以让老师参与讨论，通过团队合作获取问题的解决。

（4）注意成本意识的培养。

## 四、实训四

（一）任务描述

自动售票机售票过程中，在单程票发行模块中票卡充足的前提下，由于票卡发行模块机械卡票，导致自动售票机无法正常工作，处理这一问题。

（二）相关资料及资源

相关资料：

（1）教材《城市轨道交通车站设备》学习单元三。

（2）《自动售票机使用说明书》。

（3）教学课件。

相关资源：

（1）自动售票机及附件。

（2）教学课件。

（三）任务实施说明

（1）学生分组，每8～10人为一小组。

（2）小组进行任务分析。

（3）资料学习。

（4）现场教学。

（5）小组学习自动售票机结构、乘客使用面各功能区功能、乘客使用自动售票机购票流程、工作人员操作面各功能模块功能、各功能模块的操作方法及操作注意事项等。

（6）小组成员独立完成解决票卡发行模块故障工作，并进行检查。

（7）小组合作，制作PPT，进行讲解演练，小组成员补充优化。

（四）任务实施注意事项

（1）必须阅读《自动售票机使用说明书》。

（2）进行处理工作时，应确保安全，包括人身和设备安全。

（3）遇到问题时小组进行讨论，可以让老师参与讨论，通过团队合作获取问题的解决。

（4）注意成本意识的培养。

# 任务三 半自动售票机（BOM）的使用与常见问题处理

**学习目标**

（1）能熟练进行站务员业务操作BOM。

（2）能熟练进行站务员维护操作BOM。

（3）获取信息的能力、应变能力、制订计划的能力、分析判断能力、逻辑思维能力。

（4）具备良好的职业道德、严格的纪律性、一定的团队协作和交流与沟通能力。

**学习任务**

半自动售票机（BOM）的使用与常见问题处理。

**教学环境**

城市轨道交通实训场或自动售检票系统理实一体化教室，城轨交通车站。

**教学设施**

半自动售票机、方卡发行模块、自动售检票系统车站计算机系统等。

理论模块

BOM 安装在售票亭内，由车站售票员操作，负责非付费区与付费区的乘客票务处理。

BOM 能对地铁专用车票、城市一卡通进行处理。操作员可以通过 BOM 对车票进行分析、发售、无效更新、加值、退款、交易查询、行政事务处理等处理。

乘客在付费时，可以选择缴纳现金、从车票上扣除或同时并存等付费方式。

在操作员对车票及现金进行处理时，在操作员显示器上会显示车票及现金信息以及下一步操作的提示，较全面。乘客显示器对车票及现金的显示信息较少时，一般只显示：车票有效期、状态、余值。

在 BOM 可打印有关车票及现金处理单据。

在操作员班次结束签退时，BOM 自动生成班次报告。

BOM 通过车站局域网网络与车站计算机连接，并上传所有交易、现金、班次及设备状态等数据。

半自动售票机如图 3-13 所示。

图 3-13　半自动售票机（BOM）

## 一、半自动售票机结构认知

半自动售票机结构组成如图 3-14 所示。

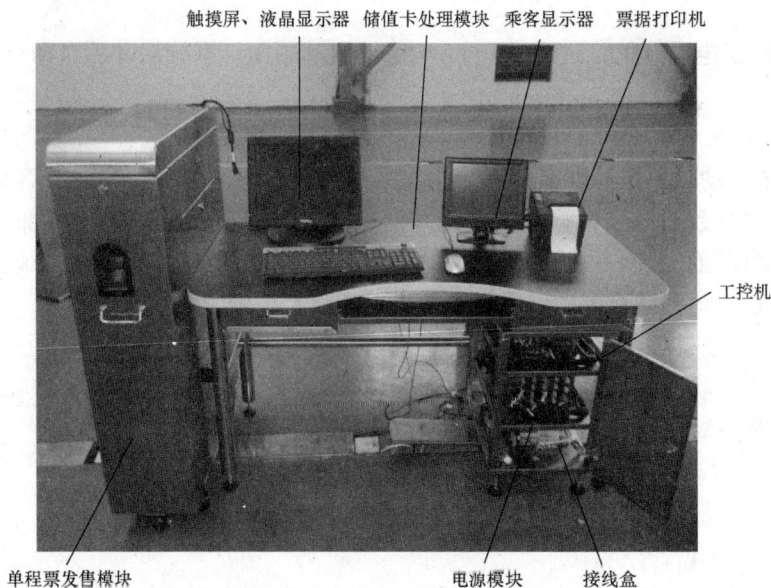

图 3-14　半自动售票机结构组成

## 二、半自动售票机实现的功能

地铁各车站的票务处都配备半自动售票机，票务员使用半自动售票机处理地铁储值票、单程票；票务员通过半自动售票机进行车票发售、验票、增值、挂失、退票、补票、车票故障处理和乘客咨询、处理乘客投诉、记录票务管理、罚款等人工处理业务。必要时，能提供一次发售多张单程票。半自动售票机配置了操作员显示界面和乘客显示界面，显示必要的车票及现金信息。半自动售票机具备相应的安全措施防止非法使用，在操作员班次结束时，自动生成班次报告以及现金收益报告，并上传至上级 AFC 系统。半自动售票机各模块之间充分考虑与票务操作台的综合设计，所有模块尽可能减少占用操作台空间。同时，保证了操作员操作时的方便性以及各模块的可维护性。其主要功能如下。

（1）半自动售票机提供非付费区服务方式和付费区服务方式。

（2）半自动售票机能完成售票、验票、补票、增值、更新、替换、挂失、正常退票、退余额等业务功能。

（3）可通过命令，从相应的卡仓中，将方形卡逐张或连续输出，并可根据系统要求对储值票进行读写，并自动将读写不成功的卡回收至回收卡槽中。

（4）半自动售票机可根据系统命令，将票仓中的单程票逐一或连续输出，并可根据系统要求对单程票进行读写，并将读写不成功的单程票回收至废票仓中。

（5）半自动售票机上处理的任何业务结果可根据需要打印乘客单据。

（6）半自动售票机通过网络将车票处理信息、收支金额、设备状态、故障以及操作记录等信息上传到上级 AFC 系统，同时接收下传的系统参数、黑名单、时钟同步、授权、应答等信息。

**三、半自动售票机的操作**

（一）开启 BOM 系统

1. 开启方式

开启 BOM 机电源开关，进入 Windows 系统启动画面，系统启动后自动运行 BOM 系统程序。

2. 初始化系统

BOM 系统启动时操作员屏幕显示初始化系统画面如图 3-15 所示。乘客屏幕显示暂停服务画面。要进行数据一致性检测，检测并初始化参数，检测并初始化外部 IC 卡读写器，检测并初始化内部 IC 卡读写器，检测并初始化打印机及出票机。检测结果成功，在对应的项目后显示成功；检测结果失败，在对应的项目后显示失败。

3. 登录

系统初始化成功后进入登录界面；权限不同进入的画面不同，输入后会显示操作员 ID，在权限信息处显示对应的权限并使登录按钮变成可点击状态。

4. 普通业务登录

输入普通业务权限的操作员 ID 和密码，选择"普通业务登录"按钮。

5. 维护业务登录

输入维护业务权限的操作员 ID 和密码，选择"维护业务登录"按钮。

（二）普通业务

1. 售票

售票画面对参数允许进行售票业务的各种票卡售票进行操作；乘客画面显示欢迎光临画面。

（1）单程票。选择进入售单程票操作界面。在售单程票画面可以发售以当前站为起始

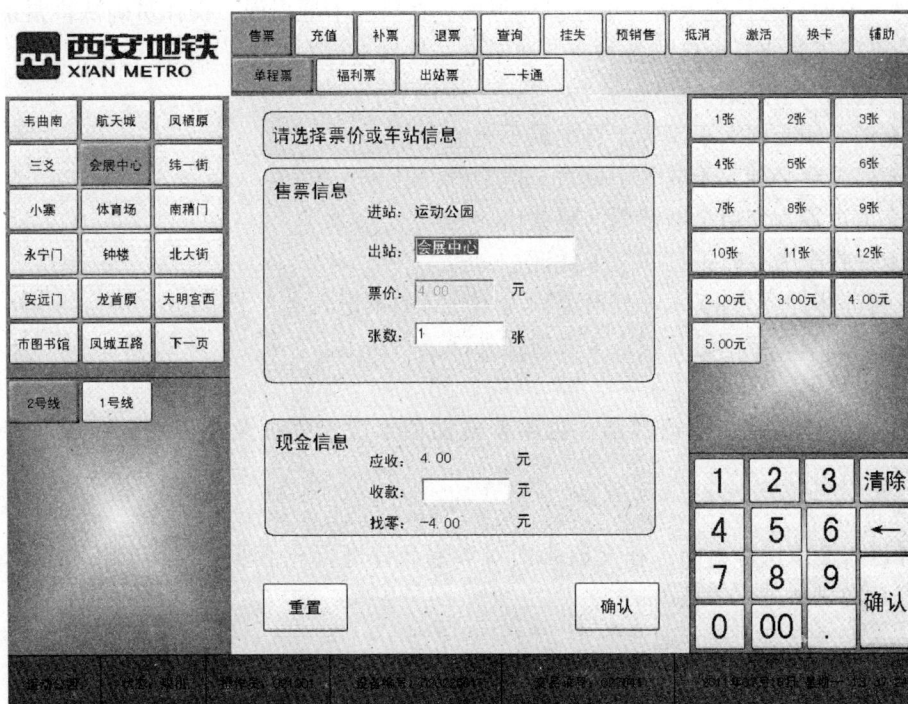

图 3-15 西安地铁 2 号线 BOM 操作界面

站的任意站为终点站的单程票；如当前站为 A 站，发售 A 站到 B 站的一张单程票，收款 4 元。

1）选择出站信息：在线路选择区选择确认线路，在车站选择区选择"B 站"。

2）票价信息：在选择出站信息后票价自动显示在票价文本框内或在票价选择区选择票价信息。

3）设置张数信息：选择确认单程票张数。

4）设置收款信息：选择确认收款数额。

5）确认业务信息。

6）打开钱箱。

7）发售的单程票在出票机口发出。

（2）特殊票（福利票、纪念票等）。选择进入售特殊票种操作界面。在售福利票画面售各区段的福利票。

如发售起点"一二号线区段"、终点"全线网"的 1 张福利票，乘客类型为成人。

1）输入售票信息。

2）确认售票信息，钱箱弹出，发售的福利票在出票机口发出，操作员画面返回售票完成画面。

（3）出站票。选择进入售出站票操作界面。在售出站票画面发售当前车站的出站票。

如发售当前车站为 A 站的一张出站票。

1）输入售票信息。

2）确认操作信息，钱箱弹出，出站票在出票机口发出，返回售票完成画面。

（4）一卡通。选择进入售一卡通操作界面。在售一卡通界面，操作员确认售票系统设定参数允许进行售票业务操作的各种一卡通票卡，然后进行发售。

1）发售的一卡通票卡状态为"未启用"并且票卡余额为0。

2）充值金额必须大于或等于首次最小充值金额。

3）充值金额必须小于或等于最大充值金额。

4）充值金额为充值金额基数的整数倍。

5）卡片押金为0时不打印发卡凭证。

如发售一张押金为15元，充值金额为100元的不记名成人卡。

1）将一张未锁定不记名成人卡放置在外部读写器上。

2）输入售票信息。

3）确认操作信息，钱箱弹出，打印普通储值卡发卡凭证及充值凭证，返回售票完成画面。

2. 充值

选择进入充值操作界面。在充值画面对参数允许进行充值业务操作的各种票卡进行充值；乘客画面显示充值信息。

（1）一卡通充值。一卡通充值要遵循以下原则。

1）充值后的票卡余额小于或等于票卡内最大余额。

2）充值金额为充值金额基数的整数倍。

3）充值金额必须小于或等于最大充值金额。

4）充值金额小于授权金额。

如对票卡不记名成人卡充值，选择充值业务，将车票放置感应区内。

1）将需要充值的一卡通放在外部读写器上。

2）用小键盘输入充值金额及收款金额，完成充值信息填写。

3）确认操作信息，弹开钱箱，打印充值凭证。

（2）员工票/卡充值。只能对员工公务票和临时通勤票进行充值，并且充值的信息与售票时信息一致；具体操作如下：

1）选择充值业务，将车票放置感应区内。

2）将需要充值的员工公务票放在外部读写器上。

3）输入充值信息。

4）确认操作信息，弹开钱箱，打印充值凭证。

3. 补票

（1）付费区补票。选择进入付费区操作界面。在付费区补票可以进行补进站、超时、超程和短程。

如对进站未刷卡的单程票补进站。

1）在读卡器上放单程票。

2）输入补票信息。

3）确认操作信息，弹开钱箱，提示补票成功。

（2）非付费区补票。选择进入非付费区补票操作界面。

在非付费区可以对出站未刷卡的票卡补出站，如对旅程状态为进站的销售普通卡补出站。

1) 在外部读写器上放旅程状态为出站的销售普通卡。

2) 选择非付费区补票业务办理。

3) 输入补票信息。

4) 确认操作信息，弹开钱箱，完成补票操作。

4. 退票

选择进入退票卡操作界面。在退卡画面对参数允许进行退卡业务操作的各种票卡进行退卡、退资业务办理；乘客画面显示退卡信息。

(1) 退卡。选择进入退卡操作界面。根据票卡余额大小可分为即时退卡和延期退卡。如果退卡的票卡余额小于最大退款余额，为即时退卡。退卡的票卡余额大于或等于最大退款余额，为延期退卡。

即时退卡的办理。例如一票通的最大退款余额为 20 元，对卡内余额为 3 元的单程票退卡。

①将单程票放置于外部读卡器处。

②选择退票卡业务。

③确认操作信息，弹开钱箱，打印退卡凭证，完成退卡业务操作。

(2) 退资。选择进入退资操作界面。根据票卡余额大小可分为即时退款和延期退款。如果退款的票卡余额小于最大退款余额，为即时退款。退款的票卡余额大于或等于最大退款余额，为延期退款。

即时退款的办理。例如假定一卡通的最大退款余额为 500 元，对卡内余额为 310 元的普通销售卡退款。

①将普通销售卡放置于外部读卡器上。

②显示退票信息。

③确认操作信息，弹开钱箱，打印退资凭证，完成退款业务。

5. 查询

选择进入查询操作界面。查询业务可以分析所有票卡信息；乘客画面显示查询的票卡信息。

6. 挂失

选择进入挂失操作界面。在挂失画面可办理记名储值票、员工票及车站工作票的挂失。

7. 预销售

选择进入预销售操作界面，乘客画面显示欢迎画面信息。在预销售画面可以发售以当前站为起点，任意站为终点的预销售票。

8. 抵消

选择进入抵消操作界面。在抵消画面只能对本站发售的当天未使用的预销售票进行抵消操作，乘客画面显示暂停信息。

如对当前站发售的当天没有使用过的预销售票进行抵消。

(1) 在桌面读写器上放预销售票。

(2) 选择预销售抵消业务。

(3) 确认操作信息，完成抵消业务。

9. 激活

（1）选择进入激活操作界面。

（2）激活画面可以对临时通勤公务卡过期卡进行激活操作。

（3）完成激活操作。

10. 换卡

选择进入换卡操作界面。在换卡画面可以对票卡进行换卡操作。

例如对福利票进行换卡操作。

（1）将一张福利票放置于外部读写器上，选择换卡业务。

（2）输入确认收款金额，钱箱弹开，将原卡锁定放上新卡。

（3）将新卡放置于外部读写器上，打印出换卡凭证。

11. 辅助功能

（1）TVM 故障退款。选择进入 TVM 故障退款操作界面，该画面可以对因 TVM 故障原因而需要退款的情况，进行退款操作。

（2）票箱更换。选择进入票箱更换操作界面，在该画面可以查看票箱信息，进行票箱更换操作。

（3）修改密码。选择进入修改密码操作界面，修改当前操作员密码。需要特别注意的是，只能在与车站计算机系统连接正常情况下才能进行密码修改。

（4）异常解除。当系统出现异常时系统自动进入到异常解除模式工作。

（5）登出。当每一班次工作结束后进入登出操作界面对当前员工的信息进行登出操作。

## 实训模块

### 一、实训一

（一）任务描述

在半自动售票机上进行单程票预售工作，预售过程中单程票发卡模块中的单程票售完，导致无法继续进行预售票的发行，处理这一问题。

（二）相关资料及资源

相关资料：

（1）教材《城市轨道交通车站设备》学习单元三。

（2）《半自动售票机使用说明书》。

（3）教学课件。

相关资源：

（1）半自动售票机及附件。

（2）教学课件。

（三）任务实施说明

（1）学生分组，每 8～10 人为一小组。

（2）小组进行任务分析。

（3）资料学习。

（4）现场教学。

（5）小组学习半自动售票机结构、BOM 软件系统各功能模块功能、各功能模块的操作方法及操作注意事项等。

（6）小组成员独立完成补充单程票工作，并进行检查。

（7）小组合作，制作PPT，进行讲解演练，小组成员补充优化。

（四）任务实施注意事项

（1）必须阅读《半自动售票机使用说明书》。

（2）进行处理工作时，应确保安全，包括人身和设备安全。

（3）遇到问题时小组进行讨论，可以让老师参与讨论，通过团队合作获取问题的解决。

（4）注意成本意识的培养。

二、实训二

（一）实训任务描述

在半自动售票机上进行单程票预售发行，以满足突发客流时乘客购票的要求，以保证车站客运组织的正常。

（二）相关资料及资源

相关资料：

（1）教材《城市轨道交通车站设备》学习单元三。

（2）《半自动售票机使用说明书》。

（3）教学课件。

相关资源：

（1）半自动售票机及附件。

（2）教学课件。

（三）任务实施说明

（1）学生分组，每8~10人为一小组。

（2）小组进行任务分析。

（3）资料学习。

（4）现场教学。

（5）小组学习半自动售票机结构、BOM软件系统各功能模块功能、各功能模块的操作方法及操作注意事项等。

（6）小组成员独立制作10张不同面值单程票，并进行检查。

（7）小组合作，制作PPT，进行讲解演练，小组成员补充优化。

（四）任务实施注意事项

（1）必须阅读《半自动售票机使用说明书》。

（2）进行处理工作时，应确保安全，包括人身和设备安全。

（3）遇到问题时小组进行讨论，可以让老师参与讨论，通过团队合作获取问题的解决。

（4）注意成本意识的培养。

三、实训三

（一）任务描述

乘客进站乘车没有在规定时间出站或乘客乘坐里程超出单程票赋值，无法正常出站，请使用半自动售票机处理这类问题。

83

（二）相关资料及资源

相关资料：

（1）教材《城市轨道交通车站设备》学习单元三。

（2）《半自动售票机使用说明书》。

（3）教学课件。

相关资源：

（1）半自动售票机及附件。

（2）教学课件。

（三）任务实施说明

（1）学生分组，每8～10人为一小组。

（2）小组进行任务分析。

（3）资料学习。

（4）现场教学。

（5）小组学习半自动售票机结构、BOM软件系统各功能模块功能、各功能模块的操作方法及操作注意事项等。

（6）小组成员独立进行超程以及超时单程票的处理，并进行检查。

（7）小组合作，制作PPT，进行讲解演练，小组成员补充优化。

（四）任务实施注意事项

（1）必须阅读《半自动售票机使用说明书》。

（2）进行处理工作时，应确保安全，包括人身和设备安全。

（3）遇到问题时小组进行讨论，可以让老师参与讨论，通过团队合作获取问题的解决。

（4）注意成本意识的培养。

# 任务四　闸机（GATE）的使用与常见问题处理

### 学习目标

（1）能熟练进行站务员业务操作GATE。

（2）能熟练进行站务员维护操作GATE。

（3）获取信息的能力、应变能力、制订计划的能力、分析判断能力、逻辑思维能力。

（4）具备良好的职业道德、严格的纪律性、一定的团队协作和交流与沟通能力。

### 学习任务

闸机（GATE）的使用与常见问题处理。

### 教学环境

城市轨道交通实训场或自动售检票系统理实一体化教室，城轨交通车站。

### 教学设施

闸机、票卡、单程票回收模块、自动售检票系统车站计算机系统等。

**理论模块**

闸机安装在各个地铁站的付费区与非付费区交界处,属于车站设备。

闸机是乘客进、出地铁站付费区时的检票口/闸口。所有车站都安装有数组闸机,控制乘客进入或离开付费区,如图3-16所示。

闸机按功能简单分类,可分为三类,即进闸机通道、出闸机通道和双向闸机通道。双向闸机是为了便于残疾人和大件行李从付费区的站厅下到站台而设置的专用通道。对于双向闸机能通过参数设置各时间段的使用模式,包括进闸机模式、出闸机模式及双向模式。在进或出模式下,闸机在相应端显示允许使用信息,在相对端显示禁用信息。在双向模式下,当一端有乘客使用时,在乘客未通过前,另一端拒收车票并显示相应禁用信息,直至乘客通过。

图3-16 闸机

**一、闸机结构认知**

闸机各主要模块如图3-17所示。

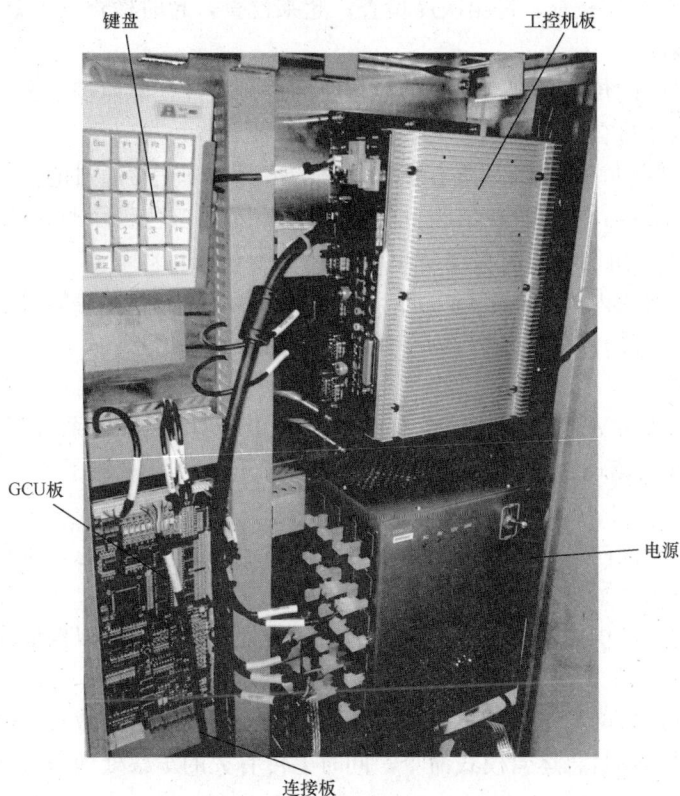

图3-17 闸机各主要模块

## 二、闸机实现的功能

### （一）乘客通行

闸机能监测成人和儿童，包括区分乘客随身携带的物品背包，并满足乘客右手持票通过的习惯。

乘客进出闸机时均有相应的声光提示。乘客持车票进站，闸机自动检验车票的有效性，当车票验证通过时，蜂鸣器会发生"嘀"的一声，提示乘客验票成功，同时，乘客显示器也会有相应的信息提示乘客通过闸机，验票通过后，闸机控制单元控制扇门动作，扇门打开，乘客通过闸机进站。

### （二）验票功能

闸机能对乘客持有的城市通卡及地铁专用的非接触 IC 卡车票进行检查、编码，车票有效时才打开扇门让乘客通过。

进闸机的验票内容有：密钥安全性检查，票种合法性检查，状态检查（包括未初始化、已初始化、正常使用、已退款、已回收、已注销、已列入黑名单等状态），使用地点检查，余值/乘次检查，有效期检查，进出次序检查，更新信息检查等。

出闸机的验票内容有：密钥安全性检查，票种合法性检查，状态检查（包括未初始化、已初始化、正常使用、已退款、已回收、已注销、已列入黑名单等状态），使用地点检查，余值/乘次检查，有效期检查，进出次序检查，超乘检查，超时检查，更新信息检查等。

### （三）通行监控

闸机安装了足够的传感器来对乘客的通行行为进行监控，能监控乘客通过自动检票机的整个过程以及监测通过自动检票机的人数。

闸机能监测、鉴别并分别处理乘客正常通过的情况和非正常通过的情况，例如：检测到两个乘客间距为 200mm 的尾随现象将立即报警，并闪烁三色警示灯；当两个乘客间距为 400mm 时，自动检票机能够及时关闭防止尾随。

能判断乘客在通道内错误的走行方向，能判断乘客跳跃、下钻等异常的通过方式；同时能区分乘客与手推物品；严防尾随行为并且不产生错误报警信息。

### （四）紧急放行

在发生紧急情况时，闸机能接受由车站控制室 IBP 盘上 AFC 系统紧急按钮发出的信号，使所有闸机释放扇门，即使是故障闸机也将打开扇门，保证了乘客无阻碍地离开付费区。

打开扇门后所有面向付费区的方向指示器闪烁显示"通行"标志，所有面向非付费区的方向指示器闪烁显示"禁止通行"标志。

同时，在没有电力供应的情况下，闸机的扇门会处于常开状态以保证乘客无障碍进出。

### （五）网络通信

闸机通过车站局域网与车站计算机系统连接，接收系统运营参数及车站计算机系统和中央计算机系统的降级和紧急运营模式命令，同时上传有关的车票处理交易、审计、班次及设备状态等数据。

在与车站计算机通信中断时，闸机能独立运行，并可保存 30 天的数据。中断恢复后，能及时将保存的信息传送至车站计算机系统，或通过备份方式上传数据，具有数据离线交换的功能。

（六）出站检票

乘客持单程票出站时，需将单程票放入出闸机进票口；持其他不回收车票出站则需将车票放在读写器处。

当储值票读卡器发生故障时，闸机不接受储值票，但仍接受单程票。当回收装置发生故障时，闸机不接受单程票，但仍可使用储值票。

出闸机检验车票有效时，将单程票的相关数据信息清除并回收到票箱中，将储值票计费、扣值后让乘客通过。

出闸机检验车票无效时，从出票口退出车票，并发出声光报警信号，引导乘客需到票务处查询处理车票。

（七）声光提示

闸机对员工票、优惠票、黑名单的使用及逃票者有语音、提示音和光等提示报警信号，以便站务人员监督。

在闸机两端的前面板上分别安装有方向指示器，并能显示"通行"及"禁止通行"两种信息，用于指示乘客在闸机的通行通道方向，以及为远距离乘客指示闸机是否可以使用。

在所有闸机的顶部安装有三色警示灯，可以通过不同颜色、闪烁及非闪烁等显示方式单独或组合使用。

在所有闸机安装一个蜂鸣器，具有多种不同的警示声音模式，对于不同票种、无效车票及无票通过闸机能设置不同的警示声音模式。

（八）票箱监测

出站检票机回收单程票的票箱将满或已满时，向 SC 报警，并显示设备编号。

同时，闸机顶部的三色警示灯通过不同颜色闪烁或非闪烁方式提示工作人员。

在回收票箱已满时，单程票入票口的挡板关闭，闸机拒收单程票，但非回收类车票（如储值票）仍可正常检票。

（九）扇门状态

闸机在正常情况下扇门可设置为常开或者常闭状态。

在常开模式下，当验票通过时，闸机扇门依然保持打开状态等待乘客通过，乘客通过之后，扇门依然保持打开状态；当验票不通过时，闸机扇门马上关闭，直到验票再次通过才重新打开扇门。

在常闭模式下，当验票通过时，扇门打开等待乘客通过，乘客通过之后，扇门重新保持关闭状态；当验票不通过时，闸机扇门保持关闭状态。

为了应付突发事件时扇门能有效放行，断电时扇门保持常开，恢复供电时，自动复位。

（十）通行提示

所有闸机安装有方向指示器，方向指示器上有明确的通行方向指示和信息显示。指示器亮度合适，乘客在较远的位置就能明显看见方向指示器上的指示信息。

所有闸机都装有乘客显示器，显示内容包括车票的余额、设备故障和停止使用等，方便乘客通行。

（十一）UPS 供电

闸机配有 UPS，在断电情况下能保证闸机完成最后一笔交易的处理和数据保存。

在供电恢复后，闸机自动检测供电恢复，重新运行系统。整个过程不需要人工干预并保证系统安全。

（十二）状态显示

闸机在任一模式下均能显示设备的当前状态、基本情况、系统时钟等信息，如图 3-18 所示。

这些信息通过乘客显示器来显示，显示部位为显示屏的底部，同时，状态信息自动上传到 SC。

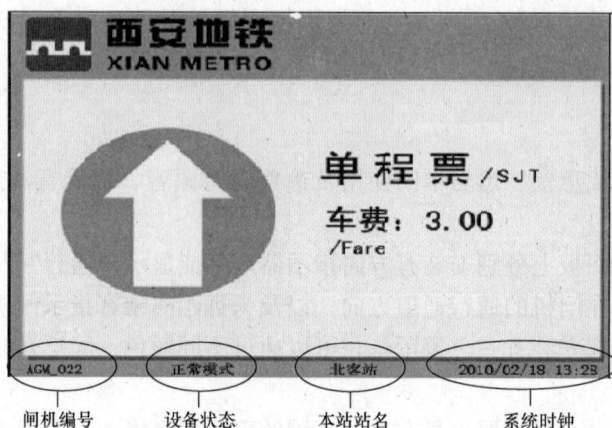

图 3-18　检票机状态显示界面

（十三）故障诊断及报警

闸机的每个模块都具有硬件自检功能，当某个硬件发生故障时，会向主控单元发送故障消息，故障解除后，发送故障解除消息。

（十四）设备状态上传

车站的所有检票机在 SC 及 CC 的监控下运行，检票机将及时向 SC 及 CC 上传设备状态、运行模式、报警及故障等信息。SC 及 CC 可依据车站设备状态、模式、报警及故障等级发出声光报警提示。

（十五）交易数据上传

检票机能自动、实时地向 SC 上传所有的交易数据。检票机不会因设备或存储部件故障而发生数据丢失，能防止同一种数据多重存储或发送。检票机能对保存的数据进行监测。

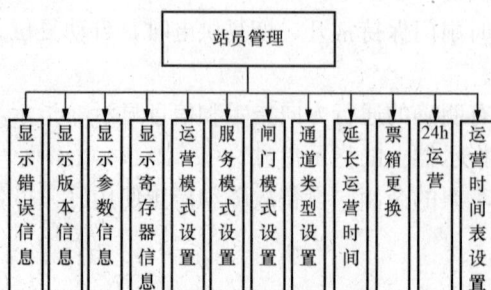

图 3-19　站员管理结构图

三、闸机的操作

车站工作人员对闸机的操作与维护需通过站员管理功能来完成。通过站员管理功能可以完成以下操作（图 3-19）。

（一）显示错误信息

显示错误信息界面，用来显示设备在运行中产生的错误信息，以列表的形式显示最近发生的错误信息（最多 100 条），每页最多显示 10 条，最多共 10 页。

（二）显示版本信息

显示版本信息界面，用来查询设备各部件版本信息。

（三）显示参数信息界面

1. AFC 版本控制参数

AFC 版本控制参数包括版本控制参数、票种参数、设定参数、系统参数、管理员参数、专供参数等。

2. ACC 版本控制参数

ACC 版本控制参数包括版本控制参数、产品类型参数、日历、车站信息、日期类型、费率模式、费率代码表、费率表、黑名单等。

3. YKT 版本控制参数

YKT 版本控制参数包括版本控制参数、一卡通黑名单、消费可用卡类型参数、消费终端限额参数、行业间联乘参数等。

（四）显示寄存器信息界面

以列表的形式显示设备内部寄存器信息，包括进站乘客合计、出站乘客合计、设备维修次数等。显示寄存器信息结构图如图 3-20 所示。

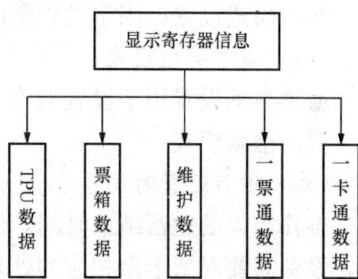

图 3-20　显示寄存器信息结构图

1. 票箱数据

票箱数据包括：废票箱 1 累计卡票次数、废票箱 1 累计更换次数、回收箱 1 累计回收数量、回收箱 1 累计卡票次数、回收箱 1 累计更换次数、废票箱 1 累计回收废票数量、回收箱 2 累计回收数量、回收箱 2 累计卡票次数、回收箱 2 累计更换次数等。

2. TPU 数据

TPU 数据包括：TPU1 读卡失败次数、TPU1 累计无效卡次数、TPU1 累计读写卡次数、TPU2 读卡失败次数、TPU2 累计无效卡次数、TPU2 累计读写卡次数等。

3. 票箱数据

票箱数据包括：废票箱 1 累计卡票次数、废票箱 1 累计更换次数、回收箱 1 累计回收数量、回收箱 1 累计卡票次数、回收箱 1 累计更换次数、废票箱 1 累计回收废票数量、回收箱 2 累计回收数量、回收箱 2 累计卡票次数、回收箱 2 累计更换次数等。

4. 维护数据

维护数据信息包括：通行人数、门动作次数、无票通行人数、设备登录总次数、设备故障总次数、设备投入使用时间、设备故障维修时间、手工打开扇门次数、设备登录失败总次数、设备故障暂停服务总次数、TPU 更换次数、电源开启次数、与 SC 连接失败次数、一票通 PSAM 卡更换次数、一卡通 PSAM 卡更换次数等。

5. 一票通数据

一票通数据信息包括：锁卡数量、钱包产品进站数量、计次产品进站数量、定期产品进站数量、钱包产品出站数量、计次产品出站数量、定期产品出站数量、钱包产品出站金额、计次产品出站金额、定期产品出站金额等。

6. 一卡通数据

一卡通数据包括：锁卡数量、钱包产品进站数量、计次产品进站数量、定期产品进站数量、钱包产品出站数量、计次产品出站数量、定期产品出站数量、钱包产品出站金额、计次产品出站金额、定期产品出站金额、钱包产品联城优惠出站数量、计次产品联城优惠出站数量、钱包产品联城优惠出站金额、计次产品联城优惠出站金额等。

（五）运营模式设置

运营模式设置，用于更改设备的运营模式。通常在设备无法与 SC 连接的情况下使用此功能。

（六）服务模式设置

服务模式设置，包括正常服务、暂停服务、系统关机，正常服务和暂停服务只有在设备无法与 SC 连接的情况下使用。

（七）闸门模式设置

闸门模式设置，用于设置闸门的默认状态，以应对特殊需求。

（八）通道类型设置

通道类型设置用于设置双向自动检票机的通道类型，包括进站检票模式、出站检票模式、双向检票模式。

（九）延长运营时间

推移当天的运营结束时间，但延长后的结束时间不能超过运营开始时间。处于延长运营时，设备需要对票卡做相应的处理。

（十）票箱更换

票箱更换，在更换设备票箱前需要进入此界面，通过操作更新软件票箱的票卡张数。

（十一）24 小时运营

24 小时运营是 ACC 定义的一种运营方式，对票卡处理有特定的约束，保证车票在跨运营日时，一定时间段内有效，AGM 在离线运行下，可以手工进行 24 小时运营设置。

（十二）运营时间表设置

自动运行时间管理子系统用于对 AFC 系统各种自动运行时间参数进行管理，当到达某运行参数时间点时以消息的方式触发对应业务执行时间表中制订的流程。本功能用来设置运营时间表是否生效。

### 实训模块

**一、实训一**

（一）实训任务描述

运营期间，出站闸机单程票回收模块中票箱装满，导致出站闸机无法正常工作，处理这一问题。

（二）相关资料及资源

相关资料：

（1）教材《城市轨道交通车站设备》学习单元三。

（2）《闸机使用说明书》。

（3）教学课件。

相关资源：

（1）闸机及附件。

（2）教学课件。

（三）任务实施说明

（1）学生分组，每 8～10 人为一小组。

（2）小组进行任务分析。

（3）资料学习。

（4）现场教学。

（5）小组学习闸机结构、乘客使用面各功能区功能、乘客使用闸机流程、各功能模块的操作方法及操作注意事项等。

（6）小组成员独立完成处理票箱更换工作，并进行检查。

（7）小组合作，制作 PPT，进行讲解演练，小组成员补充优化。

（四）任务实施注意事项

（1）必须阅读《闸机使用说明书》。

（2）进行处理工作时，应确保安全，包括人身和设备安全。

（3）遇到问题时小组进行讨论，可以让老师参与讨论，通过团队合作获取问题的解决。

（4）注意成本意识的培养。

**二、实训二**

（一）实训任务描述

乘客在闸机上进行单程票和储值卡的查验，进出车站付费区时，读写器不能正常读取和写入票卡信息，导致闸机不能正常工作，处理这一问题。

（二）相关资料及资源

相关资料：

（1）教材《城市轨道交通车站设备》学习单元三。

（2）《闸机使用说明书》。

（3）教学课件。

相关资源：

（1）闸机及附件。

（2）教学课件。

（三）任务实施说明

（1）学生分组，每 8～10 人为一小组。

（2）小组进行任务分析。

（3）资料学习。

（4）现场教学。

（5）小组学习闸机结构、乘客使用面各功能区功能、乘客使用闸机流程、各功能模块的操作方法及操作注意事项等。

（6）小组成员独立完成处理 GATE 读写器不正常工作，并进行检查。

（7）小组合作，制作 PPT，进行讲解演练，小组成员补充优化。

（四）任务实施注意事项

（1）必须阅读《闸机使用说明书》。

（2）进行处理工作时，应确保安全，包括人身和设备安全。

（3）遇到问题时小组进行讨论，可以让老师参与讨论，通过团队合作获取问题的解决。

（4）注意成本意识的培养。

# 任务五 自动售检票系统其他终端设备的使用

**学习目标**

（1）能熟练进行站务员业务操作 TCM 和使用票卡。

（2）能熟练进行站务员维护操作 TCM 和使用票卡。

（3）获取信息的能力、应变能力、制订计划的能力、分析判断能力、逻辑思维能力。

（4）具备良好的职业道德、严格的纪律性、一定的团队协作和交流与沟通能力。

**学习任务**

TCM 和票卡的使用与常见问题处理。

**教学环境**

城市轨道交通实训场或自动售检票系统理实一体化教室，城轨交通车站。

**教学设施**

闸机、方卡、自动验票机、自动售检票系统车站计算机系统等。

**理论模块**

## 一、自动验票机的功能实现及使用

图 3-21 自动验票机

自动验票机（图 3-21）放置在地铁车站的非付费区内，为乘客提供票卡自动查验服务，能显示车票的查询结果，并显示储值票卡最近 10 次的交易记录；所有显示的信息可用中英文显示。其主要功能如下。

（1）车票查询功能。验票机对车票的有效性进行检查。

（2）对有效的车票，在乘客显示器上显示如下内容。

1）车票类型。

2）车票剩余金额或剩余次数（仅对计次票）。

3）车票使用有效期。

（3）对无效的车票，在乘客显示器上显示如下内容。

1）提示无效票。

2）提示处理方法。

（4）交易查询功能。验票机所显示的历史交易数据的个数可通过参数进行设置。

（5）在乘客显示器上所显示的每条历史交易记录数据包括以下内容。

1）扣费时间。

2）扣费金额。

（6）显示功能。验票机的乘客显示器的安装位置应便于乘客读取信息，能显示中、英文及数字；如果显示屏单页不能显示出所有需显示的内容，则应在验票机上设置换页功能，方便乘客换页；验票机还应有指示灯或其他方法指示设备所处工作状态；验票机也应有声音提示装置。

（7）检测和自诊断功能。设备能检测票卡读/写器是否正常。

## 二、票卡的使用

### （一）票卡的应用

#### 1. 常见票卡种类

智能卡（Smart card 或 IC Card），又称智慧卡、聪明卡、集成电路卡及 IC 卡，是指粘贴或嵌有集成电路芯片的一种便携式塑料卡片。卡片包含了微处理器、I/O 接口及存储器，提供了数据的运算、访问控制及存储功能，卡片的大小、触点定义目前是由 ISO 规范统一，主要规范在 ISO 7810 中。常见的有电话 IC 卡、身份 IC 卡，以及一些交通票证和存储卡。

（1）历史。智能卡是法国人 Ro-land morono 于 1974 年发明的，将具有存储加密及数据处理能力的集成电路芯片模块封装在和信用卡尺寸一样大小的塑料片基中，便构成了 IC 卡。法国布尔（BULL）公司于 1976 年首先制成 IC 卡产品，并开始应用在各个领域。

（2）组成。智能卡由下面部分组成：

基片：现在多为聚氯乙烯材质，也有塑料或是纸制。

接触面：金属材质，一般为铜制薄片，集成电路的输入输出端连接到大的接触面上，这样便于读写器的操作，大的接触面也有助于延长卡片使用寿命；触点一般有 8 个（C1、C2、C3、C4、C5、C6、C7、C8，C4 和 C8 设计为将来保留用），但由于历史原因有的智能卡设计成 6 个触点（C1、C2、C3、C5、C6、C7）。另外，C6 原来设计为对 EEPROM 供电，但因后来 EEPROM 所需的程序电压（Programming Voltage）由芯片内直接控制，所以 C6 通常也就不再使用了。

集成芯片：通常非常薄，在 0.5mm 以内，直径大约 1/4cm，一般呈圆形，方形的也有，内部芯片一般有 CPU、RAM、ROM、EPROM。如图 3-22 所示。

（3）分类。

1）依电源分类。

主动卡（Active Card）：内含供电设备（电池），甚至有屏幕、键盘。

被动卡（Passive Card）：由外部提供电源。

2）依数据传输方式分类。

接触式（Contact Card）：读写需要 IO 线路接触。

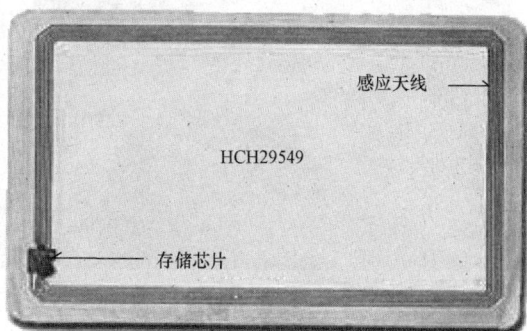

图 3-22　内部构造

非接触式（Contact Less Card）：使用 RF、红外线、感应电动势、非 IO 线路接触（非接触技术类似 RFID 技术）。

图 3 - 23　西安长安通

图 3 - 24　上海地铁单程票（方卡）

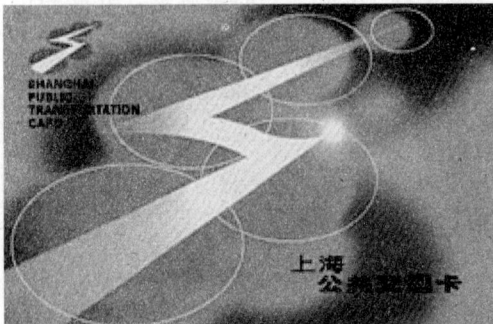

图 3 - 25　上海公共交通卡图

图 3 - 26　广州羊城通

混合式（Hybrid-card 或 Combi-card）：同时拥有接触与非接触接口。

无论交通卡的名称怎么变化，也无论其形状如何，目前行业里均为以上叙述的各种分类。

图 3 - 23 至图 3 - 27 给出了几种 IC 卡的外观图。

2. 使用情况

非接触式 IC 卡在各城市使用情况简介见表 3 - 1。

图 3 - 27　广州地铁单程票（Token）

表 3 - 1　　　　　　　　　　非接触式 IC 卡使用情况

| 城市 | 应用行业 | 卡 类 型 |
|---|---|---|
| 北京 | 北京地铁 | 方卡、一卡通 |
| 上海 | 上海地铁 | 方卡、一卡通 |
| 广州 | 广州地铁 | Token、羊城通 |
| 深圳 | 深圳地铁 | CPU 卡、深圳通 |
| 西安 | 西安地铁 | 方卡、长安通 |
| 韩国首尔 | 首尔地铁 | 纸质票卡、信用卡（IC） |
| 日本东京 | 东京地铁 | Suica、PASMO（均为接触式 IC 卡） |

（二）票卡的处理流程

1. 编码内容

车票数据编码应能满足地铁自动售检票系统的车票处理要求，车票的编码数据应至少包括以下类型。

（1）安全密钥及防伪数据。

（2）车票初始化数据。

（3）车票发售数据。

（4）车票余额/乘次数据。

（5）车票上次使用交易数据。

（6）车票状态数据。

（7）车票更新处理数据。

2. 票卡循环及处理流程

（1）单程票。单程票循环及处理流程如图 3 - 28 所示。

（2）储值票。储值票循环及处理流程如图 3 - 29 所示。

**实训模块**

一、实训一

（一）任务描述

乘客在车站要求站务员提供所购买单程票的信息，处理这一问题。

（二）相关资料及资源

相关资料：

95

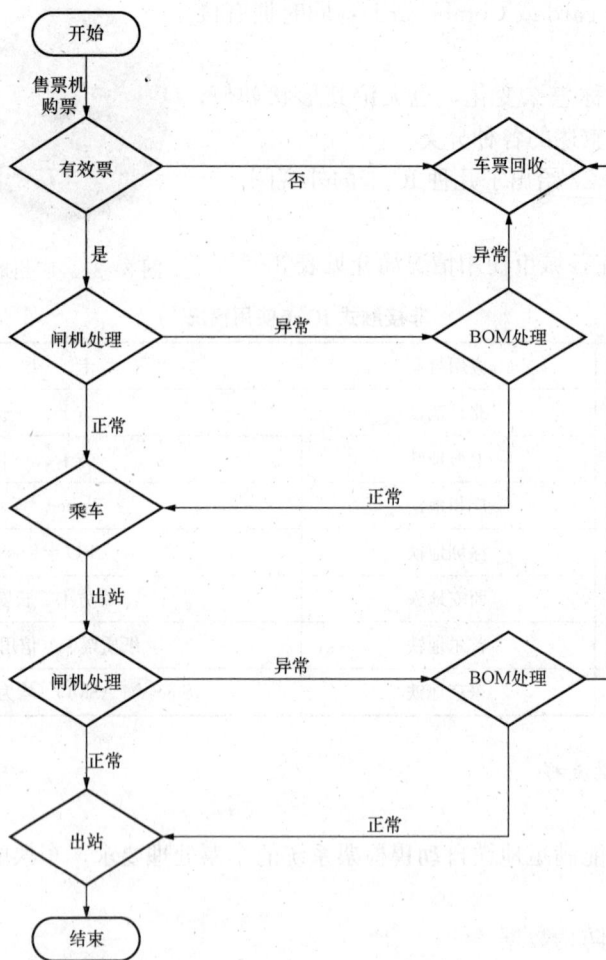

图 3-28　单程票循环及处理流程

（1）教材《城市轨道交通车站设备》学习单元三。

（2）《自动验票机使用说明书》。

（3）教学课件。

相关资源：

（1）自动验票机及附件。

（2）教学课件。

（三）任务实施说明

（1）学生分组，每 8～10 人为一小组。

（2）小组进行任务分析。

（3）资料学习。

（4）现场教学。

（5）小组学习自动验票机结构、自动验票机操作方法、票卡的类型、操作注意事项等。

（6）小组成员独立完成引导乘客查验单程票工作，并进行检查。

（7）小组合作，制作 PPT，进行讲解演练，小组成员补充优化。

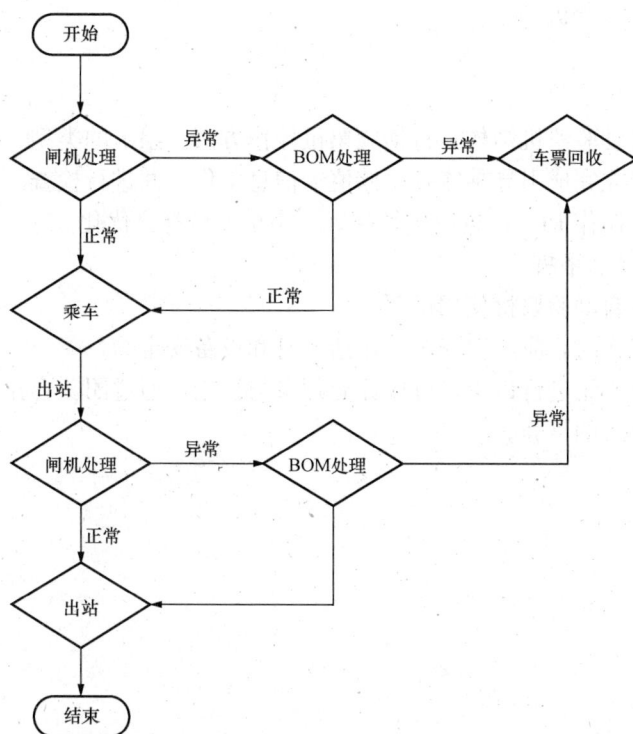

图 3-29 储值票循环及处理流程

（四）任务实施注意事项

（1）必须阅读《自动验票机使用说明书》。

（2）进行处理工作时，应确保安全，包括人身和设备安全。

（3）遇到问题时小组进行讨论，可以让老师参与讨论，通过团队合作获取问题的解决。

（4）注意成本意识的培养。

**二、实训二**

（一）任务描述

乘客在车站要求站务员提供所购买储值卡的信息，处理这一问题。

（二）相关资料及资源

相关资料：

（1）教材《城市轨道交通车站设备》学习单元三。

（2）《自动验票机使用说明书》。

（3）教学课件。

相关资源：

（1）自动验票机及附件。

（2）教学课件。

（三）任务实施说明

（1）学生分组，每 8～10 人为一小组。

（2）小组进行任务分析。

（3）资料学习。

（4）现场教学。

（5）小组学习自动验票机结构、自动验票机操作方法、票卡的类型、操作注意事项等。

（6）小组成员独立完成引导乘客查验储值卡信息工作，并进行检查。

（7）小组合作，制作 PPT，进行讲解演练，小组成员补充优化。

（四）任务实施注意事项

（1）必须阅读《自动验票机使用说明书》。

（2）进行处理工作时，应确保安全，包括人身和设备安全。

（3）遇到问题时小组进行讨论，可以让老师参与讨论，通过团队合作获取问题的解决。

（4）注意成本意识的培养。

## 学习单元四

# 站台门系统的使用

　　站台门（Platform Screen Door，PSD）是 20 世纪 80 年代的一种先进的现代化地铁工程设备系统。当地铁列车到达车站和离站出发前，该设备能够自动进行活动门的开、关门控制。

　　站台门是新型的轨道交通设备，它综合了力学、机械学、电子学、控制论、计算机技术、传感技术、人工智能、系统工程等多种学科领域的知识。目前，国际上有英国西屋公司、法国法维莱公司、日本 NABCO、奥地利 IFE 等几家公司能生产该种产品。产品经过几十年的应用，以其较高的可靠性，在世界上越来越多的国家和地区得到应用。

## 任务一　站台门系统的认知

### 学习目标

（1）能熟知站台门系统结构。
（2）能熟知站台门系统功能。
（3）获取信息的能力、应变能力、制订计划的能力、分析判断能力、逻辑思维能力。
（4）具备良好的职业道德、严格的纪律性、一定的团队协作和交流与沟通能力。

### 学习任务

站台门系统的认知。

### 教学环境

城轨交通实训场、城轨交通车站。

### 教学设施

站台门系统、IBP 盘。

### 理论模块

　　站台门是安装于站台上，用以将站台区域与轨道区域隔离开来的一系列门组成的屏障（图 4-1）。该系统沿地铁站台边缘安装设置，将列车与地铁站台候车室隔离开来，除了能防止人员跌落轨道，为乘客提供一个舒适、安全、美观的候车环境，提高地铁服务水平外，还能隔断区间隧道内热空气与车站内空调风之间的热交换，使车站成为一个独立的空调场所，以显著降低车站空调的运行能耗，同时减少列车运行噪声和活塞风对车站的影响。

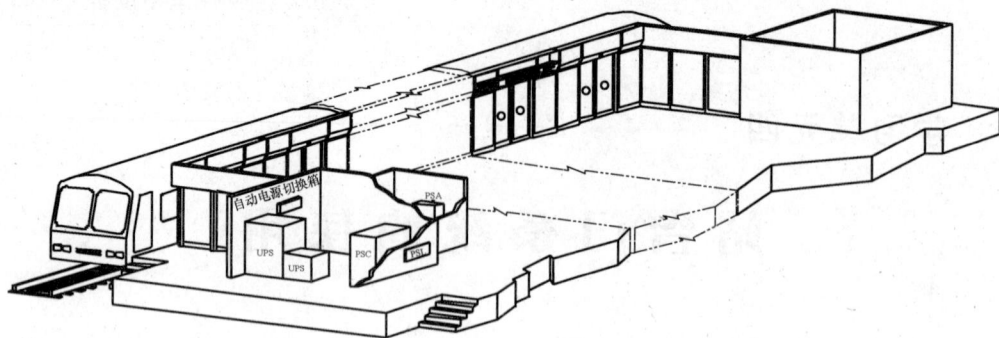

图 4-1　站台门系统

## 一、站台门系统特点认知

### 1. 增强安全性

安装站台门后，站台门将站台与隧道区间隔离开来，避免乘客被列车活塞风（列车活塞效应近±500Pa 的风压）吹吸的潜在危险隐患，避免了乘客探头张望和随车奔跑的现象，防止乘客因车站客流拥挤或其他原因跌落轨道，可以避免无关的工作人员进入隧道区间。为乘客营造一个安全、舒适的候车环境，也保证了行车安全与列车高效、快捷、安全运营。

### 2. 节能功效

设置全高密闭形式的站台门系统后，地下车站空间与列车运行空间完全隔开，避免了地下车站大量空调冷气通过隧道的散失，降低了地下车站空调通风系统的运行能耗，可节约空调通风系统 20％的电能，减少列车所散发出的热量进入候车区；减少站台区与轨行区之间冷热气流的交换，降低冷量消耗，达到空调节能的目的，减少空调设备容量，相应地减少空调机房土建面积与投资。

我国地域辽阔，各地在修建地铁时，采用的环控方案不尽相同。南方地区以广州为例，年平均气温和年最热平均气温都较高，土壤温度全年为 25℃，日夜温差小，四季变化不明显，因此单纯利用土壤储冷以及通风排热是不可能的。与广州地理位置相似的还有深圳、中国香港和新加坡，都是全年通过空调来进行环控调节。在这些地区安装站台门之后，将能够大量地减少能耗。我国北方地区，以北京为例，夏季日间气温可高达 35℃以上，但日夜温差大，可利用土壤的储冷来克服白天的高温，因此在该地区可以不采用空调进行环控。在这些地区，安装站台门系统对于节能影响不大。

中间地区的气候特点介于两地区之间。如上海地区，可以采用在 5～10 月开空调进行环控，这些地段的地铁车站安装站台门系统后的节能效果介于南方地区和北方地区之间。

### 3. 降低人工成本

安装站台门后，可以减少甚至不需要站台接车人员，可以节省人工成本，减少地铁的日常运营管理费用。

### 4. 环保作用

在列车行驶的过程中会产生噪声和尘埃，在安装站台门系统之后，站台门在站台和轨道之间形成一个物理屏障，可以较大地降低地铁候车站厅中的噪声。对于安装全高密闭形式站台门系统的地铁车站，能够有效地降低约 20～25dB（A）的噪声值；安装了半高或非全密闭形式站台门的地铁车站，噪声值也能减少 10～15dB（A）。这会给乘客提供一个更加舒适安静的候车环境。活塞风经常把轨道上的垃圾和灰尘带至站台，设置站台门后可将垃圾和灰尘拒之于站台门外，使站台能保持一定的舒适度和清洁度。

5. 提高城市形象

站台门系统是一种新型装置，自动化程度高，能够增加乘客的安全感，对于塑造国际化大都市的形象也很有帮助。

6. 设备造价投入

首先，安装站台门系统使工程初期投资增加，运营后增加站台门维修费用。由于增加了站台门系统，每年地铁车站的维修费用也相应增加。

其次，在那些侧式站台上，安装站台门系统会使站台显得狭长。为满足乘客候车时心情舒适的要求，对这些站台还必须做特殊的装修处理，使站台显得明亮、宽敞，这也会增加成本。

第三，地铁隧道壁面上安装着广告灯箱，这有着很好的广告效应与收入。但安装站台门之后，虽然站台门大都为透明钢化玻璃，但仍会使广告效应下降，从而影响广告收入。

**二、站台门类型认知**

从应用场合封闭形式、具体结构、供电方式、控制方式、门体型材等方面，站台门系统的种类可以分为以下几种类型。

（一）从封闭形式上分类

从站台门系统应用场合的密封形式，可将站台门类型分为全高封闭式站台门和半高敞开式安全门。

1. 全高封闭式站台门

全高封闭式站台门是一道自上而下的玻璃隔墙和滑动门（全高3m以上），沿着车站的站台边缘和两端头进行设置，从而将站台乘客候车区与列车进站停靠区域分隔开（图4-2）。这种站台门系统的主要功能是增加安全性、节约能耗以及加强环境保护。

全高封闭式站台门具有以下的特点与作用。

（1）良好隔断区间隧道与车站内空调之间的热交换，显著降低车

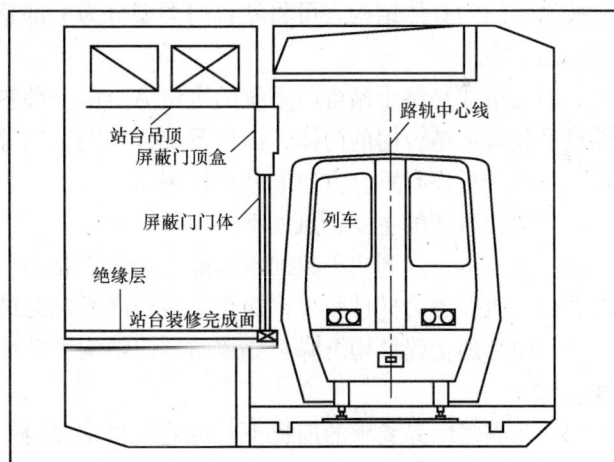

图4-2 全高封闭式站台门

站空调的运行能耗，起到节能作用，这也是全高封闭式站台门和半高敞开式安全门最显著的功能区别。

（2）起到防尘挡烟的环保作用，为乘客营造一个安全、舒适的候车环境。

（3）防止乘客跌落或跳下轨道而发生危险，起到安全保障的作用。

（4）滑动门根据列车车门状态进行同步开启与关闭。

（5）当发生事故时，乘客能通过应急门进行紧急疏散。

（6）为地铁车站的装饰起到美观的作用。

**2. 半高敞开式安全门**

半高敞开式安全门是由一道上不封顶的玻璃隔墙和滑动门或不锈钢篱笆门（半高式）组成，高度约为 1.2～1.5m，其安装位置与全封闭式站台门基本相同，高度比全封闭式站台门低矮，空气可以通过安全门上部流通（图 4-3）。这种站台门主要起到隔离作用，提高了乘客在站台候车的安全性，同时还能起到一定的降噪作用，约可降低噪声 10dB 左右。

半高敞开式安全门具有以下的特点与作用。

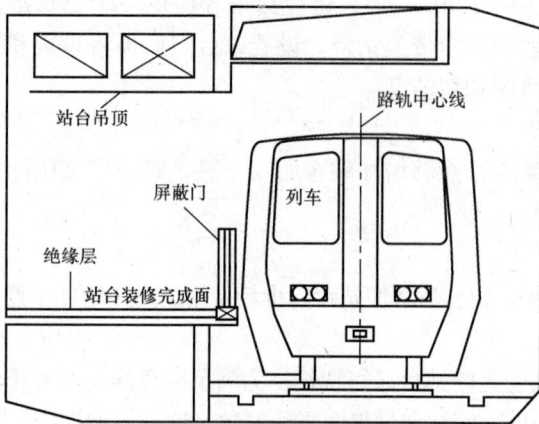

图 4-3 半高敞开式安全门

（1）防止乘客跌落或跳下轨道而发生危险，主要起到安全保障作用。

（2）空气能够进行自由的交换流通。

（3）滑动门能根据列车车门状态进行同步开启与关闭。

（4）设计与安装更为简化与方便，适合地面站、高架站或正在运营地铁线路的加装。

（5）当发生事故时，乘客能方便地进行紧急疏散。

（6）为地铁车站的装修装饰起到美观的作用。

**（二）从结构上分类**

按站台门的具体结构，可将站台门类型分为上部悬吊式和下部支撑型。

**1. 上部悬吊式**

上部悬吊式是整个站台门系统的重量完全由上部悬挂结构所承受的安装方式，通过上部组件悬吊装置将站台门的门体、门机系统以及钢结构等部件重力载荷传递给站厅底板，并且站台门对站台板没有垂直方向的载荷作用。

这种架构方式的主要特点如下。

（1）该结构方式利用土建的承载能力，无需站台门系统设置由地面至顶梁的承重立柱，使得站台门机械受力部件减少，简化了站台门系统的结构设计与安装。

（2）因车站土建结构沉降会导致站台门结构受破坏，故该结构在门体底部设计要考虑包容性设计。

（3）在满足限界要求的前提下，可适当将站台门系统向轨道侧移动，相对减少站台门与列车之间的距离，有利于地铁系统安全。

**2. 底部支撑型**

底部支撑是指站台门系统的重量由安装在站台底板上的站台门立柱（主门柱和门立柱）以及下部安装支撑来承受并将重力载荷传递给站台板的支撑方式，在设计上需要注意校核受力部件的强度与刚度。

这种结构方式的主要特点如下。

（1）站台板土建设计时，需要考虑站台门系统的重力载荷。

（2）站台门上部与站厅底板连接机构的设计必须考虑土建可能引起的沉降对设备造成的

影响。

（3）站台门系统钢架结构的设计必须考虑能承受系统自身重力和外界环境的各种载荷，安装后系统整体不得侵入设备限界。

（三）从供电方式分类

站台门系统的供电电源方案主要有集中供电和分散供电两种。两种方案各具特色，在地铁站台门项目中均有应用。

1. 集中供电

集中供电系统电源由单/三相隔离变压器、整流器、蓄电池组、UPS 等设备组成，分为驱动电源与控制电源两部分。

电源自动切换箱输出两路三相 380V 电源，分别经三相隔离变压器和整流器至两路 110V 的直流母线，两路直流母线分别馈出 5 个供电回路，以交叉方式（可保证如果其中一路电源线路故障时，每节车厢的车门所对应的 5 个站台门中还会有 4 个门可正常动作）送至站台，向站台门驱动装置供电。两路三相 380V 电源互为备用，当其中一路电源故障时，系统会自动切换到另一路电源同时驱动两侧站台门；当两路交流电源均发生故障时，UPS 电源系统会自动切入，保证整个系统的运行。电源自动切换箱会输出一路单相 220V 电源，经单相隔离变压器、UPS 和整流器后，向 PSC、PSL、PSA 和 DCU 等控制设备部件供电。当系统电源发生故障时，UPS 系统可保证控制设备部件的连续工作。

2. 分散供电

分散供电系统电源由驱动电源 UPS、控制电源 UPS、驱动电源屏、控制电源变压器、LPSU（就地供电单元）等设备组成。

3. 两种供电方式的比较

集中供电与分散供电的比较见表 4-1。

表 4-1 集中供电与分散供电比较

| 比较项目 | 集 中 供 电 | 分 散 供 电 |
|---|---|---|
| 优点 | 由于门机的驱动电源是直接从设备室引出，因此在设备房内对驱动电源参数能直接监控 | 从站台门设备房向站台门送出 380V 交流电，故供电线路的压降和损耗与集中供电相比要小；对设备室的面积要求也比较低；总体性能要优于集中供电方式 |
| 缺点 | 变压整流装置容量大，占用设备室的面积大；供电线路的压降和损耗也比较大；且一旦变压整流装置发生故障，会导致整侧门体无法动作，影响面要较分散供电方式大 | 由于在站台门设备房内很难对门机的电源参数进行检测，且布线稍微复杂；由于每 5 个对应门机都有一套变压整流装置，相对来说，整流装置故障率可能会高一些，但影响面积小 |

分散供电是由两路 380V、50Hz 三相电源通过驱动电源 UPS、三相隔离变压器与驱动电源屏连接，在驱动电源屏内经过断路器馈出 5 个供电回路，以交叉方式至各门机的 LPSU，在 LPSU 内进行 380V/50V 变压后向站台门驱动装置和 DCU 供电。

集中供电是由一路交流 220V 电源通过控制电源 UPS 与控制电源变压器（在 PSC 内）连接，经 220V/50V 变压后向 PEDC 和 PSL 供电。PSA 直接由一路交流 220V 电源供电。

（四）从执行机构分类

按目前站台门系统采用的执行机构，主要有气动执行机构和电动执行机构两种。

1. 气动执行机构

站台门气动执行机构的控制系统可以是由典型的"可编程控制器＋传感器＋气动元件"组成。

气动执行机构是由气缸组成的，以压缩空气为工作介质，控制系统由各种气动控制阀（如压力阀、方向阀和速度阀）组成。

气动执行机构具有以下特点。

（1）气动执行机构的系统构造简单，成本低，但是因为滑动门门体较重，对气缸的输出能力要求高。

（2）气源设备占地面积大，空气有压缩性，气缸的动作速度易受负载的变化而变化，速度调节较困难，响应时间相对较长。

（3）气缸在低速运动时，稳定性不够，定位精度不高。

在目前已经安装的站台门系统中，以气动执行机构方案的站台门系统占较少比例。新加坡地铁最早使用的站台门系统就采用气动执行机构方案。

2. 电动执行机构

在电动执行机构中，对电机的性能要求较高，因为在整个开关门过程中，电机一直处于速度不断变化的过程中，所以要求电机要有比较好的调速性能，而且要求快速响应性好、调速精度高。一般应选用直流电动机或交流变频调速电机等机械特性好的电机，并且电机应具有比较小的飞轮转矩以及较小的传动比，以减少其动态工作特性中的机械时间常数，来获得良好的跟随特性。在门关闭的过程中，应严格控制门体速度及关门力度，避免因此夹伤乘客，还要充分考虑电机在整个行程中的启动及制动过程。目前已建的站台门项目中广泛采用直流电机作为驱动机构。直流电机具有下述特点：优良的调速特性，调速平滑、精确、方便和范围宽广；过载能力大，能承受频繁地冲击负载；可以实现频繁的无极快速启动、制动和反转。因此特别适合于精确调速、范围宽广的站台门自动控制系统。

（五）从机械传动方式上分类

从机械传动执行机构角度出发，又能分为滚珠螺杆式传动和同步齿形带式传动。

1. 滚珠螺杆式传动

滚珠螺杆式传动是近几年发展起来的一门传动技术，它的结构比较紧凑、直观，闭锁机构与传动系统可以做成一体，工作也比较可靠，对于已经模块化的产品，安装和更换都能满足要求，且故障率低。

2. 同步齿形带式传动

相对于滚珠螺杆式传动执行机构，同步齿形带传动自成系统，具有结构紧凑，安全便捷、容易调节、免维护、调换零部件方便、无需润滑的特点，可以吸收因遇障碍物而产生的冲击载荷，可靠性高，运行噪声更低，使用寿命长。一般认为同步齿形带式的传动精度要比滚珠螺杆式低。

**三、站台门结构认知**

（一）站台门系统构成

站台门系统主要由门体、门机、电源与控制等四个部分组成。门体包括顶箱结构、门槛、顶梁、立柱和框架式玻璃门等；控制系统主要由站台门中央接口盘（PSC）、站台门就地控制盘（PSL）、门控单元（DCU）以及通信介质及通信接口构成。

站台门结构图如图4-4所示。

（二）系统主要部件

1. 门体主要部件

（1）顶箱。站台门顶箱内设置有驱动机构、锁闭及解锁装置、门控单元、行程控制开关及导轨组等，用来驱动、控制滑动门。站台门顶箱面板兼作站台导向指示标志。

（2）门槛。站台门的门槛保证滑动门正常滑动。

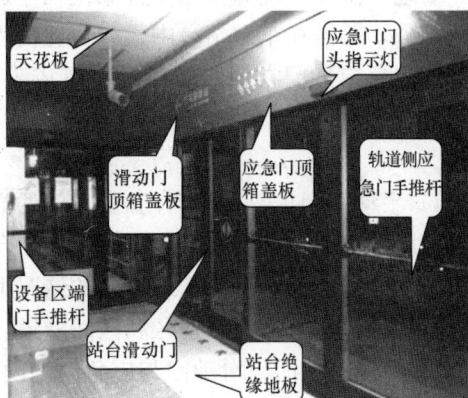

图4-4　站台门结构图

（3）顶梁和立柱。站台门的顶梁和立柱为顶箱、门机和门框架的支撑及固定部件。

（4）框架玻璃门。框架玻璃门包括标准滑动门（ASD）、非标准滑动门（PED）、固定屏（FP）、应急疏散门（EED）及手动端门（MSD），如图4-5所示。

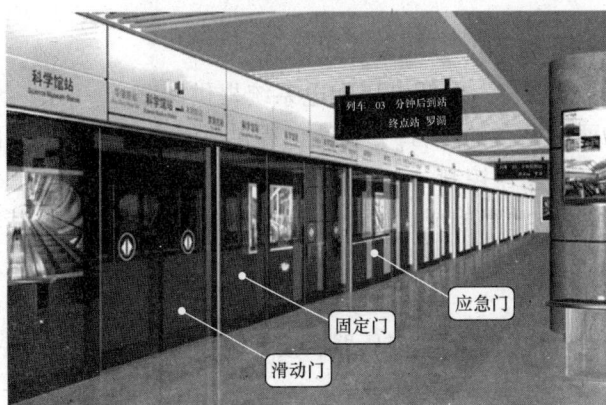

图4-5　站台门门体分布

1）滑动门。标准滑动门设在与每列车车门一一对应的站台门位置。每个门有两个门扇，由门机驱动向两侧滑动打开和关闭。非标准滑动门带动力，供乘客使用，位于车站站台端头，靠近列车司机室，因此，其中靠近司机室的一侧门扇打开时不能堵塞司机室的侧门，靠近列车司机室的一侧门扇可为重叠的门扇。

滑动门打开时，为乘客提供上、下列车的通道；关闭时，作为车站站台公共区与隧道区域的屏障；在车站隧道区域发生火灾或故障时，作为乘客的疏散通道。紧急情况下应能实现如下功能：在轨行区侧乘客可操作设置在门扇上的手把手动开门，在车站站台侧车站工作人员可用专用钥匙手动开门。

2）固定屏。固定屏设置于滑动门之间、滑动门与端门之间，在站台公共区与隧道区域之间起屏蔽作用。根据滑动门的间距，在满足门体结构强度、刚度的条件下，根据轨行区边墙侧灯箱广告的可视性及视觉观感的要求，可将固定屏进行分块或不分块处理。

3）应急疏散门。应急门除屏蔽作用外，在列车进站停车时，由于列车故障无法将车门与滑动门对准时，为乘客疏散提供应急通道。应急疏散门的设置应遵循以下原则。

①当列车不能够停在站台正常停车位置时，至少有一个列车门对准应急疏散门。

②地下铁道系统如采用固定编组的列车运行，可在车站站台两端的固定屏上设置应急疏散门。

③地下铁道系统如采用多种编组列车运行模式，除在车站站台两侧的固定屏上设置应急疏散门外，还需在车站站台中适当位置的固定屏处设置应急疏散门。

④应急疏散门在轨行区侧，设置成乘客可手动打开的推杆，紧急情况时乘客可从轨道侧按压开门杠杆解锁，向站台侧旋转 90°推开应急门，在站台上站务人员也可以用钥匙打开。

4）手动端门。每列站台门/安全门两端设有端门，向站台侧旋转 90°全开，端门的设置主要有以下功能：在车站宽度方向上将站台公共区与轨行区隔开，起到了屏蔽作用；列车在区间发生火灾且无法驶入车站停车的情况下，乘客可以从端门疏散到车站站台；站务或维修人员可从端门进入站台设备区和区间隧道。

5）门锁。端门、滑动门与应急门均设有不同形式的门锁作为安全装置。乘客在紧急或故障情况下可以在轨道侧将门手动解锁打开，同时站务人员可在站台侧用钥匙解锁开门；滑动门与应急门锁闭信号反馈至信号系统，端门、滑动门与应急门状态反馈到 PSC 后，传递给主控制系统。

2. 门机

门机主要由电动机、减速装置、传动装置、导轨与滑动拖板、行程开关和锁紧及解锁装置等构成。其采用无刷直流电动机，电动机调速性能和输出转矩满足要求。传动装置采用皮带传动或螺杆传动。

3. 供电电源

站台门/安全门系统的供电电源为一类负荷。由低电压配电系统提供两路（一用一备）独立的 380V、50Hz 三相交流电源，为两侧站台的站台门/安全门提供驱动电源。提供一路单相 220V、50Hz 的控制电源，进行站台门动作控制。

（1）驱动电源。驱动电源由 UPS 和蓄电池组构成，驱动电源在市电故障状态下，其容量能够满足车站内所有门开/关三次。蓄电池的放电曲线应能满足站台门按远期行车组织运行要求。

（2）驱动电源配电盘。驱动电源配电屏内包括隔离变压器、接线端子、断路器等。每个车站电源配电盘内馈出足够多的电源回路配电给每个门单元。

（3）控制电源。控制电源包括 UPS 和蓄电池组。UPS 为在线式不间断电源。UPS 的蓄电池容量能保证站台门控制系统设备（PSC、PSL 和 DCU 等）持续工作 0.5h。

（三）站台门控制系统

1. 站台门控制系统主要设备

站台门控制系统主要由中央接口盘（PSC）、就地控制盘（PSL）、门控单元（DCU）等设备以及网络通信设备组成。

2. 站台门控制系统的主要功能

（1）站台门控制系统与信号系统进行信息交换，对站台门/安全门的开、关门进行控制，保证站台门的开、关门与列车车门的动作一致性。

（2）控制系统监视站台门的开关状态及设备的运行状态，并发出相应的信息，对故障及状态信息进行采集和报警。

（3）通过通信口与设备监控系统相连接，传送站台门系统的各种状态及故障信息至车控室。车控室的车站计算机或模拟显示屏上均可显示站台门/安全门的状态，并作档案记录。

但车控室不设置对站台门/安全门系统进行控制的功能。

3. 站台门的控制方式

站台门的控制系统实现系统级控制、站台级控制和手动操作三级控制方式。

（1）系统级控制。系统级控制是在正常运行模式下由信号系统对站台门/安全门进行开门/关门控制的控制方式。列车到站并停在允许的误差范围时，ATC发出"开门"命令，经过信号系统传到站台门/安全门系统PSC，由PSC控制门控单元DCU打开滑动门；列车驶出站台时，列车司机操作列车关门按钮，关门命令经信号系统传输至PSC，最后由DCU实现滑动门的关闭；当所有的滑动门完全关闭并锁紧时，DCU向PSC反馈"闭锁"信息到信号系统，列车可驶离车站。

（2）站台级控制。站台控制是在系统级控制不能实现时，由列车司机或站务人员在PSL上进行操作控制。站台及控制还可以实现ASD/EED与信号系统的互锁解除，强制发出闭锁信息，使列车尽快离站出发。

（3）手动操作。个别门在控制系统故障时不能打开，工作人员在站台侧用钥匙或乘客在轨道侧操作开门把手打开滑动门。

**四、站台门系统工作程序**

站台门的开、关是与车厢门联动的。通常司机在打开车门的同时，站台门也自动打开，关闭车门时也是如此。除此之外在站台相应的位置还设有供站务员使用的操作盘，每个站台门都设有个别操纵开关，在车站的调度室和运输调度所均设有相应的控制显示和开关，以保证站台门开、闭的绝对安全。

站台门以关门为定位，正常情况下的开闭按以下作业程序进行。

（1）列车进站，由列车自动控制系统（ATC）在指定位置停车，车厢门对正站台门的滑动门。

（2）司机按动开门按钮，站台门的滑动门先动作，半秒钟后，车厢门开始动作打开，一般司机给出指令到车厢门全部打开的时间为3s。

（3）司机根据列车停站时间，催促乘客抓紧时间上下车，当判断乘客乘降结束时，准备关门。

（4）司机按动车上的关门按钮，预告蜂鸣器发出声响后车门先动作，半秒钟后站台门动作，整个关门动作时间也为3s。

一旦出现异常情况，即列车司机无法操纵站台门或站台门开关不到位的情况下，此时，对站台门的控制权将交给车站工作人员或运输调度所的工作人员；当所有电源切断时，可用手动方式打开各站台的控制阀，使站台门打开。

**五、站台门系统的控制**

站台门系统包含四种运行模式，即系统级控制、紧急操作控制、站台级控制和手动操作控制方式，以便达到站台门系统运行与安全的要求。其中手动控制具有最高的优先权，系统级控制具有最低的优先权。可以归纳为三个控制级别。

1. 系统级控制模式

在正常运行模式下，系统能自动或经列车司机确认后对站台门进行开/关门操作的自动控制方式。滑动门在接受列车司机或ATC发出的操作指令后，通过DCU进行自动控制，来执行开/关门操作。

站台门系统级控制原理示意图如图 4-6 所示。

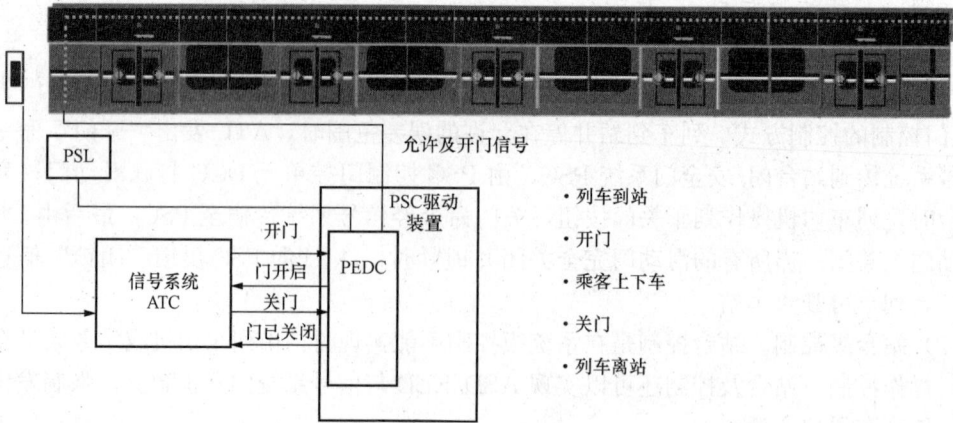

图 4-6　站台门系统级控制原理示意图

　　当列车进入车站停靠在允许误差范围内的停车位置时，信号系统发出一个"开门"命令；此开门命令经过 PSC 送到每个应该打开的站台门单元的 DCU 上，从而控制电机驱动门体做开门动作。当所有 ASD（滑动门）/EED（应急门）打开时，DCU 会将检测装置检测到的"门已打开"的状态信息经 PSC 反馈给信号系统及 BAS；当列车要离开车站时，信号系统发出"关门"命令至 PSC。PSC 会将关门命令发送至每个应该关闭的站台门单元的 DCU，从而控制电机驱动站台门开始关门。当所有站台门关好以后，DCU 会将检测装置检测到的"门已关闭并锁紧"的信号反馈至信号系统及 BAS。当信号系统收到关闭并锁紧信号以后，才会发出开车命令。如果在整个控制过程中任何一个站台门单元出现故障，PSC 会将 DCU 及其他设备反馈给它的故障信号发送至 PSA 进行声光报警，并可将故障信息显示在 PSA 显示器上，还可以通过固有的串口进行故障信息的下载。

　　在此情况下，站台门通过信号系统受列车的车门控制及连动，当列车停车位置超出停车精度范围时，列车车门及站台门皆不能开启。在站台门尚未关妥前，列车也不能正常启动。

　　2. 站台级控制

　　站台级控制是列车司机通过站台 PSL 对站台门进行的开关门动作的控制操作。当系统级控制不能正常实现时，如信号系统故障，或主控机 PSC 对门机控制器 DCU 控制失败等故障下，列车司机在站台端门处 PSL 就地控制盘上进行开/关门操作，实现站台门的站台级控制操作。

　　站台门站台级控制原理示意图如图 4-7 所示。

　　3. 手动操作

　　手动操作是站台工作人员或乘客对站台门进行的操作。当站台门控制系统自身发生故障时，只能采用手动操作开/关滑动门，即在轨道侧通过把手，在站台侧用钥匙开/关滑动门。应急门和端门均可手动操作，即在轨道侧通过把手、在站台侧用钥匙开/关应急门和端门。

　　站台门手动操作原理示意图如图 4-8 所示。

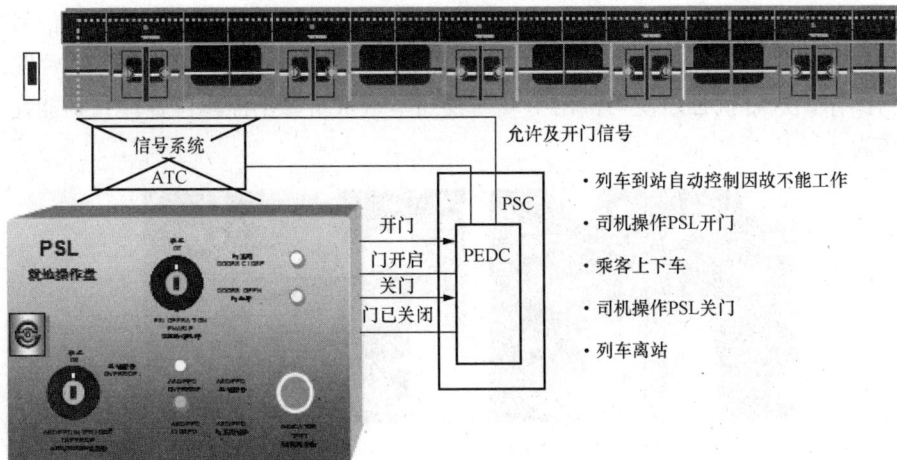

图 4-7　站台门站台级控制原理示意图

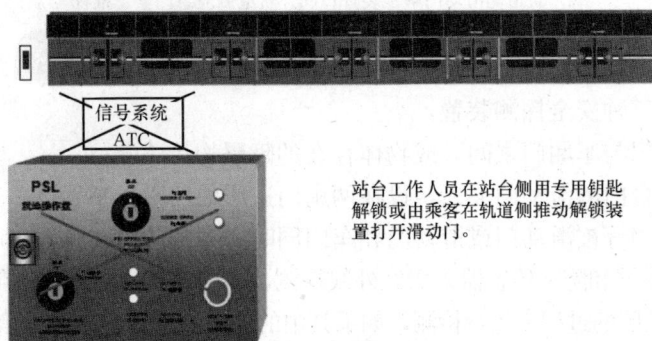

图 4-8　站台门手动操作原理示意图

站台门站台侧手动模式设置位置如图 4-9 所示。站台门轨道侧手动开关如图 4-10 所示。

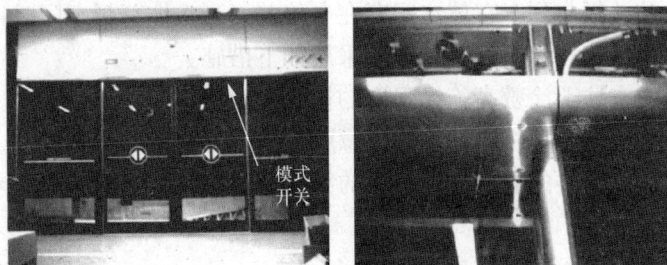

图 4-9　站台门站台侧手动模式设置位置

## 六、站台门系统安全防护

### 1. 列车与站台门之间的控制联系

站台门的开闭指令是由司机从列车驾驶室发出的，而门的执行机构安装在站台上。另外门的开闭到位的确认、动作过程中各种异常情况的感知和信息处理都需要列车与站台固定设备之间的信息往返传递。担当这个任务的通常是发射应答器。它是由信息处理装置的变换器和轨道上设置的有源地上元件组成。地上元件和车上元件通过高频电波进行信息交换。例如列车定点停车以及站台门与车厢门对准之间的关系判断方法为：车上元件发出某信号在地上元件中的误差范围之内，两线圈所受到的信号强度达到均衡，综合控制盘确认后发出进行开、关门的操作，这时就必须使司机用手动驾驶列车，重新修正停车位置，直到能允许进行开关门操作为止。

图 4-10　站台门轨道侧手动开关
(a) 轨道侧滑动门解锁装置；(b) 轨道侧应急门紧急推杆

2. 站台门的安全装置

在站台门上有三种安全探测装置。

(1) 探测滑动门与车厢门之间人或物体存在的障碍物传感器。

(2) 为防止站台门的滑动门夹人，设在两扇门边缘的门沿传感器。

(3) 为防止衣物等被滑动门或滑动门和车门同时夹住的防夹传感器。

其中障碍物传感器和防夹传感器采用红外线探测，而门沿传感器则采用带状的导电橡胶条。它们都是在站台门关闭的过程中进行检测，如果其中的任一传感器发出异常信号，滑动门将再做关闭门的动作，直到障碍消除，否则门将在开启的位置停下来，并向列车驾驶室、各操作台和行车调度室发出异常信号，等待工作人员的现场处理，从而保证了乘客乘降的绝对安全。

3. 站台门防电击措施

由于站台门以及地板与列车车体之间存在电位差，当人体跨越车门时，与两者同时接触可能会被电击。为防止这一情况发生，一般采用如下措施。

(1) 在滑动门的支柱上涂敷高绝缘强度的橡胶保护层。

(2) 在乘客进出的站台地板上铺装绝缘橡胶板。

(3) 在滑动门及固定屏的表面涂上绝缘的氟化树脂材料。

**实训模块**

**一、实训任务描述**

通过对站台门系统的学习，了解站台门系统具体的控制方式有几种、分别如何实现。以小组为单位，完成制作站台门系统工作程序流程图工作。

**二、相关资料及资源**

相关资料：

(1) 教材《城市轨道交通车站设备》学习单元四。

(2)《站台门使用说明书》。

(3) 教学课件。

相关资源：

（1）仿真站台门模型。

（2）教学课件。

**三、任务实施说明**

（1）学生分组，每 8~10 人为一小组。

（2）小组进行任务分析。

（3）资料学习。

（4）现场教学。

（5）小组学习站台门的作用、站台门的结构、站台门的控制方式等。

（6）小组成员配合完成相应工作，并进行检查。

（7）小组合作，讨论过程，进行讲解演练，小组成员补充优化。

**四、任务实施注意事项**

（1）必须阅读《站台门使用说明书》相关内容。

（2）进行处理工作时，应确保安全，包括人身和设备安全。

（3）遇到问题时小组进行讨论，可以让老师参与讨论，通过团队合作获取问题的解决。

（4）注意成本意识的培养。

# 任务二　站台门系统故障应急处理

**学习目标**

（1）能熟练使用进行站台门系统应急处理。

（2）获取信息的能力、应变能力、制订计划的能力、分析判断能力、逻辑思维能力。

（3）具备良好的职业道德、严格的纪律性、一定的团队协作和交流与沟通能力。

**学习任务**

站台门系统应急处理。

**教学环境**

城轨交通实训场、城轨交通车站。

**教学设施**

站台门系统、IBP 盘。

**理论模块**

**一、站台门设备操作**

1. 站台门就地控制盘（PSL）开关门操作

（1）前提条件。确认列车已进站并对标完毕，需执行 PSL 开门操作；列车进站确认全部门体开启后，列车离站须执行 PSL 关门操作，并确认所有门体关闭并锁紧。图 4-11 即为站台门就地控制盘 PSL。

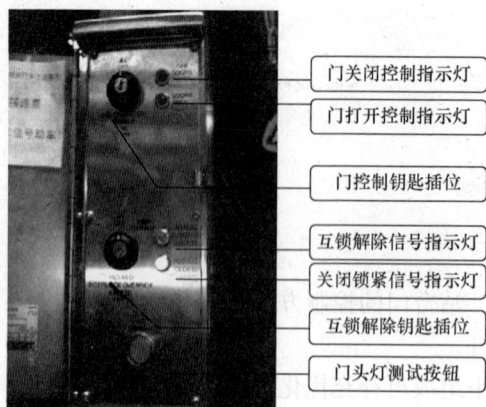

图 4-11　站台门 PSL

门关闭控制指示灯

门打开控制指示灯

门控制钥匙插位

互锁解除信号指示灯

关闭锁紧信号指示灯

互锁解除钥匙插位

门头灯测试按钮

（2）操作步骤。将钥匙插入 PSL 的门控制钥匙插位→将钥匙打到开门位→确认门体全部开启→将钥匙拧到关门位→确认门体关闭→确认车门与站台门之间无乘客、无异物。

2. 站台门 PSL 互锁解除操作

（1）前提条件。信号系统故障不能确认站台门关闭锁紧或不能控制开关门，列车无法进站或出站，需采用互锁解除操作。

（2）操作步骤。将钥匙插入 PSL 互锁解除钥匙孔→将钥匙拧到互锁解除位并保持→确认列车进站及对标完毕→列车无法离站，确认需采用互锁解除操作→将钥匙拧到互锁解除位并保持→确认列车离站→松开钥匙，确认钥匙回到禁止位。

3. 站台门 IBP 应急开门操作

（1）前提条件。站台火灾或紧急疏散时需使用 IBP 应急开门操作。

（2）操作步骤。在 IBP 操作盘面上，将 IBP 钥匙插入相应站台侧站台门开门控制钥匙孔→将钥匙拧到开门位置→与站台人员联系确认全部滑动门打开。

（3）站台门关闭。关闭站台门时，需将 IBP 盘钥匙所在开门位置拧回禁止，站台人员在站台级就地控制盘面上使用 PSL 钥匙拧到关门，并确认现场相应一侧站台门已关闭锁紧。

4. 站台门模式开关门操作

（1）前提条件。对单个门单元检修、维修、测试及应急处理的情况下使用。图 4-12 为站台门手动操作开关。

（2）操作步骤。将钥匙插入门体模式开关钥匙孔→将钥匙拧到手动开门位→确认门体完全打开→将钥匙拧到手动关门位→确认门体完全关闭→将钥匙拧到自动位→将钥匙拔下。

5. 站台门操作注意事项

（1）三角钥匙的使用、三角钥匙与门体三角锁芯须在对应后方可扭转。

（2）模式开关使用时，四个档位匀速转动，在开关门时等开关门状态完成后可将开关挡打到下个挡位。

（3）列车进出站及隧道风机开启时不允许进出端门。

（4）任何工作人员使用端门后，必须确认关闭并锁紧，严禁打开后无人监护，严禁使用异物阻挡端门关闭。

（5）使用三角钥匙开启端门、应急门时，钥匙的转动方向应向门轴方向转动。

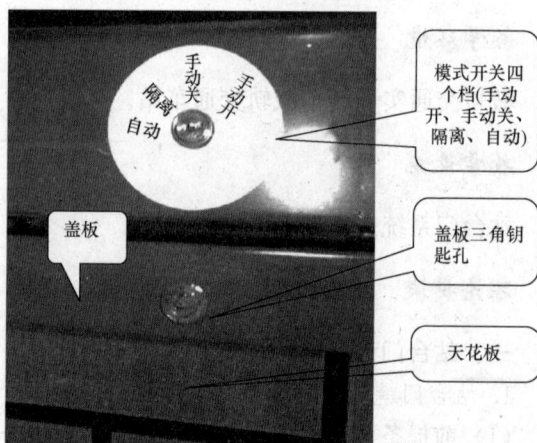

模式开关四个档（手动开、手动关、隔离、自动）

手动关　手动开

隔离

自动

盖板

盖板三角钥匙孔

天花板

图 4-12　站台门手动操作开关

## 二、站台门常见故障处理

### 1. 单个/多对站台门故障不能打开

单个/多对站台门故障不能打开处理流程图如图 4 - 13 所示。

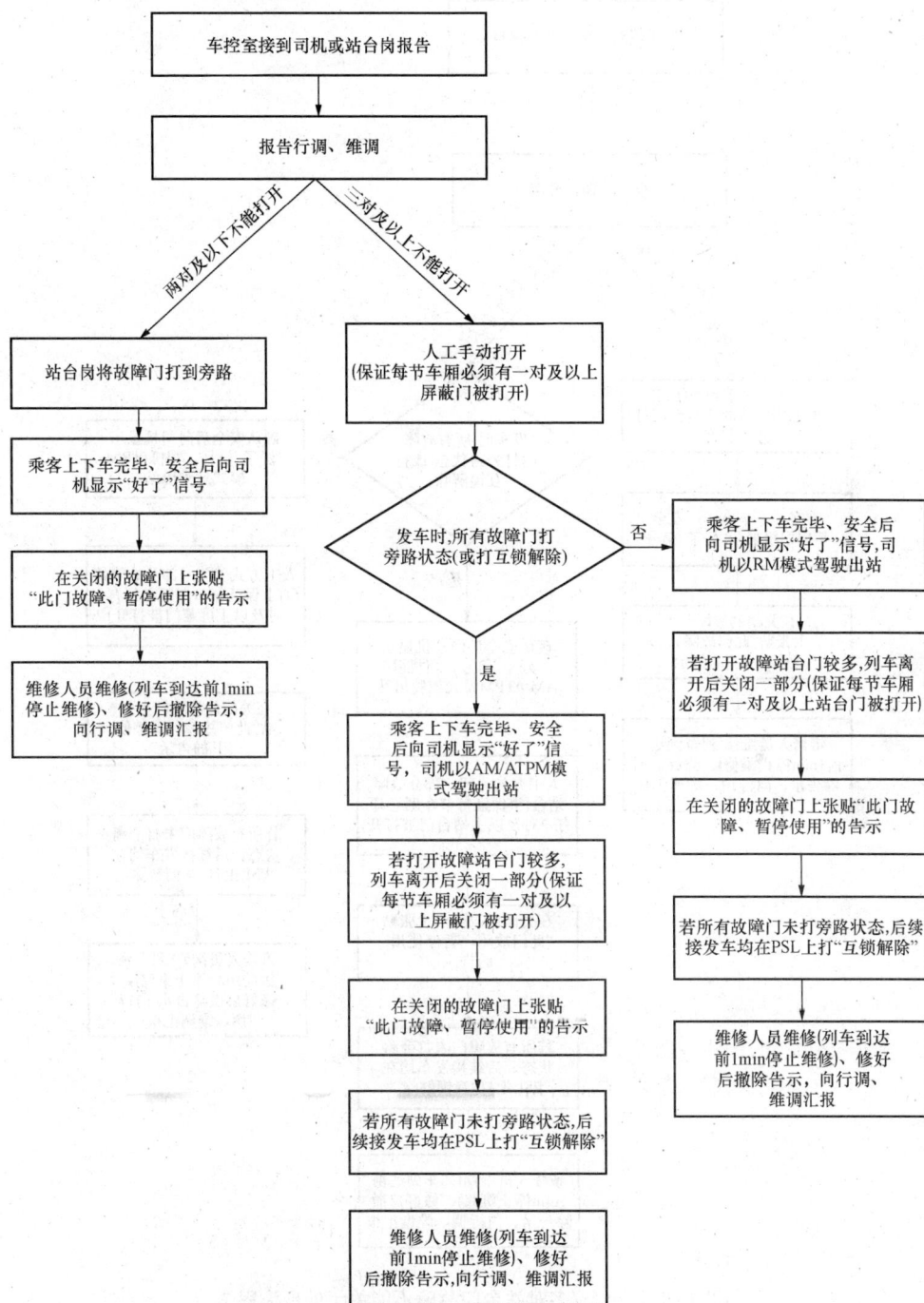

```
              ┌─────────────────────────┐
              │ 车控室接到司机或站台岗报告 │
              └─────────────────────────┘
                          │
              ┌─────────────────────────┐
              │       报告行调、维调       │
              └─────────────────────────┘
         两对及以下不能打开 │  三对及以上不能打开
          ┌───────────────┘  └───────────────┐
          ▼                                   ▼
┌──────────────────────┐          ┌──────────────────────────┐
│ 站台岗将故障门打到旁路 │          │       人工手动打开         │
│                      │          │ (保证每节车厢必须有一对及以上 │
└──────────────────────┘          │     屏蔽门被打开)          │
          │                       └──────────────────────────┘
          ▼                                   │
┌──────────────────────┐                      ▼
│ 乘客上下车完毕、安全后向司 │          ◇ 发车时,所有故障门打 ◇── 否 ──┐
│ 机显示"好了"信号       │          ◇ 旁路状态(或打互锁解除) ◇       │
└──────────────────────┘                      │                  ▼
          │                                   是            ┌──────────────────────┐
          ▼                                   │              │ 乘客上下车完毕、安全后 │
┌──────────────────────┐                      ▼              │ 向司机显示"好了"信号,司 │
│ 在关闭的故障门上张贴     │          ┌──────────────────┐    │ 机以RM模式驾驶出站      │
│ "此门故障、暂停使用"的告示 │          │ 乘客上下车完毕、安全 │    └──────────────────────┘
└──────────────────────┘          │ 后向司机显示"好了"信 │              │
          │                       │ 号,司机以AM/ATPM模  │              ▼
          ▼                       │ 式驾驶出站          │    ┌──────────────────────┐
┌──────────────────────┐          └──────────────────┘    │ 若打开故障站台门较多,列车离 │
│ 维修人员维修(列车到达前1min │              │              │ 开后关闭一部分(保证每节车厢 │
│ 停止维修),修好后撤除告示, │              ▼              │ 必须有一对及以上站台门被打开) │
│ 向行调、维调汇报         │    ┌──────────────────┐    └──────────────────────┘
└──────────────────────┘    │ 若打开故障站台门较多, │              │
                            │ 列车离开后关闭一部分(保证 │              ▼
                            │ 每节车厢必须有一对及以 │    ┌──────────────────────┐
                            │ 上屏蔽门被打开)       │    │ 在关闭的故障门上张贴"此门故 │
                            └──────────────────┘    │ 障、暂停使用"的告示      │
                                    │              └──────────────────────┘
                                    ▼                          │
                            ┌──────────────────┐              ▼
                            │ 在关闭的故障门上张贴 │    ┌──────────────────────┐
                            │ "此门故障、暂停使用"的告示 │    │ 若所有故障门未打旁路状态,后续 │
                            └──────────────────┘    │ 接发车均在PSL上打"互锁解除" │
                                    │              └──────────────────────┘
                                    ▼                          │
                            ┌──────────────────┐              ▼
                            │ 若所有故障门未打旁路状态,后 │    ┌──────────────────────┐
                            │ 续接发车均在PSL上打"互锁解除" │    │ 维修人员维修(列车到达前1min │
                            └──────────────────┘    │ 停止维修)、修好后撤除告示,向 │
                                    │              │ 行调、维调汇报          │
                                    ▼              └──────────────────────┘
                            ┌──────────────────┐
                            │ 维修人员维修(列车到达前1min │
                            │ 停止维修)、修好后撤除告示,向行调、维调汇报 │
                            └──────────────────┘
```

图 4 - 13 单个/多对站台门故障不能打开处理流程图

2. 单个/多对站台门故障不能关闭

单个/多对站台门故障不能关闭处理流程图如图 4-14 所示。

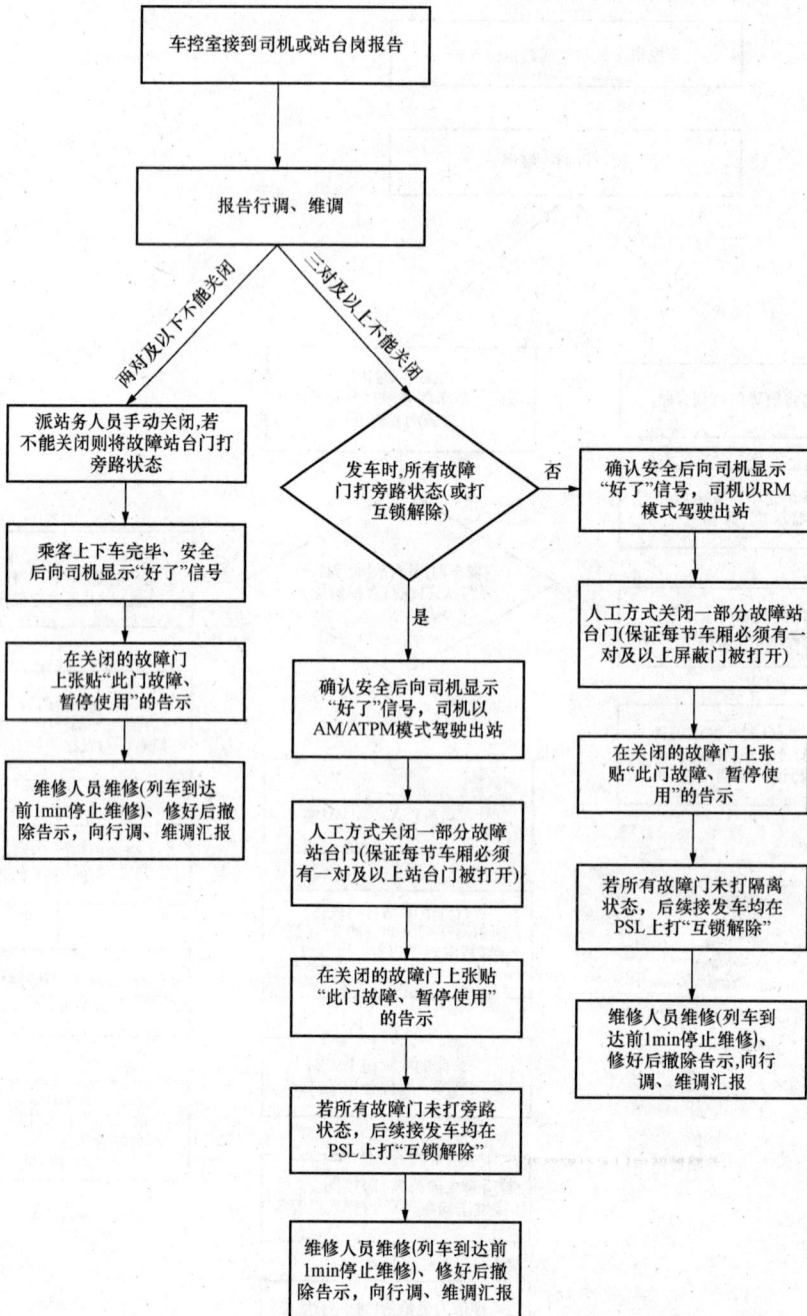

图 4-14　单个/多对站台门故障不能关闭处理流程图

3. 某侧站台所有站台门故障不能打开

某侧站台所有站台门故障不能打开处理流程如图 4-15 所示。

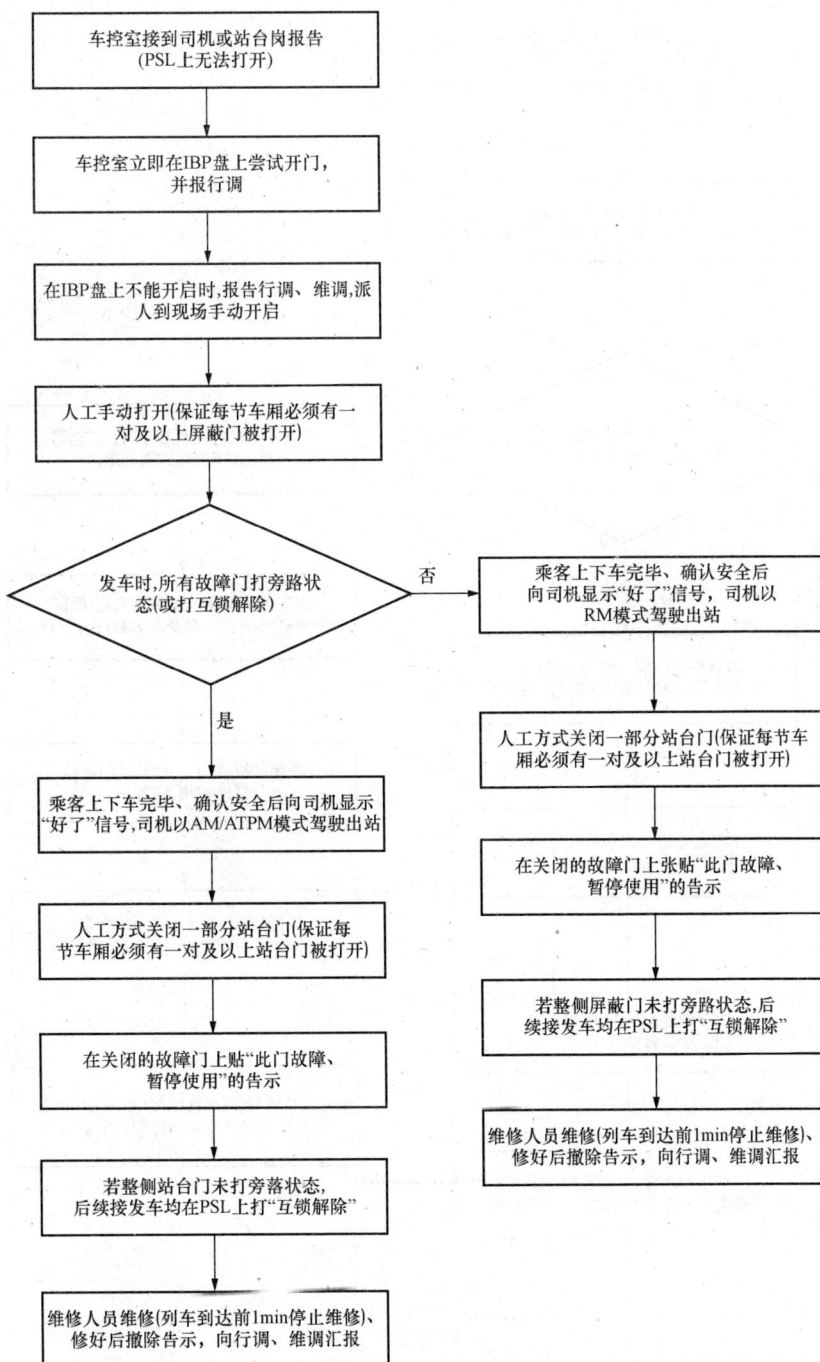

图 4-15　某侧站台所有站台门故障不能打开处理流程图

**4. 某侧站台所有站台门故障不能关闭**

某侧站台所有站台门故障不能关闭处理流程图如图 4 - 16 所示。

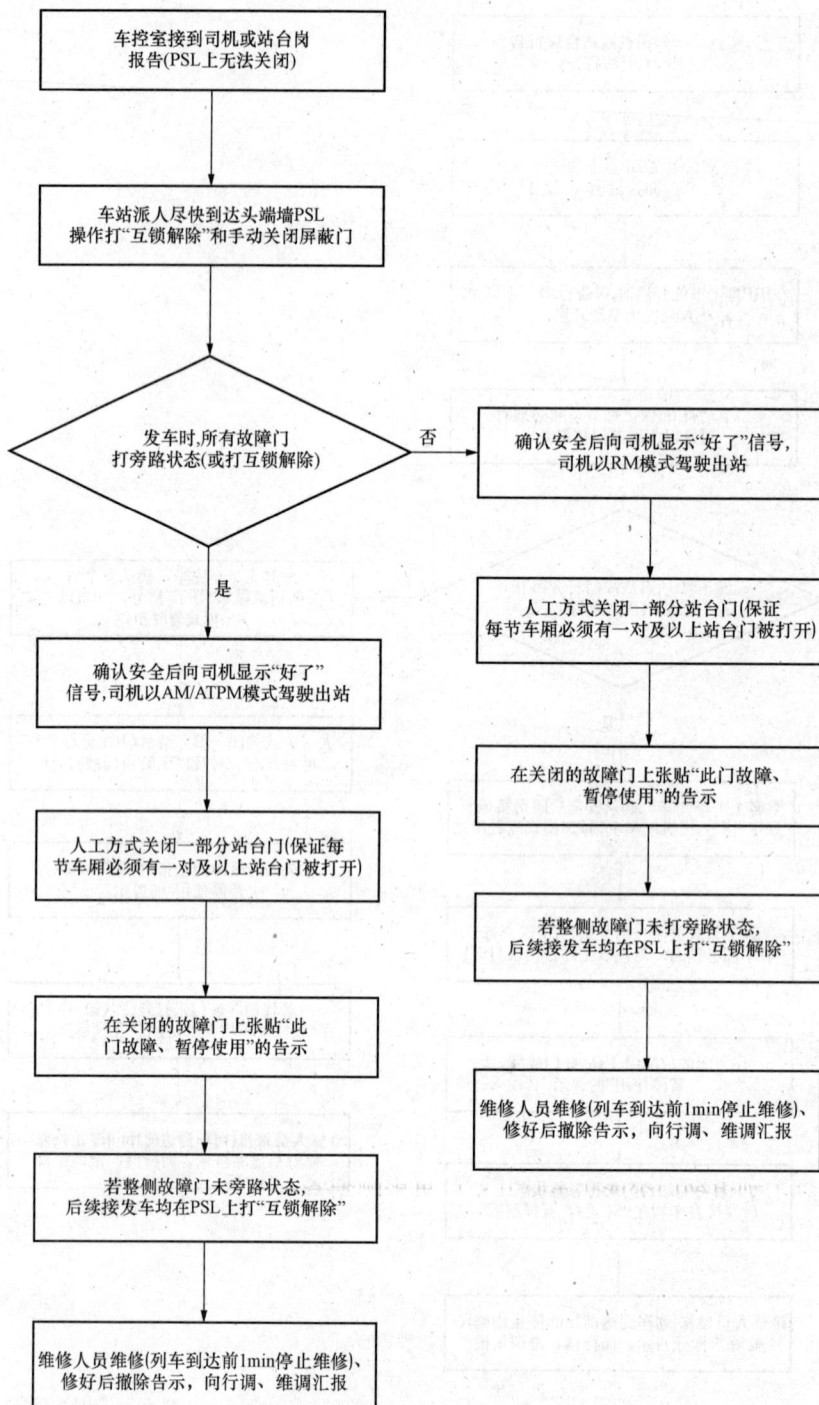

图 4 - 16　某侧站台所有站台门故障不能关闭处理流程图

**实训模块**

**一、实训一**

（一）实训任务描述

作为站台岗站务人员，工作期间遇到列车进站后，列车司机无法正常开启站台一侧所有站台门，严重影响运营，解决这一问题。

（二）相关资料及资源

相关资料：

（1）教材《城市轨道交通车站设备》学习单元四。

（2）《站台门使用说明书》。

（3）教学课件。

相关资源：

（1）仿真站台门模型。

（2）教学课件。

（三）任务实施说明

（1）学生分组，每8～10人为一小组。

（2）小组进行任务分析。

（3）资料学习。

（4）现场教学。

（5）小组学习站台门的作用、站台门的结构、站台门的控制方式等。

（6）小组成员配合完成相应工作，并进行检查。

（7）小组合作，讨论过程，进行讲解演练，小组成员补充优化。

（四）任务实施注意事项

（1）必须阅读《站台门使用说明书》相关内容。

（2）进行处理工作时，应确保安全，包括人身和设备安全。

（3）遇到问题时小组进行讨论，可以让老师参与讨论，通过团队合作获取问题的解决。

（4）注意成本意识的培养。

**二、实训二**

（一）任务描述

作为站台岗站务人员，工作期间遇到列车进站后，列车司机正常开启站台一侧所有站台门，发现出现个别滑动门不能正常打开，严重影响乘客上下车，解决这一问题。

（二）相关资料及资源

相关资料：

（1）教材《城市轨道交通车站设备》学习单元四。

（2）《站台门使用说明书》。

（3）教学课件。

相关资源：

（1）仿真站台门模型。

（2）教学课件。

（三）任务实施说明

（1）学生分组，每8～10人为一小组。

（2）小组进行任务分析。

（3）资料学习。

（4）现场教学。

（5）小组学习站台门的作用、站台门的结构、站台门的控制方式等。

（6）小组成员配合完成相应工作，并进行检查。

（7）小组合作，讨论过程，进行讲解演练，小组成员补充优化。

（四）任务实施注意事项

（1）必须阅读《站台门使用说明书》相关内容。

（2）进行处理工作时，应确保安全，包括人身和设备安全。

（3）遇到问题时小组进行讨论，可以让老师参与讨论，通过团队合作获取问题的解决。

（4）注意成本意识的培养。

学习单元五

# 消防系统的使用

消防系统是城市轨道交通运营安全的基础，火灾自动报警灭火系统是消防系统的基础，为城市轨道交通消防系统的使用提供了基本的保障。

## 任务一 火灾自动报警系统（FAS）认知

**学习目标**

（1）了解火灾自动报警系统（FAS）的结构。
（2）掌握系统的功能。
（3）会读取系统结构图。
（4）能进行系统的日常维护。

**学习任务**

火灾自动报警系统（FAS）认知。

**教学环境**

城市轨道交通实训场，城轨交通车站。

**教学设施**

火灾自动报警系统（FAS），消防联动设施。

**理论模块**

火灾自动报警系统，英文全称为 Fire Alarm System，简称 FAS，是用来探测包括地铁车站、区间隧道、车辆段等与地铁运营有关建筑和设施的火灾信息，并发出火灾报警，启动有关防火、灭火装置，目的是保障地铁正常有序的运营，避免或降低灾害情况下造成的人员和财产损失。

### 一、火灾自动报警系统的结构及功能

1. 火灾自动报警系统的结构

FAS 的结构如图 5-1 所示。

由图 5-1 可知，FAS（火灾自动报警系统）由火灾触发器件、火灾报警控制装置、火

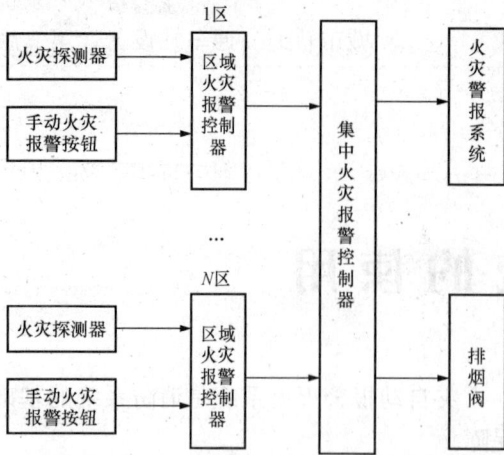

图 5-1　FAS结构图

灾报警装置以及火灾联动控制装置组成。

（1）火灾触发器。火灾触发器包括自动和手动两种报警装置，如图 5-2 所示。自动报警装置通常是指火灾探测器，常用的探测器有感烟探测器、感温探测器、火焰探测器等；手动报警装置主要是手动报警按钮，如果被监视现场发现火情，可以通过手动报警按钮快捷准确地向火灾报警控制器通报火警。火灾触发器如图 5-2 所示。

（2）火灾报警控制装置。火灾报警控制装置是火灾自动报警系统的心脏，是系统运行的指挥中心，担负着整个系统监视、报警、控制、显示、信息记录和档案存储等功能，正常运行时，自动监视系统的运行状态和故障诊断报警；有火灾时，接收探测器、手动报警按钮的报警信号，并将其转换成声光报警信号，指示报警部位、记录报警信息、通过自动灭火控制装置启动自动灭火设备和消防联动控制设备。图 5-3 所示为较为常见的一种火灾报警控制装置。

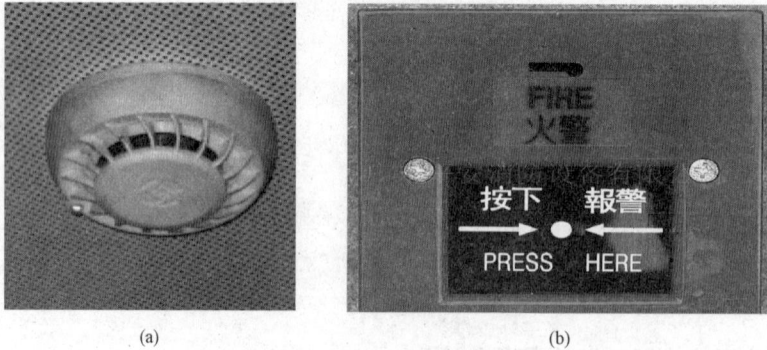

(a)　　　　　　　　　　(b)

图 5-2　火灾触发器

(a) 自动火灾探测器；(b) 手动报警装置

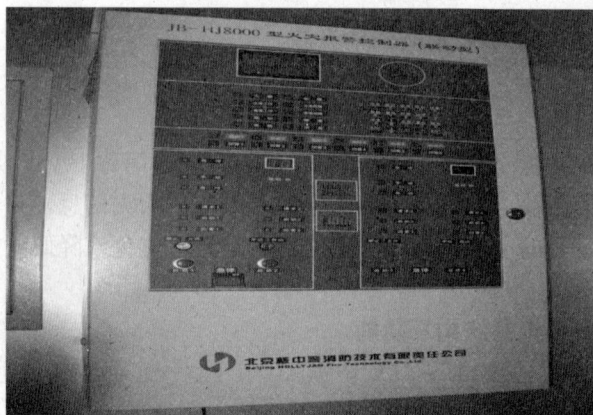

图 5-3　火灾报警控制装置

（3）防灾警报装置。防灾警报装置是火灾发生时以声、光、语音等形式给人以警示的一种消防设备，常用的有警铃、警笛、声光报警器等。常见的声光防灾警报器如图5-4所示。

（4）消防控制设备。消防控制设备是用以对气体灭火设备、水消防设备、防排烟设备、防火卷帘门等消防设施进行联动控制的设备，如图5-5所示。

图5-4 声光防灾警报器　　　　图5-5 消防控制设备

2. 系统工作原理

FAS系统在工作时，在地铁建筑物和设施发生火灾后，由火灾触发器件感知、传送信息到控制装置，控制装置启动相关警铃、闪光灯等报警设备，同时启动防排烟及灭火系统等设备，并联动控制卷帘门、门禁、广播、闭路监控等其他专业系统设备，启动各种消防设备，指挥人员疏散，控制火灾蔓延。工作流程图如图5-6所示。

3. 火灾自动报警系统的功能

（1）中央级功能。FAS中央级功能主要是监视地铁全线各车站、区间隧道、控制中心大楼、车辆段、主变电站等下属所有区域的火灾报警、消防联动和故障情况。在火灾发生时承担全线防灾指挥中心功能。

通过火灾报警网络接收并储存全线消防设备运行状态信息，远程监视就地级消防设备的运行状态。主机通过显示画面和数据表格提供现场的监视信息。

接收全线车站、车辆段、主变电站、控制中心的火灾报警信息并显示报警部位，控制中心声光报警系统发出声、光火灾报警信号。打印机实时打印火灾报警发生的时间、地点、火灾类型等。通过网络向火灾所属区域的消防设备发布命令，指令进入火灾报警处理模式。

存储记录功能：存储事件记录和操

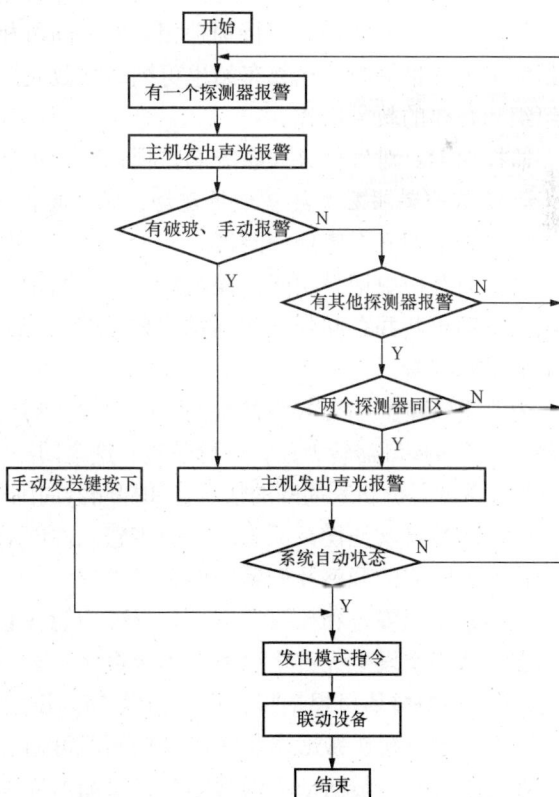

图5-6 FAS工作流程图

作人员的各项操作记录，包括火灾监视、故障状态、设备维修等信息记录。

系统编辑功能：在线编辑功能，具有权限的维护人员通过工作站添加系统设备或直接在现场编辑，自定义设备。离线编辑功能，现场设备的定义和参数修改可在办公室的计算机上完成，经编译转换后，到现场发送到火灾报警控制器上。

历史档案功能：将报警、事件等信息记录归档处理。操作人员可根据要求随时进行信息的查看和打印输出。

网络自诊断功能：FAS主机具有网络自诊断功能，可及时判断网络故障的位置及原因，并按时间方式进行报警。

与其他子系统的协调配合。

（2）车站级功能。FAS系统车站级功能主要有监视、报警、监控以及其他系统的联动等。

监视及警报模式：在正常情况下，设在各车站的防灾报警分机通过探测器和信号输入模块，对火灾状态和消防设备的运行状态进行实时检测。同时FAS系统对其内部的部件状态也进行实时检测。通过火灾报警网络连接的各控制器和通信网络也在进行自动检测。所有的监测信息都将传送到控制中心的消防监控工作站，并通过控制中心的综合监控网络形成实时信息，供整个综合监控系统共享。在火灾发生后，通过自动和手动确认火灾信息，进行报警。

网络通信功能：各防灾报警分机通过环形光纤，构成全线FAS报警网络系统。各站点的分机均为该网络上的节点，各分级具有与防灾指挥中心信息交换的功能。同时，各分机之间也具有信息交换的功能，特别是相邻站之间可相互进行火灾报警的信息传送，使得当某一车站发生火灾报警时，相邻车站也可同时接收到此火灾报警信息，并根据此信息及时进行行车组织和必要的救灾措施。

监控功能：对气体灭火系统的监视；对防火卷帘门的监控；对其他消防设备的监控。

4. 火灾自动报警系统就地级现场设备的功能

（1）智能型光电感烟探测器。

自诊断及历史记录功能：探测器持续不断地进行自诊断，以提供重要的维护保养数据，其结果自动更新并存储到探测器的存储器中。结果及数据可在防灾报警分机、GCC和便捷机上显示和查看。

内置微处理器CPU能独立运行：如果探测器与回路控制器之间的通信故障超过6s，则该回路中的所有探测器转为独立运行模式。这个回路的作用就像传统报警接收电路一样，每个探测器继续采集并分析其周围的信息，如探测器周围达到预先设定的烟雾浓度，则探测器报警。

能对环境自动补偿：探测器中的传感元件能对因灰尘、潮湿、老化等因素引起的长期缓慢变化作出相应的调整及环境补偿。

能设置早期警告和预报警值：预报警功能在有可能发生火灾时预先通知管理人员进行调查，在确认确实发生火灾之后才进入全报警状态。探测器的灵敏度范围为0.2%～1.15%烟雾度/米，预报警值可根据报警设定值的75%设定。

具有自动昼夜灵敏度调整功能：探测器可通过编程设置不同的灵敏度在昼夜期间自动切换。在夜晚没有人员活动等因素影响，探测器周围环境中的粉尘和烟雾的浓度降低，可自动调整探测器的灵敏度。

具有稳定性：探测器的微处理器（CPU）设在探测器的探头内，底座不带电路板，并采取防水、防潮、防腐蚀等处理措施。

火灾探测器可通过控制器远程调整有关参数：FA3 控制主机提供的强大网络功能，可在网络的任意节点对全线的控制器进行访问并通过其对站点报警网络的所有智能型设备进行参数的下载和查看。

探测器具有除尘报警功能：探测器所独具的相对环境补偿功能包括脏污补偿。同时，当探测器的脏污检测达到预定值时，探测器将报告脏污报警，提醒维修人员。当脏污达到最大设定值时，系统将发出故障信号，并在误报之前自动隔离探测器。

火灾探测器便于维修和安装，可直接拆卸。

（2）手动火灾报警按钮：是火灾自动报警系统用来以手动的方式监视报告火警。

（3）破玻按钮：破玻按钮正常保持在断开状态。当玻璃被击碎时，开关释放通过 CT1 模块向回路控制器发送一个报警信号，同时可直接启动消火栓泵（引入管电动蝶阀）。玻璃片上有一层塑料保护膜防止玻璃片伤人和四处溅落。

（4）感温电缆：感温电缆及感温电缆监视模块设置在站台板下的电缆廊道，为不可恢复型感温电缆，按正弦波布置。每段长度为 100m 左右，监视电缆是否超过额定温度，超过额定温度时报警。报警额定温度为 $70℃±2℃$。

（5）消防联动控制柜：在车站控制室设置消防控制柜，用于消火栓泵（引入管电动蝶阀）、消防泵、回排风机（兼排烟风机）、TVF 风机、UPE/OTE 风机、组合式空调箱、变风量空调器、小系统回排风机及送风机等火灾工况下运行的设备直接手动控制的消防联动控制柜。该消防柜采用硬连线的方式直接作用于控制的消防设备的控制回路上。

（6）声报警器音响效果达到 98dB。它可发出比警铃更为容易接受的音响效果。

（7）消防通信：每个车站设置一套独立的消防电话网络，由消防电话主机、固定电话分机、插孔电话构成，消防电话主机设置在各分控制级的综合控制室。

（8）在各个车站、OCC 大楼的综合控制室、值班室、消防水泵房、气体消防气瓶间、高低压配电室、通信设备室、环控电控室、站台门设备室和通风空调机房等重要设备间设置消防直达通话电话。消防分机一经提起，主机上即有声光信号显示及分级地址显示，在主机按下该电话的选择按钮，主、分机即可通话。当主机需分机联络时，按下主机上的分机选择按钮，分机有声信号通知接听。

（9）在隧道内适当位置设置一定数量的电话插孔。当手提式电话插入插孔，主机上即有声光信号及地址显示，在主机上按下相应的选择按钮，即可通话。电话插孔面板有"消防电话"字样。

5. 火灾自动报警系统设备

FAS 系统主要有三级控制，不同的控制级别需要使用不同的控制设备。

（1）中央级设备。中央级设备位于控制中心，主要作用是对整个系统进行控制，结构如图 5 - 7 所示。

（2）车站级设备。车站级设备应用于各车站、车辆段等建筑设施内，结构如图 5 - 8 所示。

（3）就地级设备。就地级设备应用于各防灾区域，由火灾触发器、火灾警报装置等构成。

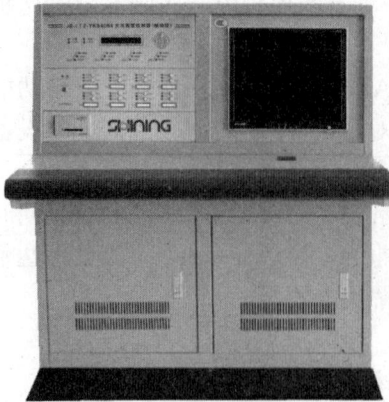

图 5-7 中央级设备

图 5-8 车站级设备

**二、火灾自动报警系统的控制方式**

在地铁系统中，火灾自动报警系统一般为两级管理、三级控制模式。两级管理为在地铁中央控制中心设置消防指挥中心，在各车站、车辆段、主变电站等处设置防灾控制室作为车站级消防控制中心。三级控制为主控制级、分控制级及就地级消防控制。

1. 主控制级

在防灾控制中心配备两台互为备用的消防工作站，通过专用网络卡与控制中心局域网联控，作为局域网的网络节点。工作站由通用型工业控制机作为主机，外接 ZIP 驱动器、UPS 电源等设备。每台控制主机通过一套通信控制器环入整个 FAS 网，这样保证主机作为网络的一个节点。

2. 分控制级

车站分控制级由火灾报警分机、图形监视计算机（GCC）、打印机、消防联动柜、紧急电话主机构成火灾报警分机通过总线与现场设备相连组成所辖站点的火灾报警系统，同时各火灾报警分机均作为 FAS 网络的一个节点，与其他站点及防灾指挥中心进行通信和信息交换。

（1）火灾报警子系统通过 RS-232/485 通信接口与本站点内的 EMCS 进行信息交换，当火灾信息确认后，FAS 向 EMCS 发出火灾报警信息和消防控制模式，通过 EMCS 和 FAS 直接控制的消防设备，实施消防处理。

（2）车站 GCC 设备由通用型工业控制机作为主机，与火灾报警分机采用 RS-232 接口连接，GCC 不作为全线报警网络的一个节点，它的故障不会对全线网络和车站级报警回路造成影响。

（3）在车站消防控制室设置消防控制柜，用于消防栓泵、消防泵、回排风机、TVF 风机、U/O 风机、组合式空调箱等火灾工况下运行设备的直接手动控制，联动柜采用硬连线方式直接连接所控制设备的控制回路。

（4）每个车站设置一套独立的消防电话网络，隧道内的电话插孔及相邻的主变电站纳入车站消防电话网络中。

3. 就地级

就地级包括各类探测器件，如烟感探测器、感温探测器、就地监视控制模块等。负责感知现场信息并传送到车站控制器及接收车站控制命令控制现场设备。

**实训模块**

**一、任务描述**

通过对 FAS 的学习，了解 FAS 由哪几部分组成、FAS 如何进行消防救灾工作。以小组为单位，完成制作 FAS 工作程序流程图工作。

**二、相关资料及资源**

相关资料：

（1）教材《城市轨道交通车站设备》学习单元五。

（2）《FAS 使用说明书》。

（3）教学课件。

相关资源：

（1）FAS 仿真平台。

（2）教学课件。

**三、任务实施说明**

（1）学生分组，每 8～10 人为一小组。

（2）小组进行任务分析。

（3）资料学习。

（4）现场教学。

（5）小组学习 FAS 的作用、FAS 的组成、FAS 的工作原理等。

（6）小组成员配合完成相应工作，并进行检查。

（7）小组合作，讨论过程，进行讲解演练，小组成员补充优化。

**四、任务实施注意事项**

（1）必须阅读《FAS 使用说明书》相关内容。

（2）进行处理工作时，应确保安全，包括人身和设备安全。

（3）遇到问题时小组进行讨论，可以让老师参与讨论，通过团队合作获取问题的解决。

（4）注意成本意识的培养。

# 任务二　消防设备的使用与维护

**学习目标**

（1）会使用消防联动设备。

（2）能进行消防联动设备的日常维护。

**学习任务**

消防联动设备的使用与维护。

**教学环境**

城市轨道交通实训场，城轨交通车站。

**教学设施**

气体灭火系统，液体灭火系统。

**理论模块**

要正确使用消防设备，首先应该详细了解火灾的分类。依据国家标准《火灾分类》（GB/T 4968—2008），火灾根据可燃物的类型和燃烧特性，分为 A、B、C、D、E、F、K 七类，见表 5-1。

表 5-1 　　　　　　　　　　　　常 见 火 灾 类 型

| 火灾类型 | 燃烧特性 | 燃 烧 物 质 |
|---|---|---|
| A 类火灾 | 指固体物质火灾 | 这种物质通常具有有机物质性质，一般在燃烧时能产生灼热的余烬。如木材、煤、棉、毛、麻、纸张等火灾 |
| B 类火灾 | 指液体或可熔化的固体物质火灾 | 如煤油、柴油、原油，甲醇、乙醇、沥青、石蜡等火灾 |
| C 类火灾 | 指气体火灾 | 如煤气、天然气、甲烷、乙烷、丙烷、氢气等火灾 |
| D 类火灾 | 指金属火灾 | 如钾、钠、镁、铝镁合金等火灾 |
| E 类火灾 | 带电火灾 | 物体带电燃烧的火灾 |
| F 类火灾 | 烹饪器具内的烹饪物（如动植物油脂）火灾 | 烹饪器具内的烹饪物（如动植物油脂）火灾 |
| K 类火灾 | 食用油类火灾 | 通常食用油的平均燃烧速率大于烃类油，与其他类型的液体火相比，食用油很难被扑灭，由于有很多不同于烃类油火灾的行为，它被单独划分为一类火灾 |

城市轨道交通运营最为常见的火灾类型以 A 类火灾、D 类火灾、E 类火灾为主。

城市轨道交通消防联动设备主要选用的是灭火器、自动灭火系统和消防栓。城市轨道交通消防应根据不同部位的环境条件、器材安装、设备特点等要求，选择相应的灭火系统和器材。

（1）在车站的公共区，应以消防栓系统为主，将整个车站覆盖在消防栓的保护范围内。

（2）在车站的设备用房，由于仪器众多、设备复杂，在此类相对封闭的区域应以气体自动灭火系统为主。

（3）自动喷水系统在公共区的作用不是很显著，甚至会造成地滑影响人群疏散的速度，因而在车站的公共区可不设置自动喷水灭火系统。

（4）在区间隧道中要沿线布设消防栓灭火系统，条件允许时还可在区间隧道中加装移动式灭火系统。

**一、灭火器的使用**

灭火器担负的任务是扑救初起火灾。一具质量合格的灭火器，如果使用得当，扑救及时，可将一切损失巨大的火灾扑灭在萌芽状态。因此，灭火器的作用是很重要的。

1. 灭火器的类型

灭火器的分类方法很多，通常按充装灭火剂的类型来划分。常见的有以下四种。

（1）干粉灭火器。干粉灭火器适用于易燃、可燃液体、气体及带电设备的初起火灾

（ABC类火灾），干粉灭火器药剂的主要成分是碳酸氢钠，即小苏打和磷酸氢二铵。外部结构如图5-9（a）所示。

（2）二氧化碳手提式灭火器。二氧化碳手提式灭火器结构简单、操作灵活、使用方便，具有灭火速度快、效率高、可连续或间歇喷射等优点，适用于扑救油类、易燃液体、固体有机物、气体和电气设备的初起火灾。其外部结构如图5-9（b）所示。

（3）泡沫灭火器。泡沫灭火器主要适用于扑救各种油类火灾，以及木材、纤维、橡胶等固体可燃物火灾。其外部结构如图5-9（c）所示。

（4）清水灭火器。清水灭火器采用清水作灭火药剂，加入一定量的添加剂，可扑灭纸张、木材、纺织品等引起的A类火灾。其外部结构如图5-9（d）所示。

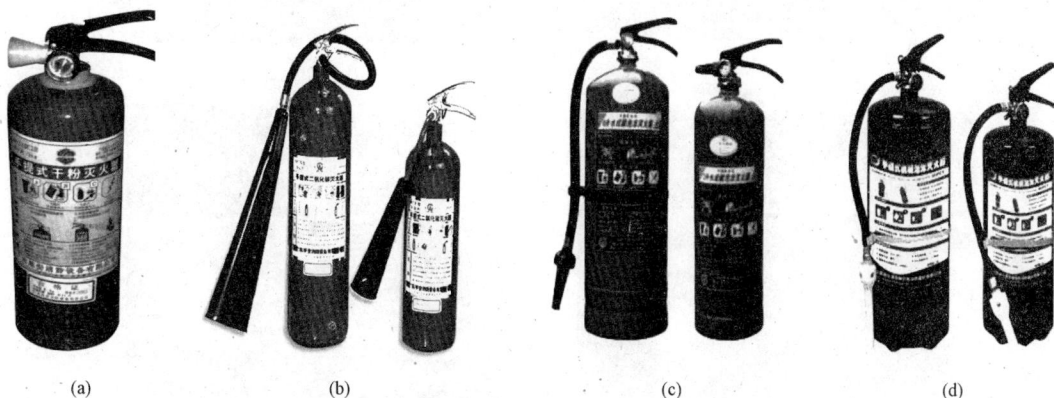

图5-9　常见灭火器类型
（a）干粉灭火器；（b）二氧化碳手提式灭火器；（c）泡沫灭火器；（d）清水灭火器

2. 灭火器使用步骤

灭火器的使用分三步完成。

第一步：识别灭火器的型号，如图5-10（a）所示。

第二步：判断火势，正确选用相关类型的灭火器。

第三步：对灭火器进行检查，看是否能正常使用，如图5-10（b）所示。

第四步：站在上风位置，迅速采取正确的操作方法，将火源扑灭。

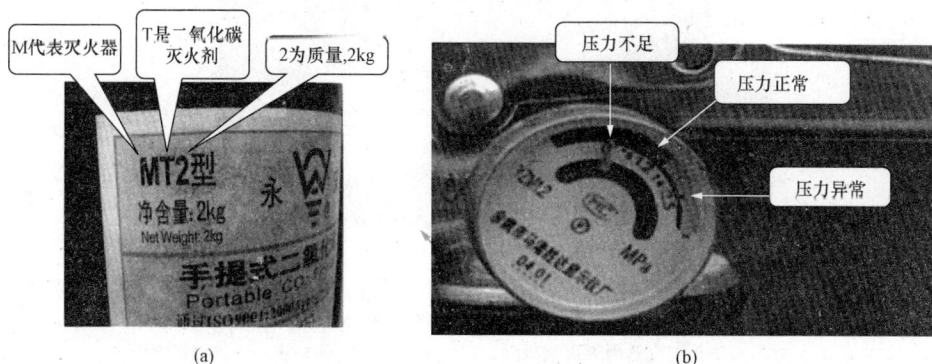

图5-10　灭火器使用步骤
（a）灭火器型号识别；（b）灭火器检查

3. 灭火器的使用方法

灭火器的使用方法如图 5-11 所示。

图 5-11　灭火器使用方法

(a) 摇——防止灭火器内灭火剂凝固，影响灭火效果；(b) 拔——拔出保险栓；
(c) 瞄——瞄准火焰根部；(d) 压——压下灭火器手柄；(e) 扫——左右扫射

## 二、自动灭火系统

常见的自动灭火系统有气体灭火系统和细水雾灭火系统两种类型。在城市轨道交通工程中，自动灭火系统保护对象的火灾类型主要包括 A 类和 E 类火灾。诸如主变电站、变配电站、信号设备室及车站控制室等保护对象，属于车站的重要部位，不但设备价格昂贵，而且发生火灾等意外事故时容易导致城市轨道交通中断，影响整个城市轨道交通的运行安全。因此上述场所均采用自动灭火系统进行保护。

自动灭火系统由存储输送灭火介质的管网子系统和探测报警的控制子系统组成，平时由后者监视防护区的状态，并按预先设定的控制方式启动灭火装置，达到扑救防护区火灾的目的。

### 1. 气体灭火系统

气体灭火系统在正常状态时是指无火灾发生，一旦发生火灾，便进入异常状态。常见的气体灭火系统主要有卤代烃类气体灭火系统和惰性气体灭火系统。

（1）卤代烃类气体灭火系统。卤代烃类气体灭火剂通过化学作用抑制燃烧过程中的化学反应达到灭火目的。常用的有两种，即七氟丙烷和三氟甲烷，按储存压力又分为 2.5MPa（低压）与 4.2MPa（高压）两类。影响其灭火效果的主要因素与其他气体灭火系统相同，一方面是防护区封闭情况，另一方面是灭火介质来源受限，不可以持续灭火。卤代烃类气体灭火系统的优缺点见表 5-2。

表 5-2　　　　　　　　　　　　　卤代烃类气体灭火系统的优缺点

| 优　　点 | 缺　　点 |
| --- | --- |
| 适用范围广，适用于任何一种防护区类型，对中、小空间场所的保护具有技术和经济方面的优势 | 在灭火过程中产生的热腐蚀产物（如 HF）容易对精密仪器造成损害，气体喷放后需要及时开启排风系统 |
| 灭火效率高，其单位体积防护区空间所用气量要远低于通过物理作用达到灭火目的的其他灭火剂，该类系统储气量较少，单个气瓶占用的面积较少，是惰性气体类灭火系统的 1/2 | 卤代烷灭火剂与哈龙气体都属于氟系列的灭火剂，在大气中存活时间长，同时温室效应值高，不利于环保 |
| 前期造价较低，在规模小、防护区集中的车站，在造价上有一定的优势，与惰性气体灭火系统比较，造价比约为 3∶4 | 灭火介质单价高，占初期投资比例高，维护充装费用要高于惰性气体灭火系统 |

（2）惰性气体类灭火系统。惰性气体类灭火系统主要靠物理窒息作用将防护区内的氧气浓度降低至不支持燃烧的范围而达到灭火的目的。影响其灭火效果的主要因素与其他气体灭火系统相同，一方面是防护区封闭情况，另一方面是灭火介质来源受限，不可以持续灭火。目前最常见的有三种，即氮气、烟烙尽 INERGEN（IG-541）和氩气。惰性气体灭火介质取自于大气，属环保型灭火剂。惰性气体类灭火系统的优缺点见表 5-3。

表 5-3　　　　　　　　　　　　　惰性气体灭火系统的优缺点

| 优　　点 | 缺　　点 |
| --- | --- |
| 是纯天然的洁净气体灭火剂，使用它灭火时，只是将气体放回大自然中去，不会对大气臭氧层产生任何破坏作用，是真正的绿色环保灭火剂 | 高达 15MPa（20MPa）的储存压力使系统对各产品部件的承压标准、密封效果、输送管道的施工质量及维护管理提出了较高的要求 |

| 优　　点 | 缺　　点 |
| --- | --- |
| 在灭火过程中无任何分解物，平时以气态储存，喷放时不会形成浓雾或造成视野不清，使人员在火灾时能清楚地分辨逃生方向 | 以窒息的物理作用灭火，设计浓度高，气瓶数量多 |
| 系统保护距离较长，一般在车站两端各设置一个气瓶室即能满足消防系统要求，建筑布置灵活，能充分体现组合分配式系统的优点 | 惰性气体单个气瓶室占用的面积相对卤代烷灭火系统大，虽然总的气瓶室数量少，但气瓶室占用的总面积与卤代烷灭火系统相差无几 |
| 维护充装费用要低于卤代烃类气体灭火系统 | 灭火时会产生较高正压，所以对防护区结构要求较高 |

（3）气体灭火系统使用。当发生火灾时，气体灭火系统进入异常状态，即进入工作状态，正常情况的操作步骤如下。

第一步：FAS工作站或FAS主机产生火灾报警，作业人员进行现场火灾确认。

第二步：确认为火灾误报警，作业人员进行消音处理后向维调报告故障。

第三步：气体灭火保护区发生可控制火灾时由作业人员进行灭火处理。

第四步：气体灭火保护区发生不可控制火灾时先确认保护区内无作业人员，门体锁闭；后由FAS主机操作人员将手/自动转换按钮切换到自动位置，按压火灾确认按钮，气体灭火系统将启动喷洒。

若自动状态下，气体灭火系统未启动喷洒，由客运人员、安保人员前往气体灭火保护区，按压保护区外墙体上的紧急启动按钮，气体灭火系统将启动喷洒。

（4）气体灭火系统维护。气体灭火系统处于正常工作状态时，专业人员每天都需要对系统进行维护，维护方法如下。

1）车站车控室、车辆段消防控制室内FAS主机手/自动转换按钮由客运人员、安保人员确保处于手动位置（FAS主机自动联动状态工作指示灯熄灭）。

2）气瓶间钢瓶控制盘手/自动转换按钮由FAS及气体灭火专业人员确保处于自动位置，严禁其他作业人员操作。

3）作业人员进行作业时，无需将气瓶间内对应气体保护区钢瓶控制盘手/自动转换按钮切换到手动位置。

4）作业人员进入气体灭火保护区时，必须将保护区门体常开，不得关闭，离开气体灭火保护区时，确认房间内无人，将门锁闭。

2. 细水雾灭火系统

使用经过特殊构造的细水雾喷嘴，通过水与雾化介质作用而产生水微粒，水微粒受热蒸发产生体积急剧膨胀的水蒸气（大约1700倍）。上述过程一方面冷却燃烧反应，另一方面，大量产生的水蒸气能降低封闭火场的氧浓度，起到窒息燃烧反应的作用，达到双重物理灭火的效果。细水雾灭火系统的优缺点见表5-4。

**三、消防栓**

每座车站及相邻区间隧道的消火栓系统由消火栓泵、管道、若干消火栓箱组成。

**表 5-4** 　　　　　　　　　　　　　　**细水雾灭火系统的优缺点**

| 优　　点 | 缺　　点 |
|---|---|
| 灭火介质水源容易获取，灭火的可持续能力强 | 灭火速度较气体灭火系统慢 |
| 优良的火情抑制能力，既起冷却作用又有效隔绝辐射热 | 系统选型和设计受水雾本身和被保护对象的影响大，个性化要求高 |
| 有效去除火灾区域内的烟气 | 灭火介质为水，这样对保护区电源系统的要求也较高 |
| 可承受一定限度的通风，对防护区密闭要求相对较低 | 系统喷放后对电子、电气设备造成的二次危害程度，需要通过实体火灾试验来确定 |
| 无浓度方面的限制，对人体无害，环保性能高 | |
| 既可局部应用，保护独立的设备或设备的一部分，又可作为全淹没系统，保护整个防护区 | |
| 对大、中空间场所的保护具有技术和经济方面的优势 | |

车站内消火栓：车站内每隔 45m 设置一只消火栓箱，箱高 1.8m、宽 1.2m。箱内配有双头双阀消火栓一只、水带两盘、多功能水枪两只、消防电话插孔和水泵启动按钮，箱门面板上还装有手拉报警装置。

隧道内消火栓：区间隧道内消火栓水源来自相邻两座车站，其消防水管与相邻车站管道贯通。隧道内每隔 45m 设置一只消火栓箱，箱 0.9m、宽 1.2m。箱内配有双头阀消防栓、水带、水枪、消防电话插孔和水泵启动按钮。

消防栓的使用步骤如图 5-12 所示。

**实训模块**

**一、实训任务描述**

当车站发生火灾，需要通过 FAS 控制消防联动设备进行消防救灾工作，车站主要消防联动设备有哪些？如何实现应急控制？完成这一任务。

**二、相关资料及资源**

相关资料：

(1) 教材《城市轨道交通车站设备》学习单元五。

(2)《FAS 使用说明书》。

(3) 教学课件。

相关资源：

(1) FAS 仿真平台。

(2) 教学课件。

**三、任务实施说明**

(1) 学生分组，每 8～10 人为一小组。

(2) 小组进行任务分析。

(3) 资料学习。

(4) 现场教学。

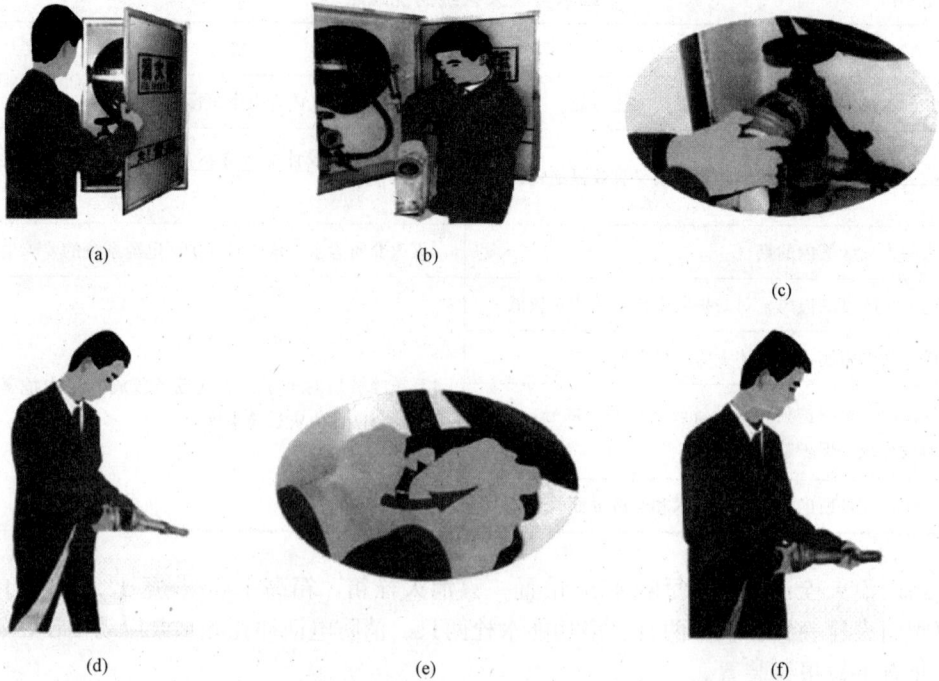

图 5-12　消防栓灭火步骤示意图

(a) 打开消防双箱；(b) 取出消防水带，向着火点展开；(c) 水带一端接水源；
(d) 水带另一端连接水枪；(e) 打开水源阀门；(f) 手握水枪头及水带，对准火源灭火

（5）小组学习消防联动设备种类、功能，FAS 的控制方式等。

（6）小组成员配合完成相应工作，并进行检查。

（7）小组合作，讨论过程，进行讲解演练，小组成员补充优化。

**四、任务实施注意事项**

（1）必须阅读《FAS 使用说明书》相关内容。

（2）进行处理工作时，应确保安全，包括人身和设备安全。

（3）遇到问题时小组进行讨论，可以让老师参与讨论，通过团队合作获取问题的解决。

（4）注意成本意识的培养。

# 任务三　火灾时乘客导向及疏散

**学习目标**

（1）了解火灾时乘客疏导的注意事项。

（2）掌握火灾时乘客疏导的方法。

（3）会制订火灾时乘客疏导方案。

（4）能在发生火灾时有条不紊地疏导乘客。

**学习任务**

火灾时乘客导向及疏散。

**教学环境**

城市轨道交通实训场，城轨交通车站。

**教学设施**

导向标志等。

**理论模块**

**一、乘客疏导注意事项**

（1）发现火情处于初起阶段，允许"先处置，后报告"，合理选用车站配备的消防器材，尽可能将火情遏制在初起阶段。

（2）执行灭火行动人员需根据火势穿戴消防装备（不含消防过滤式自救呼吸器）。

（3）执行紧急疏散时，尽可能稳定乘客情绪，要特别关注老、幼、残等人士，防止踩踏等次生灾害事件发生。

（4）执行紧急疏散时，安排人员就地关闭站台至站厅下行站内客运设备，组织乘客疏散。

**二、乘客疏导方法**

1. 处置级别定义

（1）一级处置：仅局限于火情能直观确认在小范围内，周边无可燃物品，可判定火势无法蔓延，现场烟雾较小，能立即扑灭。

（2）二级处置：现场火势猛烈或燃烧产生的烟雾较大（含燃烧部位不明确，无法现场判断），对乘客造成影响；火情事件导致乘客恐慌，并自行疏散。

（3）三级处置：发生纵火/爆炸等袭击事件、火灾已蔓延至轨行区或相邻防火分区。

2. 乘客疏导方法

（1）一级处置：疏散事发区域周边乘客，直接对火势进行扑救，向车控室/OCC报告，根据情况启动站台火灾排烟模式，不需启动车站紧急疏散程序，不影响行车组织，不需向外单位执行信息通报程序。

（2）二级处置：疏散事发区域周边乘客，并组织人员对火势实施扑救，启动车站紧急疏散程序，车站临时关闭，乘客疏散完毕后，根据现场情况执行员工疏散程序，列车不停站通过事发车站，执行相应信息通报程序。根据公安部门或抢险救援领导小组指令恢复车站运营。

车站紧急处置流程：疏散周边乘客——现场扑救——启动站台火灾排烟模式——启动车站紧急疏散程序——报110/120——事发车站临时关闭。

（3）三级处置：立即启动车站紧急疏散程序，启动站台火灾排烟模式，并对事故现场实施控制（阻止火势蔓延），避免事态恶化，事发车站临时关闭，乘客疏散完毕后，立即执行员工疏散程序，事发车站所在区间停运，组织小交路运行，执行相应信息通报程序。根据公安部门或抢险救援领导小组指令恢复车站运营。

车站处置流程：车站紧急疏散——启动站台火灾排烟模式——对现场实施控制——报110/120——事发车站临时关闭（区间停运）。

### 实训模块

#### 一、实训任务描述

当车站发生火灾，FAS须控制消防联动设备进行消防救灾工作，所以消防联动设备能够在任何情况下都能正常工作。作为车站站务人员，需要定期进行消防联动设备检查，确保设备能够正常使用。完成这一任务。

#### 二、相关资料及资源

相关资料：

（1）教材《城市轨道交通车站设备》学习单元五。

（2）《消防联动设备使用说明书》。

（3）教学课件。

相关资源：

（1）FAS仿真平台；消防联动设备。

（2）教学课件。

#### 三、任务实施说明

（1）学生分组，每8～10人为一小组。

（2）小组进行任务分析。

（3）资料学习。

（4）现场教学。

（5）小组学习消防联动设备种类、功能，FAS的控制方式等。

（6）小组成员配合完成相应工作，并进行检查。

（7）小组合作，讨论过程，进行讲解演练，小组成员补充优化。

#### 四、任务实施注意事项

（1）必须阅读《消防联动设备使用说明书》相关内容。

（2）进行处理工作时，应确保安全，包括人身和设备安全。

（3）遇到问题时小组进行讨论，可以让老师参与讨论，通过团队合作获取问题的解决。

（4）注意成本意识的培养。

学习单元六

# 环境与设备监控系统的使用

环境与设备监控系统，英文简写为 EMCS，我国地铁规范称其为 BAS。《地铁设计规范》（GB 50157—2013）标准中正式将该系统命名为"Building Automatic System（BAS），环境与设备监控系统"，并对其定义为："对地铁建筑物内的环境与空气调节、通风、给排水、照明、乘客导向、自动扶梯及电梯、站台门、防淹门等建筑设备和系统进行集中监视、控制和管理的系统"。

## 任务一　环控系统认知

**学习目标**

（1）了解环境与设备监控系统的结构。
（2）掌握环境与设备监控系统的组成。
（3）会读取环境与设备监控系统的组成结构图。

**学习任务**

环控系统认知。

**教学环境**

城市轨道交通实训场，城轨交通车站。

**教学设施**

BAS 结构图。

**理论模块**

### 一、环控系统结构

从 BAS 系统的中文名字即可看出，其被控设备从工艺作用方面可划分为两类，即环控系统工艺设备和地铁建筑附属其他机电设备，如图 6-1 所示。

BAS 从系统组成角度而言包括中心 BAS 系统、车辆段 BAS 系统和车站 BAS 系统，如果设置集中冷站，则还包括集中冷站 BAS 系统。完整的 BAS 系统或完整的 BAS 功能系统是个以骨干网为基础的、地理上分散的、分层分布式系统结构的大型 SCADA 系统，从逻辑

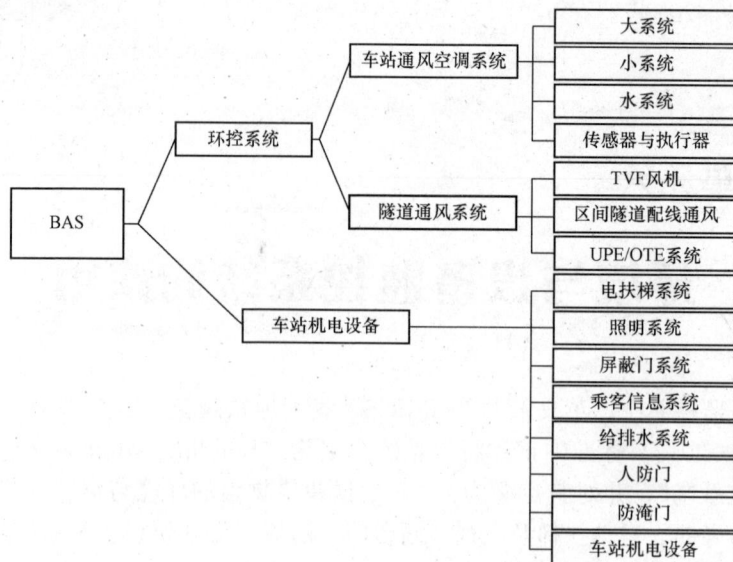

图 6-1　BAS 系统的控制范围及相互关系

上讲，硬件系统纵向包括三个层次，如图 6-2 所示。

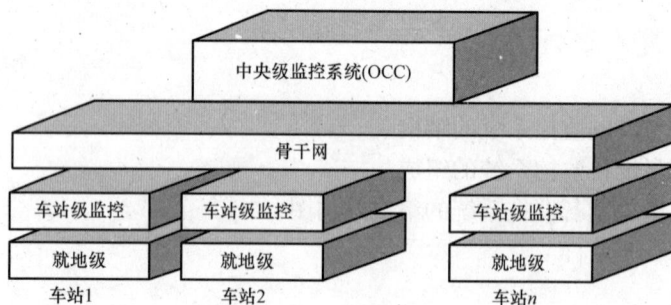

图 6-2　BAS 系统构成图

**二、环控系统设备**

环控系统设备主要是车站和隧道的通风空调系统，包括车站通风空调系统和隧道通风系统。

1. 车站通风空调系统

（1）公共区通风空调系统设备。此类设备组成的通风系统习惯称为"大系统"，同时兼作车站公共区排烟系统。一般由组合式空调机组、空调新风机、回排风机、消声器、电动组合风阀、多叶调节阀、防/排烟防火阀、新风井、风道、混合室和风管等部分组成。BAS 的控制对象是组合式空调机组、空调新风机、回排风机，各类电动风阀。这些设备一般都是两态设备，而回排风机有时也设计成三态设备。风阀一般被设计工作在不可调节的固定开度。

大系统主要设备一般集中、对称地分布于车站站厅层两端的环控通风机房，机房内一般分别设置一台或两台组合式空调机组；每台机组对应一台回/排风机；车站每端设置一台空调小新风机，提供车站公共区小新风工况的新风量。大系统结构如图 6-3 所示。

（2）车站设备与管理用房通风空调系统设备。小系统指车站设备管理用房通风空调系统（兼排烟系统）。由空气处理机、送风机、回排风机、排风机、消声器、（耐高温）多叶调节

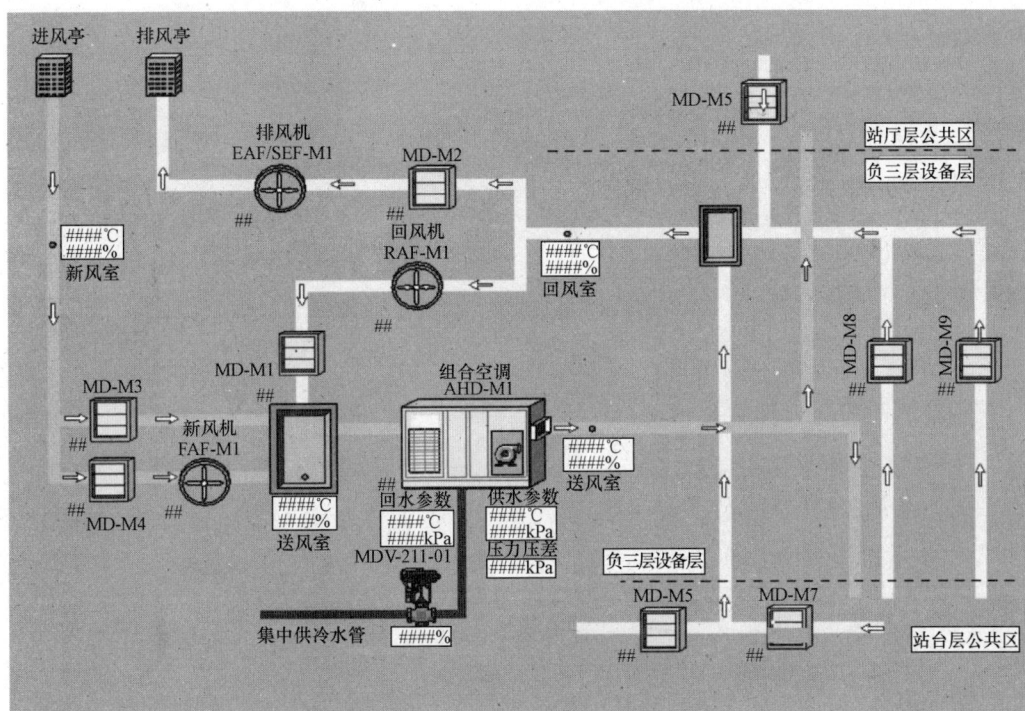

图 6-3　大系统结构

阀、防/排烟防火阀、风管等部分组成。BAS 的控制对象是空气处理机、送风机、回排风机、排风机、各类电动风阀。小系统设备一般位于车站站厅层两端的环控机房和小系统通风机房内。小系统结构如图 6-4 所示。

（3）空调水系统设备。指车站制冷空调循环水系统，由冷水机组、冷冻泵、冷却泵、冷却塔、集水器、分水器、膨胀水箱、二通调节阀、输水管道等设备器件组成。BAS 的监控对象是冷水机组、冷冻泵、冷却泵、冷却塔、差压调节阀、二通调节阀等，测点是冷冻水供回水温度、冷却水供回水温度等。

供冷方式又分为集中供冷和分站（独立）供冷。集中供冷是地铁沿线设置一到多个集中冷站，每个冷站负责多个车站的冷量供应。独立供冷是在车站内部设置一个冷站，并只负责本站的冷量供应。对于独立供冷，车站站厅层一端设置一座冷冻机房，用于安放冷水机组、冷冻泵、冷却泵、分水器和集水器设备，地面安放冷却塔和膨胀水箱。

水系统为车站公共区及车站设备管理用房空调器提供冷源，冷源是冷冻水。水系统由两个循环组成，即冷冻水循环和冷却水循环。BAS 的调节点一般是末端装置及调节阀。空调水系统结构如图 6-5 所示。

（4）各类传感器、执行器。这些设备主要是用于环控系统，如用于检测空气参数的温、湿度传感器（分室内、室外及风管式）、二氧化碳浓度传感器等。空调水系统用的压力、压差传感器、变送器，电磁流量计，水管式温度计，感温元件一般是 PT1∞ 或 PT500 的热电阻，经变送器转换为标准 0～5V 信号。这些设备一般输出 0～5V 或 4～20mA 标准信号。执行器是用来调节二通阀、压差、调节阀开度的，可接收 0～5V 的控制信号。这些设备直接通过 I/O 同 BAS 接口。

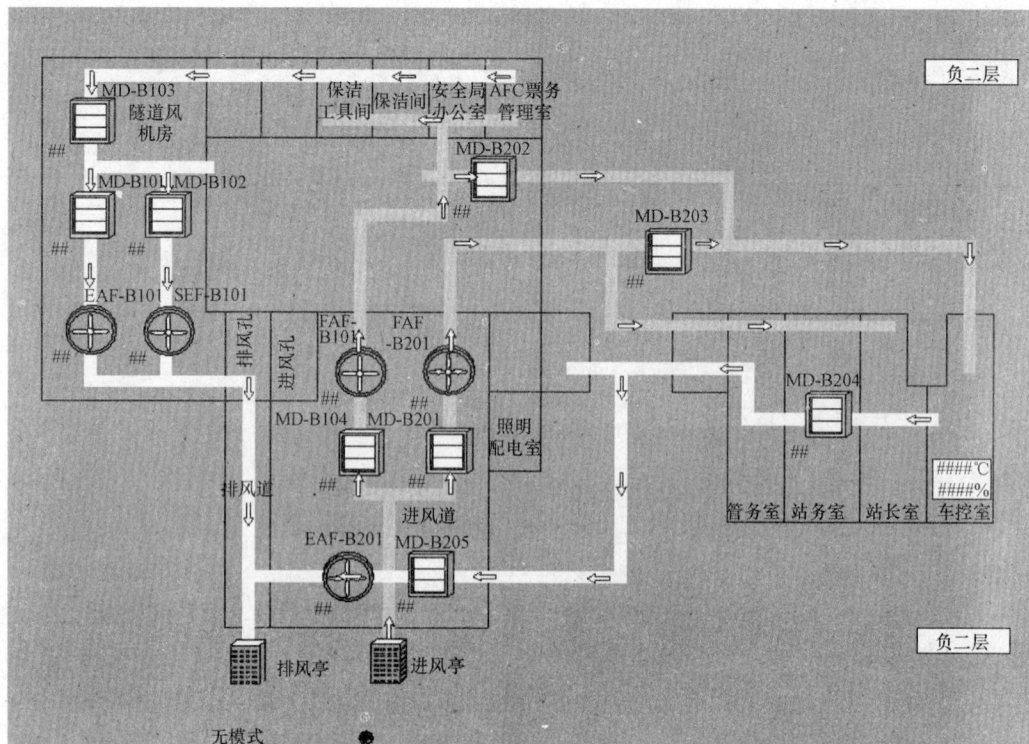

图 6-4　小系统结构

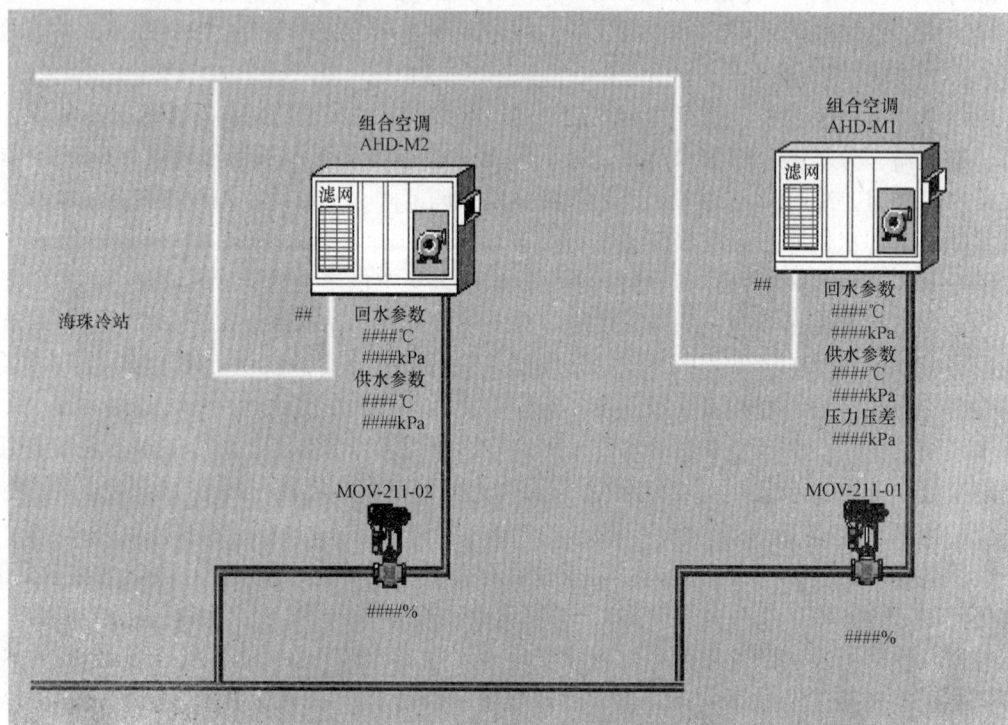

图 6-5　空调水系统结构

2. 隧道通风系统设备

这类设备的作用域是隧道，包括区间隧道和车站隧道。它们在正常运营情况下用于排热换气，灾害情况下用于定向排烟、排热和送新风。这些设备一般包括：①区间隧道风机（TVF），安装位置多在车站站台层两端头、长区间隧道的中部；②配线隧道风机，安装于配线隧道内、隧道交汇处；③车站隧道风机（风机轨道上排风 OTE 和站台下排风 UPE），一般位于车站站厅层两端；④相关组合风阀，多在各种风机、风井附近；⑤隧道洞口的风幕机等。

区间隧道风机、射流风机是三态设备——正转、反转和停止，并附有多个状态反馈点。车站隧道风机一般也是三态设备——高速、低速和停止，并附有多个状态反馈点。其他均为两态设备。

（1）TVF 系统。指区间隧道活塞风与机械通风系统（兼排烟系统），由分布于车站两端的 TVF 风机、消声器、电动组合风阀等设备构成，构筑物包括分布于车站两端的风道、风井、风亭等。BAS 控制对象是 TVF 风机和与之配合使用的电动组合风阀。

（2）区间隧道配线通风系统。指列车出入线、联络线、存车线、折返线、渡线和中间风井等，BAS 的控制对象是分布于上述地方的射流风机和电动组合风阀。

（3）UPE/OTE 系统。指车站范围内、站台门外站台下排热和轨道顶部排热系统，由 UPE/OTE 风机、风道、风井、风亭等组成，风机一般位于车站站厅层的两侧。BAS 的控制对象是 UPE/OTE 风机。

3. 给排水设备

给排水设备包括两类设备，即电动蝶阀和水泵，模型如图 6-6 所示。具体分类如图 6-7 所示。

(a)　　　　　　　　　　　　　　(b)

图 6-6　电动蝶阀和水泵

4. 照明与导向指示

照明一般包括工作照明、广告照明、出入口照明、区间照明、事故照明电源及与消防无关的电源等，如图 6-8 所示。

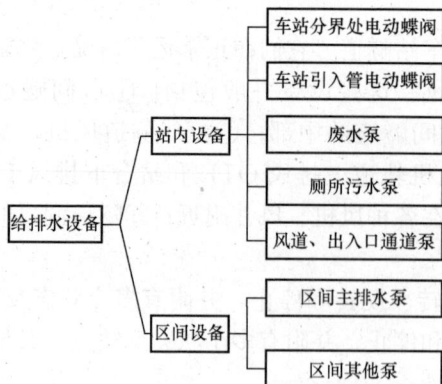

图 6-7　给排水设备

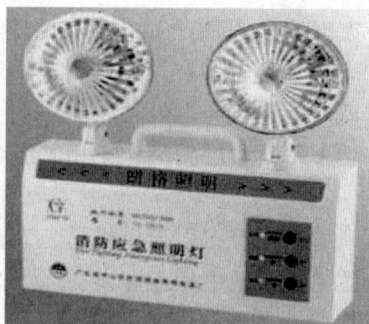

图 6-8　照明设备

5. 电梯与自动扶梯

属于车站公共区的配套设备，一般位于车站公共区和出入口处。

6. 站台门

如果环控系统采用站台门制式，站台门控制系统一般纳入 BAS 的监控和管理范围。

站台门安装于站台层、站台和隧道的交界处，用以隔离车站和隧道，当没有列车停靠站台时，站台门处于关闭状态；当有列车停靠时，站台门将随着车厢门同时打开或关闭。站台门自成系统，由专用控制器控制。其控制器通过串口方式接口车站通信控制器，从而接入车站局域网。

7. 人防门

人防门一般位于隧道内，平时常开，BAS 通过 I/O 接口对其只监视，不控制。

8. 防淹门

一般在过江或湖泊的隧道内设有防淹门，同样 BAS 将通过 I/O 接口监视其状态。

**三、设备分布特点**

BAS 的被控对象与其他系统相比不仅数量多且分布极其不规则，几乎遍布整个地铁建筑物的各个地方，这种分布上的客观情况决定了 BAS 的实施、调试及维护的难度。解决此难点需分析这些设备的分布特点，找出规律。BAS 所控设备的分布特点是：车站两端是环控系统设备的集中安装地，如风机房、冷水机房等，而其他设备除站内客运设备、排水设备、站厅站台的空气参数传感器等分布不规律外，基本上都集中在车站两端的不同位置。了解和确定设备分布特点是进行系统设计的前提。

**四、系统功能**

1. 监控功能

（1）监视全线车站、车辆段、控制中心大楼的通风空调系统、给排水系统、配电照明系统、站内客运设备等设备。

（2）区间隧道通风系统设备进行正常模式控制及事故灾害模式控制（含阻塞模式），并可对隧道通风设备点动控制。

（3）根据地铁运行环境及车站其他系统的监控要求，可修改和增加控制模式时间表内容，并可修改环境参数预设值。

（4）可控制机电设备模式和时间表，用以监视、记录各车站站厅、站台和管理设备用房的温度、湿度等环境参数。

2．正常显示功能

（1）在环调工作站进行车站综合画面、车站机电设备分类画面、环控模式等显示。

（2）在综合显示屏指定区域显示区间隧道风机的工作状态、区间水位状态等。

3．故障显示功能

（1）对环境与设备监控子系统故障进行报警。

（2）各类报警应具有声光报警、报警画面弹出和确认。

4．运营统计功能

（1）对操作、报警等进行实时记录、历史记录；历史记录保存 1 年。

（2）进行故障查询，可自动生成日、周、月的报表；进行档案资料的记录和存储。

（3）能打印接入设备数据统计报表、操作和报警记录。

（4）利用不同的操作密码，实现不同级别的操作权限。

### 实训模块

#### 一、实训任务描述

通过对 BAS 的学习，了解 BAS 由哪几部分组成、BAS 如何对车站机电设备进行控制。以小组为单位，完成制作 BAS 控制原理 PPT。

#### 二、相关资料及资源

相关资料：

（1）教材《城市轨道交通车站设备》学习单元六。

（2）《BAS 使用说明书》。

（3）教学课件。

相关资源：

（1）BAS 仿真平台。

（2）教学课件。

#### 三、任务实施说明

（1）学生分组，每 8～10 人为一小组。

（2）小组进行任务分析。

（3）资料学习。

（4）现场教学。

（5）小组学习 BAS 的作用、BAS 的组成、BAS 的工作原理等。

（6）小组成员配合完成相应工作，并进行检查。

（7）小组合作，讨论过程，进行讲解演练，小组成员补充优化。

#### 四、任务实施注意事项

（1）必须阅读《BAS 使用说明书》相关内容。

（2）进行处理工作时，应确保安全，包括人身和设备安全。

（3）遇到问题时小组进行讨论，可以让老师参与讨论，通过团队合作获取问题的解决。

（4）注意成本意识的培养。

# 任务二 环控系统控制

（1）了解环控系统的控制方法。

（2）掌握 IBP 盘的使用方法。

（3）能熟练使用 IBP 盘。

**学习任务**

环控系统控制。

**教学环境**

城市轨道交通实训场，城轨交通车站。

**教学设施**

BAS，IBP 盘。

**理论模块**

## 一、环控系统的控制模式

环控系统有三级控制模式，分别是中央级监控、车站级监控及车站就地级控制。

1. 中央级监控系统

主要位于 OCC，由中央实时服务器、中央历史服务器、操作员工作站、工程师工作站、打印设备、网络设备、大屏幕或模拟显示设备等计算机及网络硬件构成，软件则包括操作系统、大型数据库、系统应用软件、应用软件开发与维护平台、网管软件、其他辅助软件等。另外，有的地铁线在车辆段设置具有后备功能的中央级监控系统，其组成大体和 OCC 一致，只是配置上略少于 OCC，平时主要用于维护，紧急情况下可接管 OCC 的功能，目前该种方式在其他专业子系统中有应用，而在 BAS 中还较少应用，从目前世界上运营的地铁线路看，其必要性并非很大。监控界面如图 6-9 所示。

2. 车站级监控系统

车站级监控系统位于车站，以车站监控工作站、PLC 控制器为基础，具体包括车站监控局域网、打印机、后备操作盘等设备。车站级监控界面如图 6-10 所示。

3. 就地级控制

位于车站各就地监控点或数据采集点，具体包括各类传感器、执行器、远程 I/O 模块、接口模块或装置等。

同时 BAS 在横向又呈分布式的集散型结构，包括两个方面：各个车站的 BAS 因为车站沿地铁线路呈地理上分布式结构，因此整个 BAS 也是以车站 BAS 为单位的地理上分散的 SCADA 系统。另外在车站，根据设计规范的要求，车站 BAS 由多个控制器和统一的监控设备构成一个集散型系统（DCS）。

图 6-9　BAS中央级监控

图 6-10　BAS车站级监控

软件结构则同大多数的 SCADA 系统相同,包括数据接口层、数据处理层和人机接口层。

(1)数据接口层(或通信层)。运行于各 PLC 控制器中的智能接口模块。数据接口层通过异步串行通信(RS-422、RS-485、RS-232)或以太网连接并管理所有外连系统或设备。

(2)数据处理层。此软件层以监控软件和其专用实时数据库为基础,通过其 UO 服务同各控制器进行数据交换，应用其专业历史数据库处理历史数据，并提供 ODBC 接口，实现同关系型数据库的数据交换。

（3）人机界面层。基于 Windows，并通过内部软件总线从实时和历史库获得数据和服务，实现用户友好的信息显示和方便的操作。

上面已经提到，根据设计规范的要求，车站 BAS 是一个集散型系统。对于一个具备完整意义的车站 BAS，它由多个控制器和统一的监控设备构成，根据系统的控制范围的性质不同、控制设备的分布特点及工艺需求，典型的车站 BAS 的结构如图 6-11 所示。

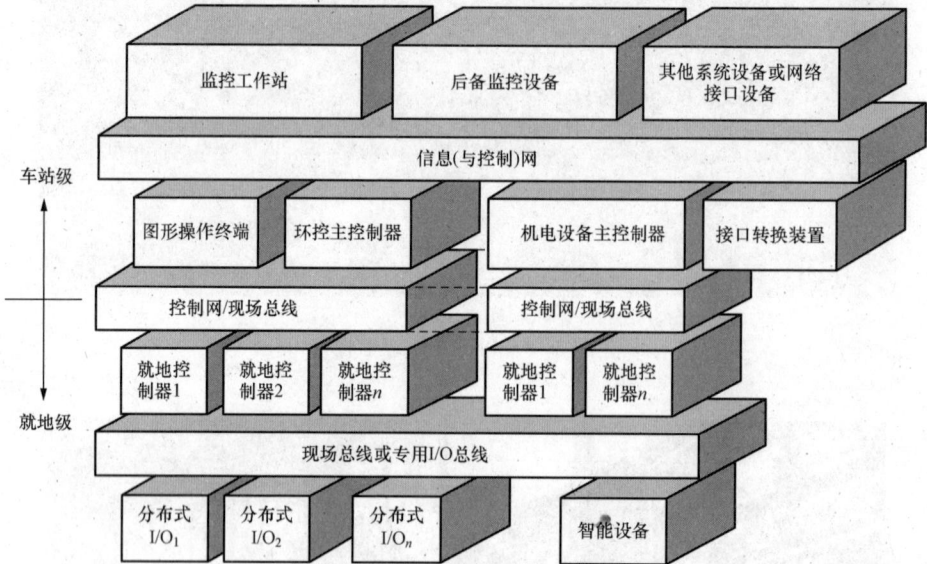

图 6-11　车站 BAS 系统构成图

通过图 6-11 可知，车站 BAS 结构又可以根据各种控制设备所承担的任务及网络细分为三个层次：监控层、控制层、接口层。其中，监控层由车站监控工作站、后备操作盘构成。控制层包括各种控制器、通信控制器。接口层则指分布于现场的各种 UO 接口及其他智能接口设备。需要说明的是，有时 I/O 接口和控制器是集成在一起的，因此控制层与接口层的物理界线并非很明显，这里主要从逻辑角度理解。

从 BAS 整体层次而言，由车站系统的监控层及控制层部分控制器构成 BAS 车站级，由其他构成 BAS 就地级。上述结构是通常的结构方式，在实际设计中，可以根据车站的大小、车站的性质、系统控制规模和控制器的具体情况灵活处理，如有时也将信息网与控制网合并组成信息与控制网，在该网上既有监控数据又有实时数据。又如利用现场总线作为一层控制网使用，分布式 I/O 和控制器共享一个网络平台，上面不光传送 I/O 数据还有控制器间的通信数据。值得一提的是，利用不同厂家的控制设备，选择不同的现场总线或网络将构建出不同结构，但逻辑层次并没有发生太大的变化。

**二、系统网络**

网络通信是构成 BAS 的主要环节，是支撑 BAS 三层结构、传递 BAS 各种数据的基础平台。构建车站 BAS，网络是关键。

1. 车站监控网

车站监控网一般选择以太网，符合 IEEE 802.3（U）规约。拓扑结构为星型或环型。目前，一般选择交换式快速（百兆）以太网。随着以太网环网技术的成熟，其产品已经用于工业控制系统中。世界上已经有多个厂家生产工业级的以太网交换机，交换机支持环型、星型及混合型结构，并可提供基于协议和端口的 VLAN 功能。有些 PLC 厂家已经将工业以太网作为一种控制与信息网一体化的解决方案。

2. 控制网

控制网是指用于控制器之间传递实时数据的网络，在应用中以 PLC 制造厂商提供的专用网络较多。控制网的特点是可靠性高，冗余措施较完备，实时性和确定性一般通过特殊的协议及传输机制加以保证，因此对时间有苛刻要求的数据和控制器之间的联锁信息适合在这类网上传输。

由于 BAS 的各控制器分布在车站的两端，因此连接这些控制器的网络线缆将跨越车站，且通信距离相对较长，考虑系统的可靠性和抗干扰性，该网络多采用冗余配置的环网拓扑结构，介质为光纤，冗余配置的网络线缆最好选择不同的敷设路径，以提供系统的可靠性。

### 实训模块

**一、实训任务描述**

运营期间，会遇到在日常非高峰期出现大量客流，而本着成本控制的原则，在客流量较少时，车站环控系统的工作按照客流较少的标准运行。但是由于大客流的出现，车站环控设备不能满足突发客流工况要求。

**二、相关资料及资源**

相关资料：

（1）教材《城市轨道交通车站设备》学习单元六。

（2）《环控设备说明书》。

（3）教学课件。

相关资源：

（1）BAS 仿真平台及环控设备。

（2）教学课件。

**三、任务实施说明**

（1）学生分组，每 8～10 人为一小组。

（2）小组进行任务分析。

（3）资料学习。

（4）现场教学。

（5）小组学习环控系统结构、环控系统组成、环控系统设备功能等。

（6）小组成员配合完成相应工作，并进行检查。

（7）小组合作，讨论过程，进行讲解演练，小组成员补充优化。

**四、任务实施注意事项**

（1）必须阅读《环控设备说明书》相关内容。

（2）进行处理工作时，应确保安全，包括人身和设备安全。

（3）遇到问题时小组进行讨论，可以让老师参与讨论，通过团队合作获取问题的解决。

（4）注意成本意识的培养。

# 任务三 车站空调通风系统

**学习目标**

（1）了解空调通风的作用。

（2）掌握空调通风设备的工作过程。

**学习任务**

空调通风。

**教学环境**

城市轨道交通实训场，城轨交通车站。

**教学设施**

风机。

**理论模块**

地下车站只有出入口、风井、排风口、隧道洞口与外界连通，是个相对封闭的空间，另外，有常年的热源——运行的列车、人员、设备，土壤的热惰性和活塞风也使车站环境较差。因此，必须要有人为干涉，才能使车站有适宜的环境和温度。

## 一、车站空调通风系统的功能

1. 设计目标

（1）站厅温度比室外空气计算温度低 2～3℃，且不高于 30℃；相对湿度为 45%～65%。

（2）站台温度比站厅低 1～2℃；相对湿度为 45%～65%。

（3）区间隧道夏季温度不高于 40℃。

2. 功能

车站空调通风系统主要有以下四个方面的功能。

（1）正常运行时降温、除湿。

（2）阻塞隧道时快速通风换气。

（3）对空气中的粉尘和有害物质及二氧化碳的过滤与处理。

（4）火灾及毒气等事故时，及时排除有害物质。

3. 分类

车站空调通风系统主要分为以下三种形式。

（1）开式系统：应用机械或"活塞效应"的方法使轨道内部与外界交换空气，利用外界空气冷却车站和隧道。

（2）闭式系统：站内通过空调系统供给满足乘客所需的新鲜空气量，并且可有效抑制区间隧道的活塞风对车站环境的影响。

（3）站台门式系统：站台门隔开站台与隧道，站内通过车站空调系统调节环境温度，隧道通风系统也能使隧道保持良好的环境。

三种不同类型的空调通风系统的特点及应用情况见表6-1。

表6-1　　　　　　　　　　　　三类车站空调通风系统比较

| 分　类 | 特　点 | 应　用 |
|---|---|---|
| 开式系统 | 适用于温度高于当地最热月份的平均且运量较大的轨道交通 | 早期有所应用、地面线车站应用 |
| 闭式系统 | 独立的车站空调系统和隧道通风系统两个系统 | 无站台门车站多采用此种系统，应用较广 |
| 站台门式系统 | 安全、节能、美观 | 应用越发广泛 |

## 二、车站空调通风系统的结构

车站空调通风系统主要由隧道通风系统和车站空调通风系统两部分构成，结构如图6-12所示。

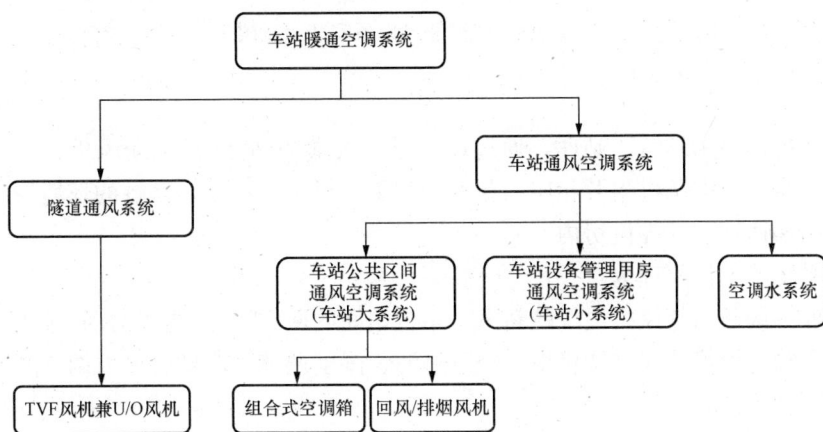

图6-12　车站空调通风系统结构图

1. 隧道通风系统

隧道通风系统作用于区间隧道与车站隧道，采用隧道风机（TVF风机）、推力风机、射流风机及相关电动风阀、风亭等设备来完成工作。安装位置如图6-13所示。

隧道空调通风系统的工作原理为：

（1）每天清晨打开隧道风机，进行冷却，检查设备。

（2）乘客滞留车站内时顺列车运行方向进行送—排机械通风，冷却列车空调冷凝器，保证乘客感觉舒适。

（3）火灾时启动风机排烟降温；隧道一段的隧道风机输送新鲜空气，另一段的隧道通风机从隧道排烟，引导乘客向气流方向撤离，消防人员顺气流方向抢救工作。

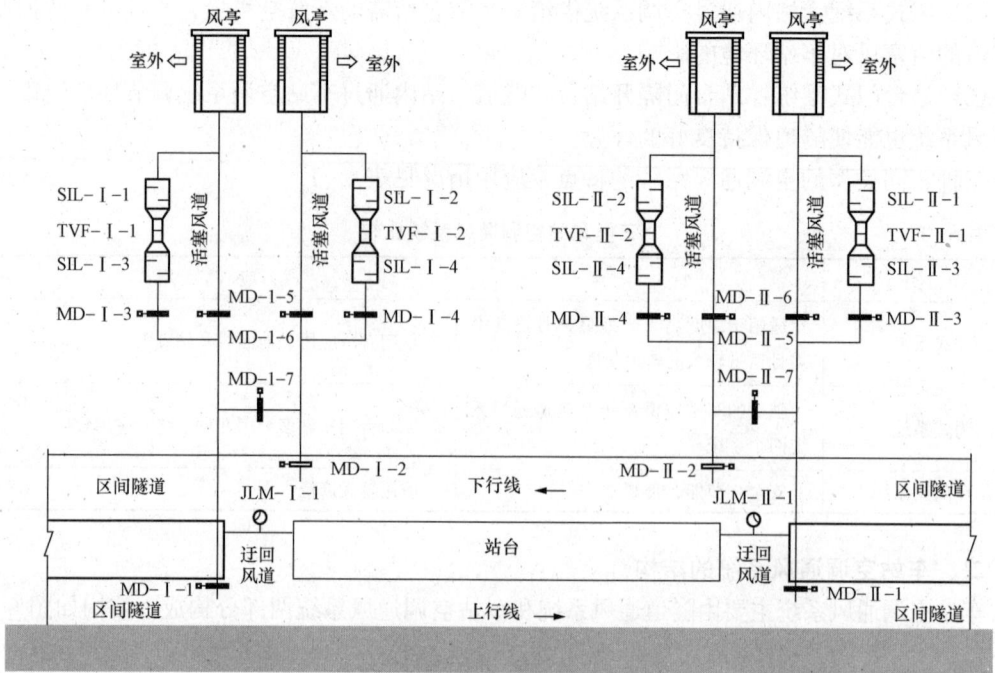

图 6 - 13　隧道通风设备安装示意图

2. 车站大系统

车站大系统作用于站台、站厅，通过设于车站两端的站厅/台全新风机、站厅/台的回/排风机、站厅组合式空调机组及相应的各种风阀来完成站台和站台区域的环境控制，设备对称地分布在站厅两端的环控机房内。

车站大系统的工作原理为：

（1）与外界接通的新风机提供的新风＋站台站厅的回/排风机提供的回/排风——经过混合风室的混合输送给组合式空调机组，经过过滤、湿度调节、冷却、风力调节降风压后送到站台或者站厅。

（2）站厅火灾时，向站台层送风，停止向站厅层送风，站厅层进入排烟状态。

（3）站台火灾时，向站厅层送风，停止向站台层送风，站台层进入排烟状态（高速排烟）。

3. 车站小系统

车站小系统的作用区域为设备用房和管理用房，主要设备有轴流风机、柜式、吊挂式空调机组及各种风阀等，安装在相应的设备房内。

4. 空调水系统

空调水系统由冷冻水与冷却水系统构成，是提供冷源给车站空调，用冷却水系统带走热量，主要设备有组合式空调机组、风机盘管、冷水机组、水泵、冷却塔、水阀与管路。

空调冷冻水系统由车站冷冻站为空调大系统和小系统提供循环冷冻水的系统；空调冷却水系统——将车站产生的多余热量带走的系统，冷却水吸收热量后，通过冷却水泵送到室外高处的冷却塔降温后循环。

### 三、车站空调通风系统的控制方式

车站空调通风系统是三级控制模式，分别为中央级控制、车站级控制和就地级控制。

1. 中央级控制

中央级控制的设备有中央级工作站、全线隧道通风系统及车站暖通空调系统中央模拟显示屏等，设置在控制中心 OCC，能够实现的功能有：

（1）监视、控制全线通风空调系统。

（2）自动显示并记录相关情况。

（3）接收报警信息、触发灾害模式，指令暖通空调设备按灾害模式运行。

（4）接收区间堵车信息，对相应区间运行强制通风模式。

2. 车站级控制

车站级控制的主要设备有车站级工作站和紧急控制盘，设置在车站车控室。图 6-14 所示为某车站的紧急控制盘。

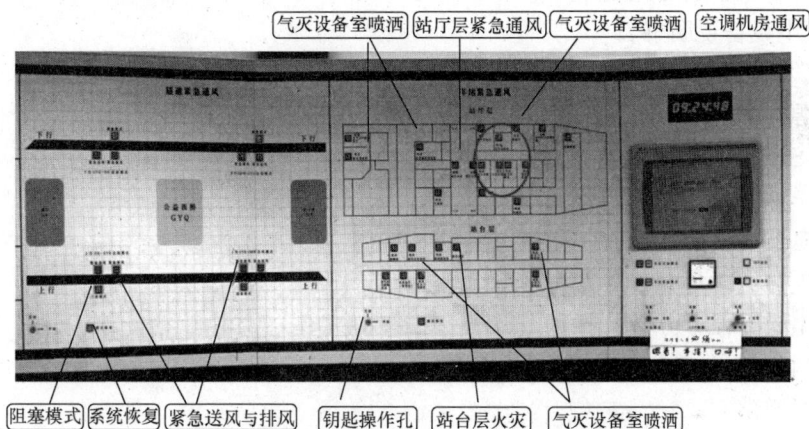

图 6-14　车站紧急控制盘

车站级控制能实现如下功能。

（1）在正常情况下，监视控制本站空调系统。

（2）节能、自动、灾害模式的改变和运行。

（3）火灾时，接收报警信息，进入灾害模式。

3. 就地级控制

就地级控制的优先级别最高，每种设备上或旁边均设有就地控制按钮，安装在环控电控室（个别在综控室）。图 6-15 所示为两个就地控制设备。

**实训模块**

### 一、任务描述

车站机电设备的操作都是多级别控制，作为站务人员，由于运营需要而改变设备运行计划时，要进行站级和就地级的机电设备控制，以改变机电设备运行状态。

### 二、相关资料及资源

相关资料：

(a)

(b)

图 6-15　就地控制设备

(a) 环控设备房控制箱；(b) 组合式空调机组就地控制盘

（1）教材《城市轨道交通车站设备》学习单元六。

（2）《机电设备说明书》。

（3）教学课件。

相关资源：

（1）BAS 仿真平台及机电设备。

（2）教学课件。

**三、任务实施说明**

（1）学生分组，每 8～10 人为一小组。

（2）小组进行任务分析。

（3）资料学习。

（4）现场教学。

（5）小组学习机电设备控制级别和操作方法、功能等。

（6）小组成员配合完成相应工作，并进行检查。

（7）小组合作，讨论过程，进行讲解演练，小组成员补充优化。

**四、任务实施注意事项**

（1）必须阅读《机电设备说明书》相关内容。

（2）进行处理工作时，应确保安全，包括人身和设备安全。

（3）遇到问题时小组进行讨论，可以让老师参与讨论，通过团队合作获取问题的解决。

（4）注意成本意识的培养。

## 学习单元七

# 乘客信息系统的使用

现代城市轨道交通系统的运营管理越来越注重对乘客的服务，越来越以对人的服务为中心。一些著名的地铁十分注重为乘客服务的乘客信息系统（Passenger Information System，PIS）的建设。特别是 2003 年，韩国大邱市地铁发生的火灾惨剧震惊了全世界，与地铁乘客息息相关的乘客信息系统摆在了重要的位置。地铁运营正从以车辆为中心的运营模式发展为以为乘客服务为中心的运营模式。

乘客信息系统的基本概念是指地铁运营商采用成熟可靠的网络技术和多媒体传输、显示技术，在指定的时间，将指定的信息显示给指定的人群。

乘客信息系统在正常情况下，可提供列车时间信息、政府公告、出行参考、股票信息、广告等实时多媒体信息；在火灾及阻塞、恐怖袭击等情况下，提供动态紧急疏散指示。PIS为乘客提供了上述各类信息，使乘客安全、高效地在地铁中行走，使地铁车辆高效、安全地运营。

## 任务一　乘客信息系统的认知

### 学习目标

（1）了解乘客信息系统的结构。
（2）掌握乘客信息系统的功能。
（3）会读取乘客信息系统结构图。

### 学习任务

乘客信息系统的认知。

### 教学环境

城市轨道交通实训场，城轨交通车站。

### 教学设施

PIS。

**理论模块**

## 一、系统构成

从控制功能上分，PIS 系统可分为四个层次，即信息源、中心播出控制层、车站播出控制层和车站播出设备。典型的 PIS 系统结构图如图 7-1 所示。

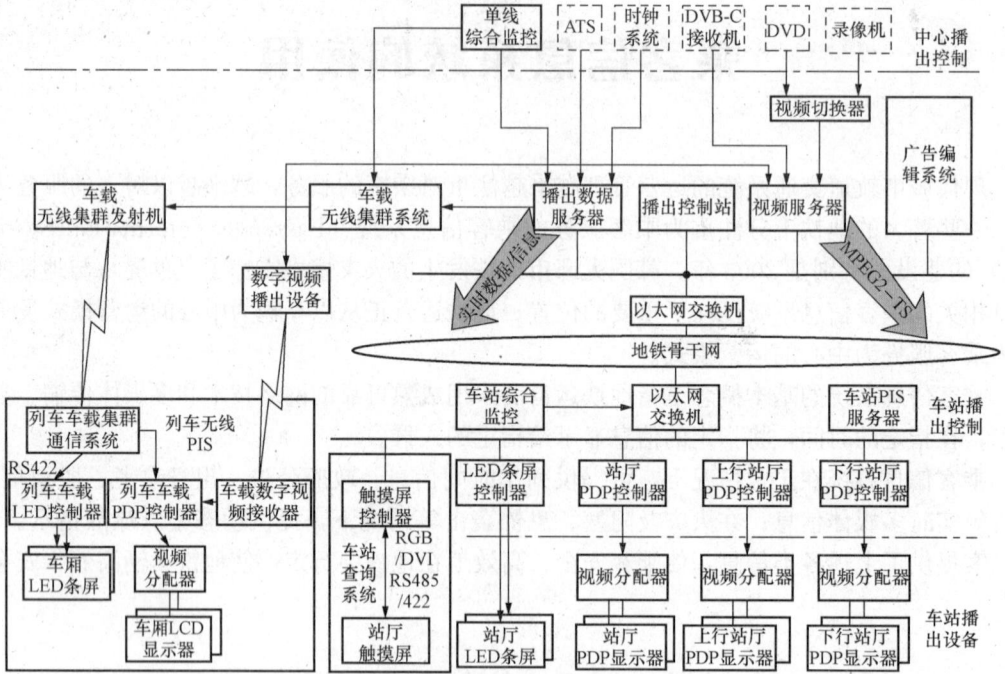

图 7-1 典型的 PIS 系统结构图

## 二、系统功能

PIS 在正常情况下，提供列车时间信息、政府公告、出行参考、股票信息、广告等实时多媒体信息；在火灾、阻塞、恐怖袭击等情况下，提供紧急疏散指示。下面介绍其具体功能。

1. 紧急疏散功能

（1）预先设定紧急信息：乘客信息系统可以预先设定多种紧急灾难告警模式，方便自动或人工触发进入告警模式。通过中心操作员工作站，操作员可以预先设定多种紧急灾难告警模式，如火警、恐怖袭击等，并设定每种模式的警告信息及各种警告发布参数。当指定的灾难发生时，由自动告警系统或人工触发，将 PIS 控制进入紧急灾难告警模式。此时，相应的终端显示屏显示发放乘客警告信息及人流疏导信息。

（2）即时编辑发布紧急信息：系统环境可能会发生非预期的灾难，并且需要 PIS 即时发布非预期的灾难警告信息，PIS 软件可以即时编辑发布紧急信息。通过中心操作员工作站或车站操作员工作站，操作员可以即时编辑各种警告信息，并发布至指定的终端显示屏。

2. 广告播出功能

系统可为地铁引入一个多媒体广告的发布平台，通过广告的播出，可以为地铁带来更多的广告收入。广告可以分为图片广告、文字广告和视频广告。广告的播出可以与其他各类信息同步播出，提高了系统的工作效率。

3. 多区域屏幕分割功能

等离子屏幕可根据功能划分为多个区域，不同区域可同时显示不同的各类信息。文字、图片和视频信息可分区域同屏幕显示，不同区域的信息可采用不同的显示方式，以吸引更多的观众。播出的版面可以根据地铁的不同需要而随时进行调整，各子窗口可以独立指定时间表。通过时间表的控制，每一子窗口可以单独用于显示列车服务信息、乘客引导信息、商业广告信息、一般站务信息及公共信息、多媒体时钟等，同时也可对某个信息进行全屏播放。播出区域可达到 10 个以上，极大地增加了信息的播出量，可以给观众耳目一新的感觉。

4. 实时信息的显示功能

屏幕上不同区域的信息可根据数据库信息的改变而随时更新。实时信息的更新可以采用自动的方式或由操作员人为地干预。实时信息包括新闻、天气、通告等。通过车站操作员工作站或中心操作员工作站，操作员可以即时编辑指定的提示信息，并发布至指定的终端显示屏，提示乘客注意。操作员可以设定实时信息是否以特别信息形式或者紧急信息形式发放显示，发放高优先的信息可以即时打断原来正在播放的信息内容，即时显示。

5. 时钟显示的功能

PIS 可以读取时钟系统的时钟基准，并同步整个时钟系统所有设备的时钟，确保终端显示屏幕显示时钟的准确性。屏幕可以在播出各类信息的同时提供显时服务和日期显示。在没有安装时钟的地方或任何希望在终端显示屏上显示时钟的地方，通过时间表可以设置终端显示屏的全屏或指定的子窗口显示多媒体时钟。时钟的显示可以为数字的显示方式，也可以显示为模拟时钟方式。

6. 终端显示屏的广泛兼容性

乘客信息系统软件能够良好地兼容多种显示设备，包括视频双基色 LED 屏、视频全彩 LED 屏、双基色 LED 图条屏、带触摸功能的 PDP 屏和其他各种 PDP 屏。另外本 PIS 也能良好支持 LCD 显示屏、投影仪、CRT 显示屏、电视墙等各种当前流行的多媒体显示设备。

7. 定时自动播出的功能

乘客信息系统可以提供一套完整的定时播出功能。信息的播出可以采用播出表播出的方式，系统可以根据事先编辑设定好的播出列表自动进行信息播出。播出列表可以以日播出列表、周播出列表、月播出列表的形式定制。

8. 多语言支持功能

乘客信息系统可支持简体中文、英文、繁体中文同时混合输入、保存、传输、显示。也支持微软 Windows 2000 操作系统支持的国家语言文字的导入、保存、传输、显示。

9. 显示列车服务信息

车站子系统的车站服务器实时地从 ATS 接收列车服务信息，再控制指定的终端显示器显示相应的列车服务信息，如下一个班车的到站时间、列车时间表、列车阻塞/异常、特别的列车服务安排等。

10. 集中网管维护功能

为了确保系统的正常运行，PIS 提供了完备网管功能。控制中心设置的中心服务器可实时监控各终端节点的状态（PDP、LED），车站服务器管理各自车站的 PIS（PDP、LED）。中心网管工作站提供基于地理位置分布图的管理界面，动态显示系统各设备的工作状态，实时监控系统，实现智能声光报警，并能自动生成网络故障统计报表，智能分析故障，以减少各个车站维护人员的设置。

11. 全数字传输功能

整个 PIS 从中心信号采集开始就采用全数字的方式，经过视频流服务器处理和 IP 网关的封包，转换成 DVB，IP 数据包进入 SDH 传输网传输，经过 SDH 传输网传输的数字视频流信号在被车站设备接收后直接通过 PDP 显示控制器和 LED 显示控制器解码，转换成数字 DVI 视频信号进行显示。

12. 广播级的图像质量

由于 PIS 从中央到显示终端的整个过程都是采用全数字的方式，从而避免了因传输过程中过多的转换而造成图像质量的下降，真正做到广播级的图像质量。

13. 灵活多样的显示功能

所有车站的所有 PDP、LED 屏在整个 PIS 中都是相对独立的终端，因此中央和车站操作员可以直接控制到每块屏的显示内容（车站操作员限本站），即根据需要在同一时间内所有的显示终端显示不同的信息。

### 实训模块

**一、实训任务描述**

由于城轨运营车站站址的特殊位置，以及城轨交通的特点，乘客在进站和下车出站的过程中，需要获取比其他公共交通更多的信息。通过学习乘客信息系统的功能，搜集并整理乘客需求信息。

**二、相关资料及资源**

相关资料：

（1）教材《城市轨道交通车站设备》学习单元七。

（2）《乘客信息系统使用说明书》。

（3）教学课件。

相关资源：

（1）PIS 仿真平台。

（2）教学课件。

**三、任务实施说明**

（1）学生分组，每 8～10 人为一小组。

（2）小组进行任务分析。

（3）资料学习。

（4）现场教学。

（5）小组学习 PIS 的作用、PIS 的组成、PIS 的工作原理等。

（6）小组成员配合完成相应工作，并进行检查。

（7）小组合作，讨论过程，进行讲解演练，小组成员补充优化。

**四、任务实施注意事项**

（1）必须阅读《乘客信息系统使用说明书》相关内容。

（2）进行处理工作时，应确保安全，包括人身和设备安全。

（3）遇到问题时小组进行讨论，可以让老师参与讨论，通过团队合作获取问题的解决。

（4）注意成本意识的培养。

# 任务二  乘客信息系统的使用

**学习目标**

（1）了解乘客信息系统的控制原理。

（2）掌握乘客信息系统的使用方法。

（3）会使用乘客信息系统完成信息的发布。

**学习任务**

乘客信息系统的使用。

**教学环境**

城市轨道交通实训场，城轨交通车站。

**教学设施**

PIS。

**理论模块**

## 一、控制方式

乘客信息系统的控制方式以中央级控制和车站级控制为主。

## 二、信息类型

系统支持以下信息类型。

（1）紧急灾难信息：火警、台风警报、洪水警报等；紧急站务警告信息，如停电、停止服务等；有关乘客人身安全的临时信息，如乘车安全须知；逃逸、疏散方向指示，如紧急出口的指示。

（2）列车服务信息：列车时刻表；列车阻塞等异常信息；下班车的到站、离站时间；特别的列车服务安排信息。

（3）乘客引导信息和动态指示信息：逃逸、疏散方向指示；地铁服务终止通告；换乘站换乘信息；地面交通指示信息。

（4）一般站务信息和公共服务信息：日期和时钟信息；票务信息；公益广告信息；大气、新闻、股市等信息；地面公共汽车交通信息；公安提示（如当心扒手）。

（5）商业信息：视频商业广告；视频形象宣传片；图片商业广告；文字商业广告；各类分类广告。

## 三、信息显示的优先级

地铁乘客信息系统建设的根本目的是确保乘客快速安全地到达其目的地，在保证安全运营的基础上，可以向乘客提供各类的信息服务，以及通过乘客信息系统提供的信息发布平台进行商业广告的运作，因此，在乘客信息系统的设计中，应充分考虑每一类信息的显示优先级。高优先级的信息优先显示，相同优先级的信息按照先进先出的规则进行显示。按照要求，信息显示的优先级规则如下。

（1）信息类型的优先级按照如下顺序递减：紧急灾难信息、列车服务信息、乘客引导信息、一般站务信息及公共信息、商业信息。

（2）低优先级的信息不能打断高优先级信息的播出。比如发生紧急状况时，系统进入紧急信息播出状态，其他各类信息自动停止播出，直到警告解除，才能够继续进行播出。

（3）高优先级的信息可以中断低优先级信息的播出。发生紧急情况时，系统会紧急中断当前信息的播出，进入紧急信息播出状态。系统以醒目的方式提示乘客进行紧急疏散。

（4）同等优先级的信息按设定的时间播出列表顺序播出。

（5）紧急灾难信息为最高优先级信息，发生紧急情况时可以终止和中断其他所有优先等级的信息。

**四、媒体信息的显示方式**

乘客信息系统采用了先进的图文处理技术，支持多种文字、图片、视频的显示方式，画面显示风格多样，同时支持同屏幕多区域的信息显示方式，极大地增加了各类信息量的播出量，满足了不同乘客对不同信息的需求。

1. 文本显示

（1）支持多种文本格式，包括纯文本 TXT 文件、Word 文件、Excel 文件、RTF 文件、ASCII 文件格式、HTML 文件格式的显示、录入、保存。

（2）支持多语种文字的显示，支持简体中文、英文字符的显示。

（3）用户可以自定义文字显示的属性，包括加边、加影、字体、大小的设置。

（4）支持多种文字显示方式，如底行滚动、闪烁显示、上下左右滑动、淡入淡出等效果。

2. 动画和图像显示

（1）支持 TGA 动画图像序列的导入和播出。

（2）支持 FLASH 动画的播出。

（3）支持图片格式的导入和播出，如 JPG、TGA、BMR、PSD 等图片格式。

（4）图片的播出支持多种表现形式，如滚屏、淡入淡出、滑像、溶像、擦除等效果。

（5）图片的大小、长宽比用户可调。

3. 视频播放

（1）系统支持多种视频媒体格式，包括 MPEG.2、MPEG.1、MPEG.4 等格式。

（2）支持中心子系统对各站的数字电视视频广播和本地视频素材的播出。

（3）视频窗口的位置和缩放可以自定义。

（4）支持多种信号源：DVD 播放机、VCD 播放机、有线电视端子、现场视频直播、数字电视 DVB 接口。

4. 时钟显示

（1）支持数字式时钟显示和模拟式时钟显示。

（2）用户可以调整时钟位置、大小。

（3）用户可以自定义调整模拟时钟的指针、表盘的式样、颜色。

**实训模块**

**一、实训任务描述**

根据上一实训，在搜集并整理好乘客所需信息后，需要乘客资讯系统作出哪些工作？完成这一任务。

**二、相关资料及资源**

相关资料：

（1）教材《城市轨道交通车站设备》学习单元七。

（2）《乘客信息系统使用说明书》。

（3）教学课件。

相关资源：

（1）PIS仿真平台。

（2）教学课件。

**三、任务实施说明**

（1）学生分组，每8～10人为一小组。

（2）小组进行任务分析。

（3）资料学习。

（4）现场教学。

（5）小组学习PIS的作用、PIS的组成、PIS的工作原理等。

（6）小组成员配合完成相应工作，并进行检查。

（7）小组合作，讨论过程，进行讲解演练，小组成员补充优化。

**四、任务实施注意事项**

（1）必须阅读《乘客信息系统使用说明书》相关内容。

（2）进行处理工作时，应确保安全，包括人身和设备安全。

（3）遇到问题时小组进行讨论，可以让老师参与讨论，通过团队合作获取问题的解决。

（4）注意成本意识的培养。

# 任务三　乘客信息系统子系统的使用

**学习目标**

（1）了解乘客信息系统各子系统的控制原理。

（2）掌握乘客信息系统各子系统的使用方法。

（3）会使用乘客信息系统的子系统完成信息的发布。

**学习任务**

乘客信息系统子系统的使用。

**教学环境**

城市轨道交通实训场，城轨交通车站。

**教学设施**

PIS。

**理论模块**

从结构上划分，PIS 系统可分为中心子系统、车站子系统、车载子系统、网络子系统、广告制作子系统等几个子系统。

**一、中心子系统**

1. 中心子系统结构

中心子系统通过中心核心交换机与主干网相连。子系统结构如图 7-2 所示。

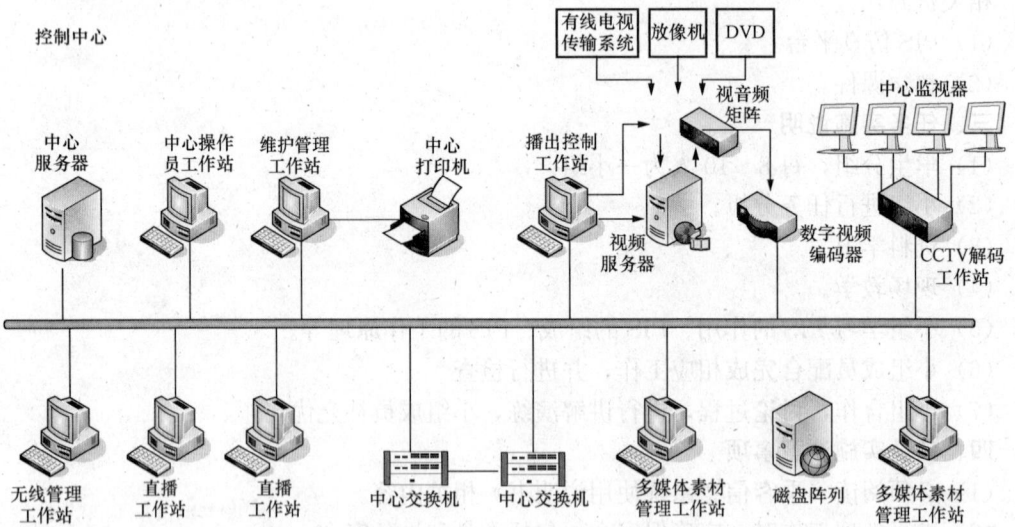

图 7-2　中心子系统结构图

中心子系统与节目制作子系统可以交互数据，包括广告视频节目、播表/版式信息等；中心子系统与车站子系统的交互数据包括中心组播视频流、图文信息信息、播表/版式信息、设备控制指令、设备状态信息、系统日志；中心与车载子系统的交互数据包括（通过移动宽带传输系统）中心组播视频流、图文信息信息、播表/版式信息、设备控制指令、设备状态信息、监控摄像头回传图像。

中心服务器负责发布图文信息信息、播表/版式信息、设备控制指令，负责收集设备状态信息、系统日志等信息，同时中心服务器对以上信息进行统一存储，存储的数据和信息能够通过中心各功能工作站进行查询和管理。中心服务器还是 PIS 系统与外部信息系统的接口。操作员工作站将图文信息和播表/版式信息存储到中心服务器，由中心服务器负责向车站子系统和车载子系统进行发布，操作员工作站的设备控制指令由中心服务器负责执行；中心服务器收集系统内全部设备的状态信息，并提交网管工作站进行监控；中心服务器还负责存储系统每天生成的各种日志文件。

视频流服务器负责对视音频信息进行存储和发布。视音频信息的发布占据了网络系统的主要带宽资源，同时为了确保视音频节目播出的稳定性和安全性，配置专门的高性能视频流服务器十分必要。视音频系统以视频流服务器为核心构成了采集、存储、播出、编码一体化的系统，周边设备包括视音频矩阵和直播数字电视编码器。系统的控制由播控工作站来完成。视音频矩阵为视音频信号在各设备间的输入和输出做路由指派，在系统中，所有信号源的输出都进入视音频矩阵的输入端口，再由矩阵的输出端口送出一路选定的信号源给直播数字电视编码器，作为直播信号。同时视频流服务器的输入和输出通道端口也都接入视音频矩阵，在运营时可以利用视频流服务器作为缓存做延时播出，提高系统播出的安全性；在非运营时可以利用视频流服务器采集备播的视音频素材。

系统环境可能会发生非预期的灾难，并且需要乘客信息系统即时发布非预期的灾难警告信息，乘客信息系统软件可以即时编辑发布紧急信息。通过中心操作员工作站或车站操作员工作站，操作员可以即时编辑各种警告信息，并发布至指定的终端显示屏发放乘客警告信息及人流疏导信息。

2. 中心子系统的主要设备及功能

(1) 中心服务器。

1) 集中管理整个 PIS，包括管理所有工作站的登入、登出，并控制终端显示设备的工作状态，管理用户的登入、登出、权限管理、共享冲突仲裁等。

2) 实时监控整个 PIS 中所有工作站、所有终端显示设备的工作状态。

3) 中心集中管理、实时监控整个 PIS 系统、外部视频信息源的导入、外部系统数据的导入和导出、中心公共发布信息的编辑保存、中央集中发放信息等功能，并集中控制终端显示设备的工作模式。

4) 创建并从车站子系统、车载子系统、广告中心子系统导入各种日志数据，包括告警日志、事件日志、用户操作日志、分类信息的播放日志、外部系统导入/导出信息日志等。

(2) 视频服务器。

1) 视频流服务器负责整个 PIS 系统的素材录入，素材录入与图像输出可同时进行，视频流服务器支持车站级无人值守工作方式。

2) 视频流服务器能够导入下列外部视频源信号：DVD 机、录像机、有线电视端、现场直播视频端、数字电视 DVB。

3) 视频流服务器需能导入并保存视频文件。

4) 视频流服务器具备两路独立视频播出通道、一路录制通道，录制和播放可同时进行。

(3) 播出控制工作站。播出控制工作站执行播出控制功能，本系统所有播出设备都需要进行集中控制管理。所有播出设备，包括控制中心的视频服务器、车站的终端显示设备的开机、关机、播出列表的编制和播出的启动都由控制中心的播出控制工作站等通过网络进行统一管理，各站实现无人值守的运行，降低人为操作带来的失误和故障。夜间停播时，播出控制工作站自动将各站点第二天需要播出的播出列表发送到各站点下载播出工作站，进行播出准备。

(4) 中心操作员工作站。中心操作员工作站上的所有操作控制功能，都基于直观友好的图形操作界面实现。

通过中心操作员工作站，具备超级管理员权限的操作员可以配置 PIS，包括各车站子系统的总体配置、各车站子系统工作站的配置、各车站子系统终端显示设备的配置、终端显示设备分组管理。

通过中心操作员工作站，具备超管权限的操作员可以配置管理系统的用户账号，包括用户账号的添加/编辑/删除、用户账号权限的配置、用户组的管理、用户账号冻结/失效/激活/重置。

通过中心操作员工作站，操作员可以创建预定义的中心公共信息，包括紧急灾难信息、紧急疏散信息、地铁公司公共信息等。

通过中心操作员工作站，具备相应权限的用户可以控制 PIS 中的某一/某组/全部终端显示设备的打开和关闭。

通过中心操作员工作站，具备相应权限的用户可以控制 PIS 中的某一/某组/全部终端显示设备的实时信息窗口显示指定的信息内容。

通过中心操作员工作站，具备相应权限的用户可以控制 PIS 中的某一/某组/全部终端显示设备进入紧急告警状态或中心信息直播状态。

通过中心操作员工作站，操作员可以根据自定义查询条件、排列顺序，报表显示、打印系统的日志数据。可报表显示、打印的日志数据包括告警日志、事件日志、用户操作日志、分类信息的播放日志。

（5）中心维护管理工作站。由于乘客服务信息系统的重负荷任务是将中心和广告制作中心的音、视频和数据信号经 MPEG.2 方式压缩后，利用有线局域网和无线移动宽带网络传输到各个车站和列车显示终端。因此需要利用网管软件对整个系统的全部设备进行配置、监视和控制管理。中心网管工作站就是为了能够更好地管理和配置这个网络和所有设备而设置的。同时，中心网管工作站需要通过网络对系统所有网络设备及显示终端进行实时的状态监控。

（6）媒体编辑工作站。媒体编辑工作站用于进行武汉轨道交通一号线各种媒体资讯信息的采集和编辑工作，可实现对各类音频节目、视频节目、图片信息的编辑。同时它负责播出版式和播出列表的制作、上传、管理。用户可以根据需要自行调整 LCD 屏的播出版式，并可采用定时版式切换的方式，定期更换显示的方式。播出版式的切换可采用手工触发、定时触发以及播出表预定义触发三种方式。切换版式无须重新启动显示控制器或程序，且版式切换流畅，无黑场、无停顿、无闪烁，保证了播出的效果。

（7）直播数字编码器。系统通过直播数字视频编码器对需播出的视音频信号进行编码，编码方式采用 MPEG.2 TS 流格式，编码码率范围为 4Mbit/s 至 50Mbit/s。

直播数字电视编码器支持组播和单播方式，可对指定的显示终端或所有显示终端进行广播。编码后的 MPEG.2 TS 流通过主干网络对各个车站和列车车载系统进行视频流的广播。

数字电视编码器可支持同时传输一路 MPEG.2TS 流至车站及各列车。

（8）中心视音频切换矩阵。PIS 系统需要接收多路电视台信号、DVD 放像机或专业放像机的信号，并以组播或广播的方式向车站传输直播信号，为此 PIS 需要配置一台视音频切换矩阵进行信号源及播出信号的调度，同时可通过视音频切换器进行信号源及播出信号的质量监看。

**二、车站子系统**

1. 车站子系统功能

PIS 车站子系统实现集中监控、管理车站内的乘客信息系统设备；接收中心子系统的数据并分发至车站乘客信息系统的显示终端；外部系统数据的导入和导出；控制车站内显示终端播放指定信息；站内的站务信息的编辑和保存等功能。

PIS 车站子系统的主要功能如下：

（1）乘客引导信息和其他信息的播出。

（2）实时显示列车到达的时间。

（3）重要通知和突发事件的通知显示。

（4）各种广告信息和便民信息的显示。

（5）接收来自中心的命令和信息。

（6）初始化和关闭车站系统。

（7）车站操作员工作站可以本地创建特殊信息，并可以发布这些信息。

（8）管理和维护本站的设备和信息。

（9）提供与其他系统的接口（FAS、广播）。

2. 车站子系统结构

车站子系统通过车站接入交换机与主干网相连。车站子系统负责将中心播发的图文信息发布到本车站的各终端显示控制器上。本地播出的节目和信息通过网络提前预存到本系统的车站服务器。播表信息由控制中心编制后发送到车站子系统，播表信息包括了各显示区域的播放信息序列的属性、播放时长等。通过版式和播表能够对各显示终端屏进行有效的信息播发控制。

车站站台主要采用 LED 双基色屏进行导乘信息的发布，站厅层采用高清标准的 LCD 显示屏作为信息发布终端，可以 1920×1080 的标准高清数字信号进行信息的发布。信息播出的版式和播表信息由总编播中心编制后发送到车站子系统，版式信息包括了屏幕的划分区域、各区域属性等，播表信息包括了各显示区域的播放信息序列的属性、播放时长等。通过版式和播表能够对各显示终端屏进行有效的信息播发控制。

车站子系统基于广播级数字电视技术，车站布线采用了视频电缆，一根线缆可同时传输一路数字高清视频信号及多路数字音频信号，采用音频嵌入传输的方式，传输距离可达到200m，满足地铁各种应用环境。

车站子系统结构如图 7-3 所示。

从结构上，车站 PIS 子系统可分为控制部分及现场显示部分两部分。

（1）控制部分。控制部分放置在车站控制室，各组成部分如下。

1）车站数据服务器。

2）车站操作员工作站。

3）LCD 屏显示控制器。

4）LED 屏控制器。

（2）现场显示部分。

1）双基色 LED 条屏。

2）42 寸 LCD 屏。

系统采用 RS-232 接口实现对 LCD 屏的远程参数调节及开关控制，一台 LCD 控制器可控制一组 LCD 屏的控制调节。系统采用总线式的控制线布放方式，LCD 显示控制器输出一根控制线缆，并将多块显示屏连接至一根控制总线上。由于 RS-232 协议传输距离的限制，需要将控制信号转换为 RS-422 信号，并在显示屏控制接口处还原为 RS-232 信号，实现控

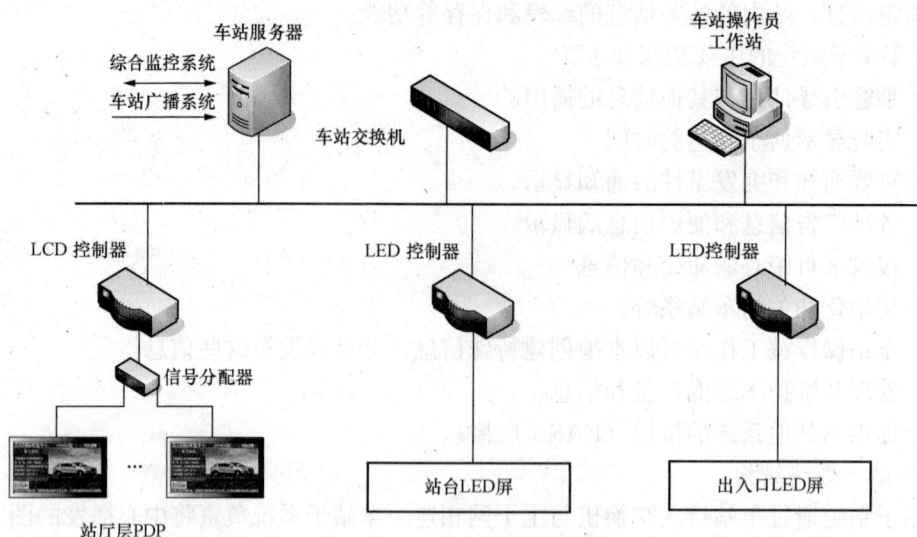

图 7-3　车站子系统系统图

制信号的长距离传输。LED 屏可采用 RJ-45 控制接口，通过中心 LED 控制软件进行统一控制。

3. 车站子系统的主要设备及功能

（1）车站数据服务器。车站数据服务器从中心数据服务器获取本车站相关信息，并对本车站设备进行监控。当车站网络同中心断开后，车站数据服务器接管本站设备，通过车站操作员工作站对本站设备进行管理或发布紧急信息等。

（2）车站操作员工作站。车站操作员工作站具备中心操作员工作站的所有功能，但管理权限只限于本站系统的管理，中心操作员对终端显示设备的操作控制具有最高的控制优先级。通常条件下，车站一端接受中心子系统的远程管理控制，实现车站端系统的自动运行，在紧急情况下或车站与中心失去网络连接的情况下，车站操作员可以临时接管本车站的播出管理控制。通过车站操作终端，具备车站管理权限的操作员可以配置车站系统，包括本车站系统的配置、本车站子系统工作站的配置、各车站子系统终端显示设备的配置、终端显示设备分组管理。操作员可以创建预定义的本站公共信息，包括紧急灾难信息、紧急疏散信息、地铁公司公共公布信息等，并可以控制某一/某组/全部终端显示设备的实时信息窗口显示指定的信息内容。

通过车站操作员工作站，操作员可以根据自定义查询条件、排列顺序，报表显示、打印系统的日志数据。可报表显示、打印的日志数据包括告警日志、事件日志、用户操作日志、分类信息的播放日志。

（3）车站 LCD 控制器。LCD 控制器采用广播级图文图像处理板卡，采用数字信号处理技术，采用高清数字电视的技术标准，播出质量达到广播级。

LCD 显示控制器支持文本动画的显示，图像动画的显示，MPEG.2、AVI 影视文件的显示，各种常用文件格式文件的显示，网络视频流的显示，模拟时钟及数字时钟的显示。

LCD 显示控制器支持动态分屏播放模式。屏幕的子窗口结构、布局配置、分辨率等能够根据时间表的预先设定，动态地改变。布局的改变不需要重新启动机器。

LCD 显示控制器支持 20 个以上的子窗口分屏播放模式，并且所有子窗口中播放的节目能够自动缩放至适合子窗口的显示。

每一分屏子窗口能够独立播放各自的节目序列。

每一分屏子窗口都能够播放所有系统支持的节目类型，如视像节目、图像效果节目、文本效果节目等。

任一分屏子窗口可被设定，在指定的时间里播放任意指定通道的中心网络视频流信号。

容错设计：网络发生故障时，LED 屏控制器仍能正常工作。播放实时更新信息的子窗口立即切换显示疏导信息或默认指定信息，原来播放本地缓冲文件内容的子窗口则继续正常播放。

LCD 显示控制器可以预先下载存储多个时间表，系统能够自动根据时间表的更新情况、生效时间、失效时间，选择正确的时间表进行解释播放。

LCD 显示控制器提供网络接口，并通过 TCP/IP 协议，与中心信息服务器通信。

LCD 显示控制器可以根据时间表将一天/一周任意划分成各个时段，针对每一时段可以设置成任意指定的分屏布局。每一分屏子窗口又可以单独执行任意指定的时间表，并按时间表指定顺序，循环地播放各节目序列。

LCD 显示控制器播放的信息能根据不同的优先等级进行排序播放以及插播，高优先级的信息能够根据预定义的规则中止打断正在播放的低优先级信息，优先播放。

### 三、车载子系统

车载显示设备主要负责通过移动宽带传输系统接收发布紧急信息和乘客服务信息等内容，通过车载 LCD 显示控制器进行解码合成后，在本列车的所有 LCD 显示屏上实时播放。同时列车内设置的摄像头可对客室进行实时的视频监控，并通过无线移动宽带网络传输至控制中心进行监看。车载子系统部分包括车载 PIS 系统部分、车载 CCTV 监控系统部分。

#### 1. 车载 PIS 子系统

车载 PIS 设备主要负责通过移动宽带传输网络设备接收发布列车运营信息、紧急信息以及其他乘客服务信息等内容，通过车载 LCD 显示控制器进行解码合成后，在本列车的所有 LCD 显示屏上实时播放。车载信息显示系统能够实时播放各种信息，包括实时的电视转播、节目录播等，也能实时接收由中心传输下来的各种通告、紧急信息和运营信息。车载 PIS 结构如图 7-4 所示。

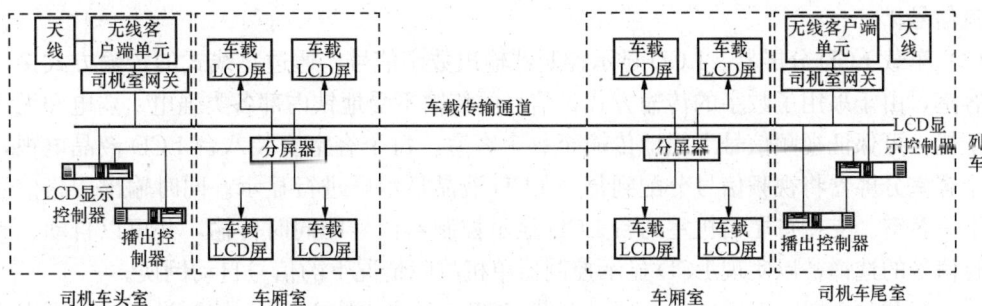

图 7-4　车载 PIS 子系统结构图

为保证信号长距离传输以及复杂环境对音视频传输质量的影响，车载信息显示部分采用数字传输方式，且音视频采用音频嵌入的技术，可实现一根电缆同时进行音频和视频信号的传输，不但降低了车载布线的复杂程度，而且保证了音视频同步传输的质量。

2. 车载CCTV监视子系统

地铁列车视频监控系统是专门为地铁应用开发的高可靠性的数字视频监控系统，本系统由车载CCTV服务器、媒体网关、彩色半球摄像机组成。应用冗余技术，在主车载CCTV服务器发生故障时，系统自动切换到备用车载CCTV服务器上，切换时间不超过3s，故障设备自动退出并被隔离，并保证整个系统功能可用性不受到单点故障影响，系统运行不间断、数据不丢失。系统故障排除后，自动恢复系统默认的运行模式。

车载CCTV系统实现与列车紧急报警系统、PIS系统、TMS系统、OCC等系统的协同工作，图像质量可以达到D1（720×576）质量，系统具有功能强、可靠性高、易于维护、易于扩展与升级等优点，有助于提升地铁列车乘坐的安全性和舒适性，为地铁列车带来更大的经济效益和社会效益。

3. 车载子系统主要设备及功能

（1）车载CCTV服务器。车载CCTV服务器是车载CCTV系统的核心控制设备，它可完成系统所需的实时视频显示、视频录像存储以及设备管理、外部连接、与地面进行无线对接等主要功能。从可靠性、可维护性出发，系统服务器采用无风扇车载抗震工控计算机硬件设备。

（2）车载LCD控制器。支持文本动画的显示，图像动画的显示，MPEG.2、AVI影视文件的显示，各种常用文件格式文件的显示，网络视频流的显示，网页的显示，模拟时钟及数字时钟的显示。

显示控制器支持动态分屏播放模式。屏幕的子窗口结构、布局配置、分辨率等能够根据时间表的预先设定，动态地改变。布局的改变不需要重新启动机器。

显示控制器支持15个以上的子窗口分屏播放模式，并同时支持双路视频的播出。并且所有子窗口中播放的节目能够自动缩放至适合子窗口的显示。

每一分屏子窗口能够独立播放各自的节目序列。

每一分屏子窗口都能够播放所有系统支持的节目类型，如视像节目、图像效果节目、文本效果节目等。

显示控制器中任一分屏子窗口可被设定，在指定的时间里播放任意指定通道的中心网络视频流信号。

（3）车载LCD分屏器。LCD显示控制器输出数字信号，通过总线式的传输方式接入到各个客室，由于采用了数字的传输方式，信号的传输不受地铁内部各类强电、弱电和无线信号的干扰，可保证视频信号无损地传输至每个客室。每个客室安装八台LCD液晶电视，通过每个客室分屏器将视频信号分配到每一LCD液晶显示屏进行显示。同时输出一路信号环接到下一客室。支持首尾司机室两台LCD显示控制器信号的同时传输，并可以自动、无缝地进行信号的选择，以实现LCD显示控制器单机故障情况下的信号自动倒换。

（4）车载触摸屏。触摸屏显示器是车载CCTV系统的核心显示/控制设备，它可完成系统所需的实时视频显示、控制操作及设备管理等功能。

（5）媒体网关。MGW500G媒体网关是系统中完成视频数据采集、本地存储和网络传输的设备，由视频压缩模块、网络交换模块、电源变换模块等组成，具有很强的处理能力和较好的可扩展性。

MGW500G 媒体网关集成媒体播放系统 MPEG.2 解码模块和音/视频分配模块，在同一个车载网络中同时传输 CCTV 监控视频信号和媒体播放信号，减少系统布线。

MGW500G 通过一个 5 路开关量报警输入控制模块用以连接车厢报警开关量接口，当车厢有报警事件时，可触发报警车厢画面在驾驶室触摸屏上单屏显示。

MGW500G 可支持标准 MPEG.4 编解码算法，可支持最多 3 路 720×576 图像分辨率下以 25 帧/s 的实时速度处理视频数据。

媒体网关内置工业以太网交换机提供以太网口的网络冗余（双绞线），当网络出现中断时，系统可在 100ms 内完成网络重构，使通信恢复正常，提高了系统稳定性和安全性。

（6）车载摄像头。摄像机在系统中作为监控图像转为视频数据的前端设备，复制采集列车司机室及客室的实时视频。

**实训模块**

**一、实训任务描述**

在城轨车站，搜集资料，分析车站 PIS 和车载 PIS 信息发布对客运组织会产生哪些影响。

**二、相关资料及资源**

相关资料：

（1）教材《城市轨道交通车站设备》学习单元七。

（2）《乘客信息系统使用说明书》。

（3）教学课件。

相关资源：

（1）PIS 仿真平台。

（2）教学课件。

**三、任务实施说明**

（1）学生分组，每 8～10 人为一小组。

（2）小组进行任务分析。

（3）资料学习。

（4）现场教学。

（5）小组学习 PIS 的作用、PIS 的组成、PIS 的工作原理等。

（6）小组成员配合完成相应工作，并进行检查。

（7）小组合作，讨论过程，进行讲解演练，小组成员补充优化。

**四、任务实施注意事项**

（1）必须阅读《乘客信息系统使用说明书》相关内容。

（2）进行处理工作时，应确保安全，包括人身和设备安全。

（3）遇到问题时小组进行讨论，可以让老师参与讨论，通过团队合作获取问题的解决。

（4）注意成本意识的培养。

## 学习单元八

# 给 排 水 系 统

　　给排水系统主要负责车站及区间、文化中心及城市广场主变电站的给水系统、排水系统的运行维护及检修。

　　设置给水系统的目的是为了满足地铁工作人员及乘客生活、清洁卫生、空调用水等的需要；由于地铁车站大部分为地下建筑，为了排除车站、区间隧道卫生间污水及冲洗、渗漏废水，开口部位的雨水等，设计了排水系统。

## 任务一　给排水系统认知

### 学习目标

　　(1) 能掌握生产、生活和消防公用的给水系统。

　　(2) 能掌握车站的排水系统。

　　(3) 获取信息的能力、应变能力、制订计划的能力、分析判断能力、逻辑思维能力。

　　(4) 具备良好的职业道德、严格的纪律性、一定的团队协作和交流与沟通能力。

### 学习任务

　　给排水系统的认识。

### 教学环境

　　城市轨道交通实训场，城市轨道交通车站。

### 教学设施

　　城市轨道交通车站生产、生活和消防给排水系统仿真模型等。

### 理论模块

**一、车站给排水系统简述**

1. 车站给水系统主要作用

　　(1) 提供城市轨道交通运营所必需的生产、生活、消防等用水。

　　(2) 收集排出生产、生活、消防等产生的废水、污水及地下结构渗漏水、雨水等。

　　(3) 提供完整的水消防系统，保证城市轨道交通的安全、正常运营。

城市轨道交通的生产、生活、消防水源取自城市自来水供水管网。消防用水为两路供水。城市轨道交通地下车站内不设消防蓄水池，消防增压水泵直接从供水管道抽水加压供消防使用。生活、生产用水为单路供水。

2. 车站给水方式的四个独立系统

（1）车站生产、生活供水系统。地铁车站的生产、生活供水系统是独立的内部供水系统，从两根接自市政管网的消防进水管中的任一根接出生产、生活给水管，生产、生活给水水表和消防水表设在同一个水表井内，单独设置水表后进入车站，呈枝状布置。一般给水引入管是从风井引入车站，如果车站风道长度很短，可以从两端各接入一根生产、生活给水管进车站，这样两根生产、生活给水管分别接至车站两端的用水点，就可以不经过公共区从车站的一端引至另一端，站内给水管长度就缩短很多，既避免了不必要的浪费，也可以减少和站内其他管线的交叉。

车站生产、生活给水系统的主要供水点包括卫生间，开水间，环控机房，冷冻机房，冷却塔，污、废水泵房冲洗水及车站公共区两端的冲洗水栓等。

（2）消火栓供水系统。地下车站的消火栓系统（图8-1）由城市自来水管网引入两路水源进入车站消防泵房，泵房内设有两台离心水泵直接从供水管道中抽水加压，消火栓管道出消防泵房后在车站内成环状布置，并与城市轨道交通区间隧道内的消火栓管道连通。每个地下车站消火栓增压水泵负责1/2区间隧道内消火栓的增压。

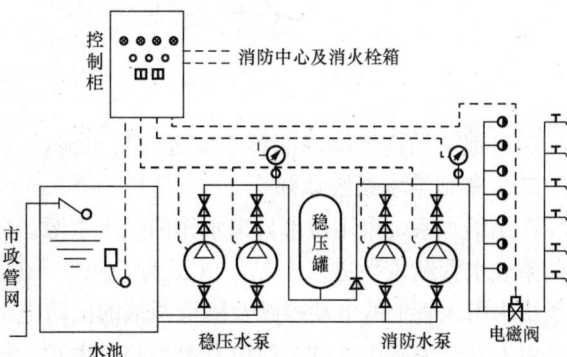

图8-1  地下车站的消火栓系统

（3）水幕供水系统。水幕系统设备用于车站的放火分隔水幕喷头，设在各站站台层的每个扶梯口。由城市自来水管网两路供水。消防泵房内设有两台离心水泵，该系统增压水泵同样直接从供水管道中抽水加压。管道在车站内呈环状布置。水幕系统管道不与其他管道相接。每个车站管网独立组成环路。

（4）空调冷却循环水系统。空调冷却循环水系统（图8-2）由各种设备组成，对于水冷式冷水系统，主要设备有：冷水机组、冷却塔、冷冻水泵、冷却水泵、定压补水装置、水处理装置、末端装置（空气处理机组、风机盘管等）。

3. 车站排水系统主要作用

地铁车站排水系统主要由废水系统、雨水系统和污水系统组成。其中废水包括车站清扫废水、消防废水和结构渗漏水、凝结水等；污水主要是车站工作人员、乘客的生活污水；雨水为敞口矮风亭和出入的雨水排放。

4. 车站排水方式的四个独立系统

（1）地下车站废水由设在站厅、站台的地漏，将废水排入车站的轨道两侧明沟和站台下，排水汇集至车站端头废水池内由排水泵提升，排入市政排水管道。

（2）污水由厕所的下水管道汇集至污水池，然后由排水泵提升排入城市污水管道或地面化建设。

（3）出入口雨水汇集至出入口的集水池后，由排水泵提升排入市政排水管道。

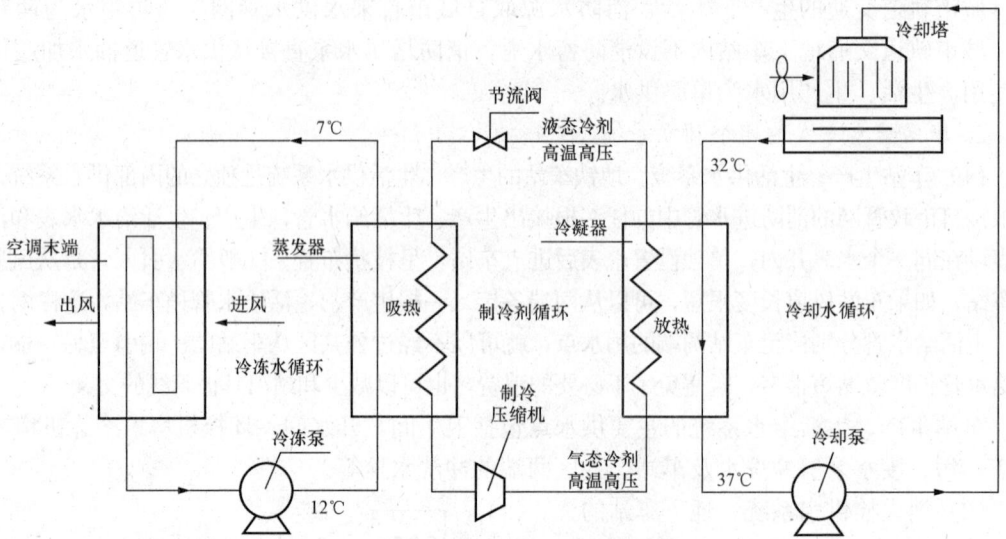

图 8-2　地下车站空调冷却循环水系统

（4）地下结构渗漏水汇集于就近的集水池，由排水泵提升排出车站。

**二、车站给水系统认知**

车站给水系统采用城市自来水作为供水水源，分别在车站两端从城市自来水管网的干管引入两条进水管经风亭进入车站，管径为 DN150～DN200，接管点处水压要求不低于 0.2MPa。两条给水引入管上的电动蝶阀及隧道两端的消防电动碟阀由车站控制室 EMCS 系统实行监控，两条引入管互为备用，进站前设置水表和水表井，每条进水管水表前设置室外消火栓和水泵结合器。生产、生活和消防采用分开的直接给水方式，由城市自来水引入水管接出生产、生活及消防水管。生活和生产给水在站内采用枝状或环状管网；消防给水在站内采用环状管网。

1. 生产、生活给水系统

生产、生活给水系统由水源（城市自来水）、水池、水泵、水塔（水箱）、气压罐、管道、阀门、水龙头等组成。

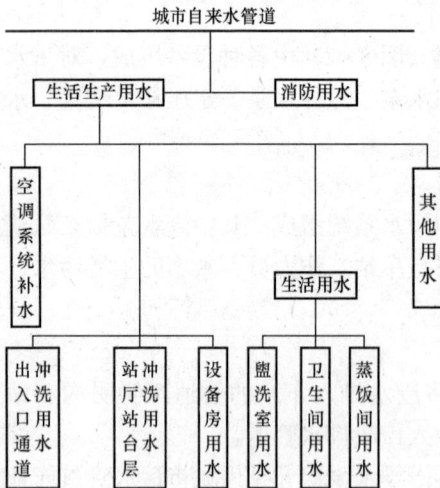

图 8-3　地下车站生产、生活给水和消防给水系统

（1）地下车站生活生产给水由车站附近的大口径自来水管引出。先引出两路口径 DN200 管道。在其中一路管道上在引出口径 DN80～100 管道一路，作为车站的生产、生活水总管道。如图 8-3 所示，并在地面设有水表井，装有水表和阀门。供水管道一般沿车站风道、出入口等部位进入车站，管道在车站内呈枝状形式布置。车站站厅层供水管道安装在靠墙的顶部。车站站台层供水管道安装在站台板下。车站站厅层、站台层设有冲洗水箱。城市轨道交通车站一般均采用以上所述的直接供水方法。直接供水方式有以下优缺点。

1）供水较可靠，系统简单、投资省、安装维护简单。

2）可充分利用城市自来水管网水压，节省能源。

3）由于车站内部无储备水量，外部管网停水时车站内部立即断水。

（2）地面车站生活、生产给水是采用直接供水方式，部分车站采用设低位水池，高位水箱和水泵等组成的供水方式，如图 8-4 所示。该供水方式由城市自来水管网供水。在低位水池内设有浮球阀控制水池内的储水量，再由水泵将水提升至高位水箱内，在高位水箱内设有水位控制装置，控制水泵运行，保证高位水箱保持有一定的储水量。该供水方式当车站停电停水时可延时供水，供水可靠，供水压力稳定；但系统设备投资较大，设备安装维护保养较麻烦。

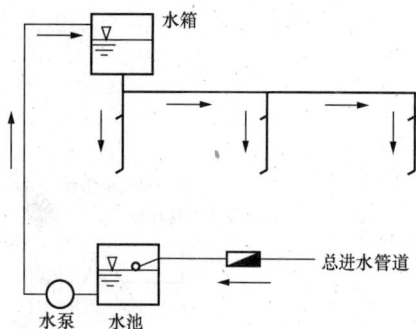

图 8-4　地面车站生产、生活给水方式

（3）地下车站的生活、生产给水管道一般沿车站风井、出入口等处与消防供水管道一起进入地下车站。车站设有站内总阀门，然后一路管道沿站厅层顶部两侧延伸至车站两端，另一路由车站一端向下穿入站台层站台板下，给水管道沿着站台板下向车站另一端延伸。车站除卫生设备用水、空调设备用水、生活用水处，在车站站厅层两侧和站台层扶梯旁等处均设有冲洗栓，供车站冲洗所用。在水泵房、环控机房等处均设有水龙头。

穿越站厅、站台层上方部位的管道均采用保温措施，以防管道渗漏，保温材料为超细玻璃棉毡，保温层厚度为 20mm。给水管道均采用枝状布置，一般每隔 4m 左右设支架或支墩一处固定。生活、生产给水管道按设计均采用镀锌钢管道，丝扣连接。

车站地面部分给水管道为承插式排水铸铁管道，承插式连接。

城市轨道交通地面车站低层建筑一般采用市政自来水管网直接供水。高层建筑及城市轨道交通车辆厂范围内侧采取设高低水箱、水泵液位自控装置等组成的供水系统。

2. 消防给水系统

消防给水系统如图 8-5 所示，由水源（城市自来水）、消防水泵、管道、阀门、消火栓（喷头）、水流指示器等组成。站厅层两侧每隔 50m，站台层的楼梯口和设备房间端头设消防箱，内设 DN65 单头单阀消火栓两个，25m 长的水龙带两盘，DN19 多功能水枪两支，DN25 自救式软管卷盘一套，并在消防箱上设手动报警按钮和电话插孔各一个；设备房内设 2 号消火栓，内设 DN65 单头单阀消火栓一个，25m 长的水龙带一盘，DN19 多功能水枪一支，DN25 自救式软管卷盘一套，并在消防箱上设手动报警按钮和电话插孔各一个；区间隧道每隔 50m 设消防箱一个，内设 DN65 单头单阀消火栓两个，25m 长的水龙带两盘，DN19 多功能水枪一支，并在消防箱上设电话插孔，或每隔 50m 设消火栓头一个，隧道两端各设两个 900mm×600mm×240mm 的消防器材箱，里面装有 25m 长的水带及 DN19 多功能水枪等消防器材。消防给水系统根据自来水公司提供的资料，管网压力能满足消防时对水压水量要求，不需再另设加压系统，对于地面车站和控制中心，管网压力不能满足消防时对水压水量要求，则需设消防水泵进行加压。整个车站的消防干管呈环状，并与区间的消防管网连接。根据消防要求，车站两个取水点间的市政供水管网上设闸阀，每条市政进水管水表前设室外消火栓。在进入区间的消防管上设电动蝶阀，平时全部关闭，手动蝶阀关闭 98%（当有手动蝶阀时），当区间发生火灾时 EMCS 开启，保证城市轨道交通运营的可靠运行。

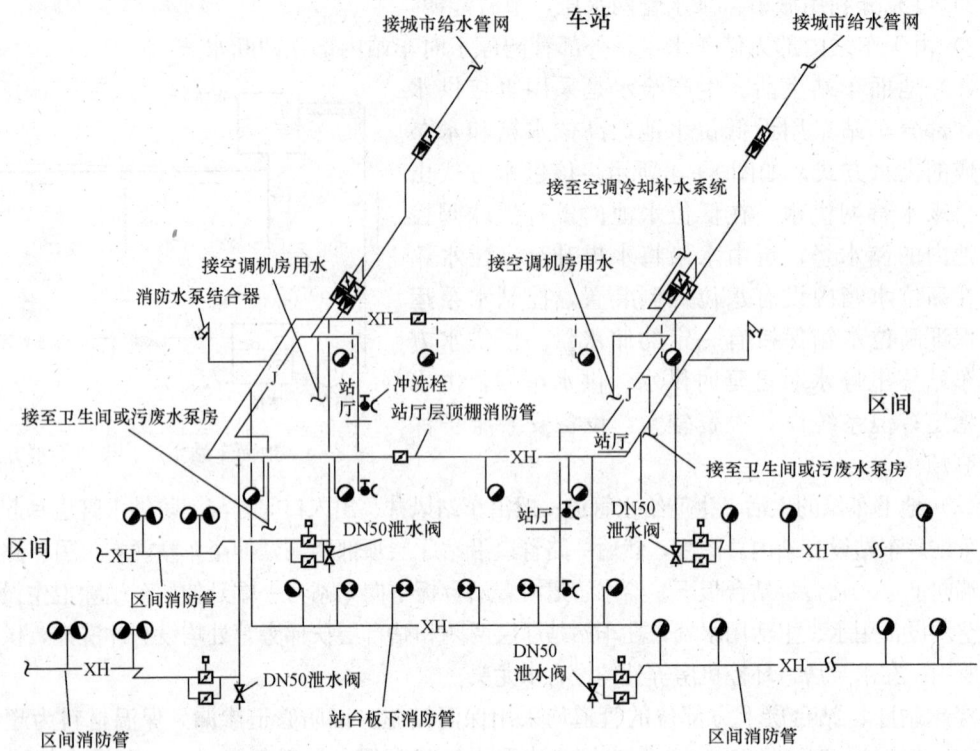

图 8-5　消防给水系统

### 三、车站排水系统认知

城市轨道交通排水系统除重力排水外，机械排水主要有以下五个独立排水方式，车控室通过 BAS 系统对设备运行进行监视。

（1）车站废水排水系统主要由集水井、潜污泵、管道及附件、压力井、排水检查井等组成。将车站内按就近原则汇集的生产、消防废水、结构渗漏水通过潜水泵提升，经过地面压力井消能后排入城市污水管网。每一个区间隧道基本上独立设置一套排水系统，其泵房设在区间隧道线路下坡道的最低处，明挖施工区段废水泵房设在隧道外侧边或联络通道，盾构施工区段则利用联络通道作为废水泵房。压力井内进、出水管道要求与污水系统一样。雨水系统跟废水系统组成和功能基本一样。工艺流程如图 8-6 所示。

图 8-6　车站废水排水系统

车站废水主要包括结构渗漏水、冲洗废水、消防废水以及敞开部位的雨水等。车站站厅层和站台层的冲洗废水、消防废水等由地漏引入车行道两侧的线路明线和站台板下的排水线内，线路明线以 3‰ 的坡度将废水汇集至车站废水泵房的集水池，站台下排水采用两边设小明沟，并依靠底板 2‰ 纵坡将废水汇集至废水泵集水池。

一般车站内设 1～2 座废水泵站，位置均设在车站的端头，集水池设在废水泵层下部。每座泵站内设 2～3 台泵，水泵厂生产的 CP 型立式排水泵或进口飞力潜水泵。平时两台水泵互为备用，消防时两台并联使用，排出消防废水。集水池容积按大于 5min 水泵出水量计。废水由排水泵提升后排入市政下水管道。排水泵站排水管道一般沿车站风井处穿出车站

170

后与市政下水道连通。废水排水管道口径一般为 DN150～DN200，集水池下设有反冲洗管，用于冲搅集水池底部，减少池内杂物沉淀。在排水管道的止回阀两端设有一根连通管道，用于反冲洗水泵的叶轮及吸水口，防止泵吸水口叶轮堵塞。

泵站设有就地电器控制箱和液体浮球，根据集水池水位情况自动排水，当高水位时两台排水泵均自动排水，一般集水池内设有停泵浮球、第一开泵水位浮球、第二开泵水位（高水位）浮球和低水位浮球、高水位报警浮球共五个。车控室计算机显示水泵运行：开泵、停泵、运行时间、低水位报警、高水位报警等情况。

（2）区间隧道排水系统主要对结构渗漏水、消防废水、冲洗废水等进行排放作业。如果采用高站位线路结构，就在两城市轨道交通车站之间中部的线路低洼处设置排水泵站，大部分排水泵站设置在上、下行线两路之间的联络通道中。废水由线路两侧明沟汇集到泵站集水池。集水池容积按规定隧道渗水量考虑。泵站一般设有两台潜水泵，两台水泵平时一用一备。消防时两台并联使用。该潜水泵配有自动耦合机构和自动反冲阀装置。泵体与出水管道无需螺栓连接，这样方便了安装维修工作。在水泵启动后反冲阀会自动打开，利用水泵抽出的水压对集水池底部进行冲搅约30s后阀门自行关闭，水泵出水。一部分泵站的废水，经水泵提升先排入车站废水泵站的集水池，再由车站排水泵将废水排出车站；一部分泵站废水由水泵排升后直接排出车站。泵站运行控制方式同上述车站废水泵站一样。

（3）车站污水排水系统主要由集水井、潜污泵、管道及附件、化粪池、压力井、排水检查井等组成。将站厅或站台按就近原则汇集的厕所、盥洗室、茶水间冲洗水等生活污水通过潜水泵提升，经过地面压力井消能后进入车站地面化粪池，再排入城市污水管网。压力井内进、出水管道要求不在一条出水直线上，且侧壁有防冲洗的措施，车站化粪池采用各市环卫局印制的4号化粪池。工艺流程如图8-7所示。

车站内厕所等生活污水由排水管道汇集至污水池（主要是厕所污水）。污水池设在污水泵站下部。每个车站一般设一个污水泵站，每个泵站设有

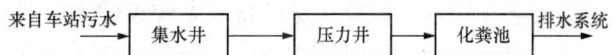

来自车站污水 → 集水井 → 压力井 → 化粪池 → 排水系统

图8-7　车站污水排水系统

两台潜水泵，平时一用一备（互为备用）。该水泵配有自动耦合机构，水泵与出水管道无需螺栓连接，便于安装、维修。污水池的有效容积不大于6h的水泵排水量。

水泵采用水位就地控制，自动排水运行，并不设第二开泵水位浮球。同样车站控制室内可显示水泵运行情况。污水经水泵提升后一般排入设在地面的化粪池内。

（4）在车站敞开式出入口和自动扶梯下，设有两台排水泵。其集水池主要汇集敞开出入口的雨水和车站结构的渗漏水。每个泵站设有两台AS型潜水泵，平时一用一备（互为备用）。排水管道沿出入口穿出车站与市政排水管道连通。水泵采用水位就地控制，自动排水运行。运行方式同污水泵相似，但水泵不配自耦装置。

（5）在地下车站的风井等部位设有泵站和集水池，主要汇集风井口雨水和车站结构渗漏水。每个泵站设有两台AS型潜水泵，平时一用一备（互为备用）。水泵采用水位就地控制，自动排水运行，运行方式同车站出入口排水泵相似。但排水方式分为水泵提升后直接排水出车站，以及先经水泵提升后排入车站泵站再排出车站两种情况。

**实训模块**

**一、实训任务描述**

分析城市轨道交通给排水系统结构模型，画出车站给排水功能结构图。

**二、相关资料及资源**

相关资料：

（1）教材《城市轨道交通车站设备》学习单元八。

（2）《城轨车站给排水系统说明书》。

（3）教学课件。

相关资源：

（1）车站给排水系统模型。

（2）教学课件。

**三、任务实施说明**

（1）学生分组，每8～10人为一小组。

（2）小组进行任务分析。

（3）资料学习。

（4）现场教学。

（5）小组学习给排水系统的作用、给排水系统的组成、给排水系统的工作原理等。

（6）小组成员配合完成相应工作，并进行检查。

（7）小组合作，讨论过程，进行讲解演练，小组成员补充优化。

**四、任务实施注意事项**

（1）必须阅读《城轨车站给排水系统说明书》相关内容。

（2）进行处理工作时，应确保安全，包括人身和设备安全。

（3）遇到问题时小组进行讨论，可以让老师参与讨论，通过团队合作获取问题的解决。

（4）注意成本意识的培养。

**拓展模块**

**一、车站给水系统的设置要求**

（1）用水量标准。工作人员生活用水量50L/(班·人)，时变化系数2.5；冲洗水量3L/(m²·次)；冷却补充水量按循环水量的2%计。

（2）进出车站的给排水管道布置。给排水管道不能穿过连续墙，宜在出入口或风井部位布置，因城市轨道交通车站连续墙厚度近1m，留空洞给结构工程带来不便。

（3）管道绝缘。由于城市轨道交通车辆采用接触网供电，对于这种直流牵引供电系统，要防止杂散电流对给排水管道的腐蚀。进出车站的给排水管道均需进行绝缘处理后引入或引出，可在进出车站的给排水管道靠车站主体外侧安装1m长的绝缘短管。

（4）管材。要防止杂散电流对给排水管道的腐蚀。一般情况生产、生活给水管管径小于或等于DN100的采用新型塑料给水管，大于DN100的采用镀锌钢管或可延性铸铁管。

（5）生产、生活给水管线布置注意事项。给水管道严禁跨越通信和电气设备用房。

（6）冲洗栓箱的设置。考虑到城市轨道交通运营中需要对车站进行清扫，因此站厅、站台层两端和长度大于 20m 的通道内均设置冲洗栓箱，暗敷于侧墙内。为便于更换洒水栓栓头，应在栓前设置闸阀。

（7）给水立管的设置。从站厅层至站台层的给水立管宜设置在端部风井内，避免给水立管影响接触网供电系统。

**二、消防给水系统设置要求**

（1）消火栓箱的形式。根据城市轨道交通车站的建筑特点和车站内不同的位置选用不同形式的消火栓箱。一般站厅层和连通通道选用单阀单出口消火栓箱，站台层选用双阀双出口消火栓箱，弯曲隧道内消火栓箱宜设在与轨道距离较远的内侧，隧道内消火栓箱上应有电话插孔。车站及折返线消火栓箱内应设火灾报警按钮和消防泵启动按钮。

（2）消火栓箱间距。按两股水柱同时到达任一着火点布置。车站内消火栓箱最大间距 50m，折返线内消火栓箱最大间距 50m，区间内消火栓箱最大间距 100m。

（3）水泵结合器。城市轨道交通车站出入口或通风亭的口部应设水泵结合器，并在 40m 范围内设置室外消火栓。

（4）自动巡检功能。因为消防泵平时很少运行，为加强消防泵给水的可靠性，要求消防泵具有自动巡检功能。在设定的时间周期内自动地启动消防泵，对消防泵的运行进行检查，有利于及时了解消防泵的实际性能，解决消防泵的锈蚀问题，保持消防泵的良好工况。

**三、车站排水系统设置要求**

（1）排水量标准。工作人员生活排水量按生活用水量的 90% 计；消防废水量与消防用水量相同。冲洗排水量为 3L/(m² · 次)，结构渗漏水量为 1L/(m² · 昼夜)。

（2）排水点设置。城市轨道交通车站属地下建筑，污废水一般不能自流排出，需用泵提升后排出，所以在设计时排水点要考虑周到。除各排水点汇流集中到废水泵房、污水泵房的污废水用泵提升后排入市政排水系统外，还需考虑出入口处电梯基坑排水和站台底板下的结构渗漏水。为排除站台底板下的结构渗漏水，需在站台层端部设集水坑，坑内设潜污泵将积水定期提升后排至线路排水沟内，由该沟流至废水泵房的集水池内。在折返线车辆检修坑端部、出入口和局部自流排水有困难的场合需设置局部排水泵房。

（3）排水泵。排水泵应设计成自灌式，采用水位自动、就地和距离三种控制方式，并要求在车站控制室显示排水泵工作状态和水位信号。

（4）集水池有效容积的确定。确定集水池有效容积时，既要防止过大增加工程造价，又要防止过小频繁开启水泵。废水泵房集水池有效容积可按不小于 10min 的渗水量与消防废水量之和确定，但不得小于 30m³。污水泵房集水池有效容积不应小于最大一台泵 5min 的流量，但不得大于 6h 的污水量，防止污水停留时间过长而沉淀、腐化。

（5）排水泵房与雨水泵站。车站露天出入口的雨水不能自流排除时，宜单独设置排水泵房；地下铁道隧道洞口雨水宜采用自流排水，当不能自流排水时必须在洞口设雨水泵站。如果雨水涌进城市轨道交通车站将影响地下铁道安全运营，甚至造成事故。为保证地下铁道安全运营，地下雨水泵站暴雨重现期取 30 年。

（6）车站站厅、站台层地面及设备用房。这些地方根据需要应设排水地漏，出入口通道与站厅接合处需设置排水横截沟。地漏和排水横截沟排水立管应接至道床排水沟。

（7）废水泵房、污水泵房。废水、污水泵房内应设置通气管道，与环控系统空气管道连通，避免臭气污染其他房间。

# 任务二　给排水系统设备的使用和维护

**学习目标**

（1）能熟练进行车站泵站和水消防设备的运行管理。
（2）能熟练进行给排水系统设备的维护。
（3）获取信息的能力、应变能力、制订计划的能力、分析判断能力、逻辑思维能力。
（4）具备良好的职业道德、严格的纪律性、一定的团队协作和交流与沟通能力。

**学习任务**

给排水系统设备的使用和维护。

**教学环境**

城市轨道交通实训场，城轨交通车站。

**教学设施**

车站给排水系统教学设备、车站计算机系统等。

**理论模块**

## 一、给排水系统设备的使用

### 1. 给水及消防系统

电动阀的运行和工作状态由 FAS 和 BAS 监控，电动阀平时处于常开状态。

### 2. 排水系统

潜水泵的控制均应具有现场水位自动控制、就地手动控制两种控制方式。实行车站级和现场级两级管理：车站控制室实现一级监控，泵房内的终端控制器上进行二级监视管理，当终端控制失灵时，在车站控制室由监视系统发现后，现场人工手动控制。车站废水泵、区间废水泵、露天出入口与敞开式风亭水泵除有以上两种控制方式外，还具有在车站控制室远程强制启动水泵的功能。车站控制室内能显示排水泵工作状态、手/自动状态、故障状态和集水池水位状态。

局部排水泵设停泵水位、第一台水泵启泵水位、第二台水泵启泵水位兼超高报警水位三个水位；车站主废水泵和雨水泵设停泵水位、第一台水泵启泵水位、第二台水泵启泵水位和超高报警水位四个水位。

污水密闭提升设备和局部排水泵用电负载等级为二级，废水泵和雨水排水泵用电负载等级为一级。

## 二、给排水系统设备的维护

### 1. 巡检内容

巡检范围包括消防水泵房、潜污泵、区间泵房、消防水泵结合器、消防地栓、消防栓（箱）和灭火器材箱、管道（附件）和阀门等。

## 2. 消防泵房日常维护（表 8 - 1）

**表 8 - 1**                   **消防泵房巡检内容和标准**

| 序号 | 巡 检 内 容 | 巡 检 标 准 |
|---|---|---|
| 1 | 消防水泵控制柜柜体和柜门 | 检查消防水泵控制柜柜体和柜门是否变形，柜门是否关好 |
| 2 | 手/自动转换开关 | 检查手/自动转换开关是否打在自动位 |
| 3 | 控制柜面板上的指示灯 | 检查控制柜面板上的指示灯显示是否正常 |
| 4 | 低压断路器 | 检查低压断路器是否合上 |
| 5 | 水泵运行情况 | 检查水泵运行是否平稳，无异常振动和噪声，出水压力是否正常 |
| 6 | 进、出水管上的阀门开关状态 | 检查进、出水管上的阀门开关状态是否正常 |
| 7 | 水泵是否漏水现象 | 检查水泵是否有漏水现象，如有漏水，确认是否在规定范围内 |
| 8 | 水泵基座 | 检查水泵基座是否松动，锈蚀 |
| 9 | 留意水池水质情况 | 留意水池水质情况 |
| 10 | 做巡检记录 | 如实做好巡检记录，留意以前的记录是否完整无误 |
| 11 | 工作完成后离开并关好门窗 | 离开时记得关好房间门窗 |

## 3. 潜污泵日常维护（表 8 - 2）

**表 8 - 2**                   **污水泵房巡检内容和标准**

| 序号 | 巡检内容 | 巡 检 标 准 |
|---|---|---|
| 1 | 控制箱箱体和箱门 | 检查控制箱箱体和箱门是否变形，箱门是否关好 |
| 2 | 手/自动转换开关 | 检查手/自动转换开关是否打在自动位 |
| 3 | 控制箱面板上的指示灯 | 检查控制箱面板上的指示灯显示是否正常 |
| 4 | 水泵运行电流 | 手动启动水泵，水泵运行电流是否在正常范围，电流表数值约为水泵功率数值的两倍 |
| 5 | 水泵运行及出水情况 | 检查水泵运行是否平稳，无异常振动和噪声，有无反水，出水压力是否正常 |
| 6 | 压差控制器 | 检查集水井内有无漂浮物等垃圾，水位是否正常，能否发出正确信号 |
| 7 | 出水管上的阀门开关状态 | 检查出水管上的阀门开关状态是否正常 |
| 8 | 做巡检记录 | 如实做好巡检记录，留意以前的记录是否完整无误 |

## 4. 区间泵房日常维护（表 8 - 3）

**表 8 - 3**                   **区间泵房巡检内容和标准**

| 序号 | 巡 检 内 容 | 巡 检 标 准 |
|---|---|---|
| 1 | 观察泵井内水位的情况。检查是否出现水位达到起泵水位而水泵无自动启动的情况 | 水泵启动后，压力表动作，电流表数值约为水泵功率数值的两倍（电控箱面板铭牌处已标刻功率） |
| 2 | 手动分别启动各台水泵，观察电流表数值、水泵运行的声音是否正常及水位有否下降 | 当启动一台泵时，观察其他集水井内的水泵有否出现废水回流涌出的现象 |
| 3 | 检查水泵是否有异响及异常振动及止回阀是否有效 | 进水口铁网有否被抽起或破损，网格有否被垃圾堵塞 |
| 4 | 检查泵房进水口是否堵塞 | 进水口无阻塞 |

| 序号 | 巡 检 内 容 | 巡 检 标 准 |
|---|---|---|
| 5 | 设备及周围环境的检查，视情况进行清洁 | 如有废旧塑料袋等垃圾应及时清理 |
| 6 | 控制箱显示是否正常 | 水泵就地控制箱各指示灯是否指示正常 |
| 7 | 检查完毕后把水泵电控箱手/自动开关打回自动状态 | 控制柜手自动位在自动状态 |
| 8 | 做巡检记录 | 如实做好巡检记录，留意以前的记录是否完整无误 |

5. 消防结合器日常维护（表8-4）

表8-4 　　　　消防结合器巡检内容和标准

| 序号 | 巡 检 内 容 | 巡 检 标 准 |
|---|---|---|
| 1 | 消防水泵结合器、消防地栓闷盖 | 检查消防水泵结合器、消防地栓闷盖是否缺失 |
| 2 | 消防水泵结合器、消防地栓是否被围蔽 | 检查消防水泵结合器、消防地栓是否被围蔽，如有围蔽，及时将围蔽的地点上报车间调度 |
| 3 | 检查是否有漏水现象 | 检查是否有漏水现象 |
| 4 | 检查消防水泵结合器、消防地栓表面是否有脱漆和锈蚀现象 | 检查消防水泵结合器、消防地栓表面是否有脱漆锈蚀现象 |
| 5 | 做巡检记录 | 如实做好巡检记录，留意以前的记录是否完整无误 |

6. 管道及其附件日常维护（表8-5）

表8-5 　　　　管道巡检内容和标准

| 序号 | 巡 检 内 容 | 巡 检 标 准 |
|---|---|---|
| 1 | 泵房两侧预埋进水管 | 检查泵房两侧预埋进水管是否有杂物堵塞 |
| 2 | 地漏 | 检查地漏是否被堵塞、变形和丢失 |
| 3 | 管道、阀门 | 检查管道、阀门是否有漏水现象 |
| 4 | 阀门开关状态 | 检查阀门开关状态是否正常 |
| 5 | 管道（附件）、阀门是否有锈蚀现象 | 检查管道（附件）、阀门是否有锈蚀现象 |
| 6 | 阀门手柄是否缺失 | 检查阀门手柄是否缺失，如有缺失，及时将缺失地点、数量上报车间调度 |
| 7 | 水龙头、冲洗栓是否有松动、关不严现象 | 检查水龙头、冲洗栓是否有松动、关不严现象 |
| 8 | 管道（附件）、阀门表面是否有水泥块和混凝土等垃圾 | 检查管道（附件）、阀门表面是否有水泥块和混凝土等垃圾 |
| 9 | 如实做好巡检记录，留意以前的记录是否完整无误 | 如实做好巡检记录，留意以前的记录是否完整无误 |

7. 消防栓（箱）和灭火器材箱日常维护（表 8 - 6）

表 8 - 6　　　　　　　　　　　　消防栓巡检内容和标准

| 序号 | 巡 检 内 容 | 巡 检 标 准 |
|---|---|---|
| 1 | 检查封条是否有脱落、被撕开或日期过期 | 封条完好无脱落，无过期 |
| 2 | 如封条脱落和被撕开，详细检查消防栓箱和灭火器材箱内的附件是否齐全，如齐全，则重新贴上封条；如有缺失，则将缺失的地点、数量和规格上报维调 | 器材及设备完好、无损坏、无丢失 |
| 3 | 检查箱体是否有锈蚀和漏水现象 | 箱体完好无漏水、无锈蚀 |
| 4 | 做好巡检记录 | 如实做好巡检记录，留意以前的记录是否完整无误 |

**实训模块**

**一、实训任务描述**

城轨车站给排水系统正常工作与否，是保证车站客运服务业务的基础之一，作为站务人员要定期检查给排水设备，制订出相应的方案。

**二、相关资料及资源**

相关资料：

（1）教材《城市轨道交通车站设备》学习单元八。

（2）《城轨车站给排水系统说明书》。

（3）教学课件。

相关资源：

（1）车站给排水系统模型。

（2）教学课件。

**三、任务实施说明**

（1）学生分组，每 8～10 人为一小组。

（2）小组进行任务分析。

（3）资料学习。

（4）现场教学。

（5）小组学习给排水系统的作用、给排水系统的组成、给排水系统的工作原理等。

（6）小组成员配合完成相应工作，并进行检查。

（7）小组合作，讨论过程，进行讲解演练，小组成员补充优化。

**四、任务实施注意事项**

（1）必须阅读《城轨车站给排水系统说明书》相关内容。

（2）进行处理工作时，应确保安全，包括人身和设备安全。

（3）遇到问题时小组进行讨论，可以让老师参与讨论，通过团队合作获取问题的解决。

（4）注意成本意识的培养。

**拓展模块**

## 一、车站泵站运行管理

车站泵房集水池内一般设两台潜污泵，一用一备轮换运行，必要时可同时运行。集水池一般设有超高、中、低、超低2～4个终端液位控制器，根据水位高、低自动控制排水泵的启停，并通过BAS监视。当水位达到超低水位时，两台泵均停止工作，手/自动都无法启动；当水位达到低水位时，开启第一台泵；当水位达到中水位时，两台同时开启。由液位控制器失灵引起的水位报警，BAS将会发出报警信号，通知站务人员到现场，将转换开关打到手动位置，手动启动排水泵。

## 二、水消防设备运行管理

消防水管上的阀门应保持常开。工作人员发现火灾时，应及时按下消防栓箱的手动报警器或通过箱体上的报警电话向车控室报警，并取出消防水带，接上消火栓及水枪后，打开阀门，持枪喷水灭火。火灾扑灭后，关闭消火栓阀门，取下水枪、水带，在冲净、晾干后将器材放回原位，并在转盘的摇臂、箱锁、阀门等处涂上2号钙基酯，以便再次使用。区间消防管道上的电动蝶阀由BAS监控。当区间发生火灾时，电动蝶阀自动开启，同时操作人员迅速到现场将手动蝶阀打开，进行灭火，灭火操作方法同上。

对于自动喷水灭火系统来说，当发生火灾时，喷头口的玻璃球熔化并自动喷出水雾，由于系统内水压的突降，在湿式报警阀两端产生水压差，压差使湿式报警阀打开，延时30s后，自动启动消防水泵进行灭火，同时发出报警声。

## 学习单元九

# 车 站 照 明 系 统

## 任务一　车站照明系统的认知

### 学习目标

(1) 能掌握车站照明系统的功能及设计原则。
(2) 能对车站照明系统光源与选择有一定基本的掌握。
(3) 获取信息的能力、分析判断能力、逻辑思维能力。
(4) 具备良好的职业道德、严格的纪律性、一定的团队协作和交流与沟通能力。

### 学习任务

车站照明系统的认知。

### 教学环境

城市轨道交通实训场或自动售检票系统理实一体化教室，城轨交通车站。

### 教学设施

灯具、就地开关盒、照明配电箱、车站照明系统。

### 理论模块

**一、车站照明系统简述**

地下车站内终日不见自然光，因此地铁车站照明系统对于空间氛围的营造举足轻重。灯光不足的黑暗环境中，眼睛无法清楚地辨识物体，但在过分明亮的光线之下也无法清楚地看事物。过强或过弱的照度及光源布置、选型的不恰当，都会引起乘客和工作人员不适的感觉，影响人的情绪、健康、安全及装饰效果。

1. 城市轨道交通各场所照明方式

(1) 一般照明。一般照明是指为照亮整个场所而设置的均匀照明。一般照明是为照亮整个场地而设的照明系统，一般不考虑特殊局部的需要。对于两种情况可以单独采用一般照明，一是受生产技术条件所限，不适宜装设局部照明或采用混合照明不合理时；二是工作位置密度较大而对光照方向无特殊要求时。除特殊要求外，城市轨道交通各场所通常应设一般照明。

(2) 分区一般照明。分区一般照明是指对某一特定区域，如进行工作的地点，设计成不同的照度来照亮该区域的一般照明。城市轨道交通控制中心的控制台、屏前区；车站站厅的自动售票、自动检票及一般通行区，由于在同一场所内不同区域有不同照度要求，采用单一的一般照明方式将不利于节能，因此应采用分区一般照明方式。

（3）局部照明。局部照明是指特定视觉工作用的、为照亮某个局部而设置的照明。通常当局部地点需要高照度或照射方向有要求时；由于遮挡而使一般照明照射不到时；需要削弱气体放电光源所产生的频闪效应影响时，需要设置局部照明。局部照明灵活、方便、节能。如果只设置局部照明，整个场所照明将形成亮度分布极度不均的情况，这将引起视觉疲劳从而影响视觉功能，因此在一个工作场所内不应只设置局部照明。

（4）混合照明。混合照明是指由一般照明和局部照明组成的照明。部分作业面照度要求较高，但工作位置密度不大，单独设置一般照明将增大照明安装功率，不利于节能，因此宜采用混合照明，以局部照明方式增大局部作业面照度。

2. 城市轨道交通工作场所照明种类

（1）正常照明。为了保证地铁系统的正常运营，在站厅站台公共区、生产办公用房、设备用房、出入口通道和区间隧道等处设正常照明。所有场所均应设正常照明。

其中站厅站台公共区照明主要包括正常照明和疏散照明，其中正常照明由工作照明和节电照明两部分构成，工作照明与节电照明的比例为 2∶1；正常状态下，疏散照明作为工作照明的一部分设置。在运营高峰时，全部打开；在运营高峰过后可停掉工作照明，由节电照明和疏散照明作为公共区照明；在运行结束后可根据需要全部停掉正常照明，由疏散照明作为公共区值班和保安照明。在自动售票机、自动检票口处设置加强照明。

（2）应急照明。应急照明是因正常照明的电源失效而启用的照明。应急照明由带有蓄电池的应急电源柜作为备用电源。应急照明包括疏散照明、备用照明。

（3）值班照明。非 24h 连续营运的城市轨道交通公共场所，如站台、站厅、通道、楼梯等，应设置值班照明。值班照明照度值不应低于正常照明度标准值的 10%。应从正常照明中分出一部分作为值班照明，并单独控制。

（4）过渡照明。过渡照明是指为减少建筑物内部构筑物与外界过大的亮度差而设置的，亮度可逐次变化的照明。对于车站出入口楼梯、地面或高架站厅与站台楼梯等处，为使乘客进出时眼睛对周围亮度处于适应状态，应设过渡照明。过渡照明应考虑室外亮度、室内表面亮度、室内外亮度差、人行速度等因素。

地铁车站照明系统举例如图 9-1 所示。

**二、车站照明系统分类**

（一）照明的多样性

1. 一般照明

2. 标志照明

3. 广告照明

为了充分发挥地铁的投资效益，在地铁车站的站厅站台公共区、出入口通道及地面风亭等处设广告照明。广告照明分布于站台、站厅公共区，采用日光灯灯箱的形式。

4. 安全电压照明

为了保证检修安全，在建筑净高小于 1.8m 的电缆通道设安全电压照明；安全电压照明由 24V 安全电压变压器供电，并在安全电压变压器的 24V 侧设过电压保护器。

图 9-1　地铁车站照明系统

5. 应急照明.

**(二) 照明系统按区域划分**

1. 出入口照明

2. 公共区照明

3. 区间隧道照明

一般照明由设在站台两端隧道入口处区间隧道一般照明箱配出。区间隧道照明安装在两侧壁每间隔 20m 一个，70W 高压钠灯。指示照明、出口指示牌照明每间隔 50m 设置一个。

4. 电缆廊道照明

**(三) 照明系统按负载划分**

电力负载应根据对供电可靠性的要求及中断供电在政治、经济上所造成损失或影响的程度进行分级，并应符合下列规定。

1. 一级负载

符合下述情况之一为一级负载。第一，中断供电将造成人身伤亡时；第二，中断供电将在政治、经济上造成重大损失时。例如，重大设备损坏、国民经济中重点企业的连续生产过程被打乱需要长时间才能恢复等；第三，中断供电将影响有重大政治、经济意义的用电单位的正常工作。例如，重要交通枢纽、重要通信枢纽、经常用于国际活动的大量人员集中的公共场所等用电单位中的重要电力负载。

在地铁照明系统中，事故照明、二类导向标志照明、三类导向标志照明、四类导向标志照明、公共区工作照明、节电照明均属于一级负载。

2. 二级负载

符合下述情况之一为二级负载。第一，中断供电将在政治、经济上造成较大损失时。例如，主要设备损坏、大量产品报废、连续生产过程被打乱需较长时间才能恢复等；第二，中断供电将影响重要用电单位的正常工作。例如，交通枢纽、通信枢纽等用电单位中的重要电力负载，以及中断供电将造成大型影剧院、大型商场等较多人员集中的重要的公共场所秩序混乱。

在地铁照明系统中，设备区域工作照明和一类导向标志照明均属于二级负载。

3. 三级负载

不属于一级和二级负载者应为三级负载。在地铁照明系统中，广告照明属于三级负载。

### 三、照明系统的功能及设计原则

（一）照明系统的功能

（1）站内环境的舒适。

（2）特殊、危险时刻的安全和疏散。

（3）文化内涵。

（二）照明系统的设计原则及要求

1. 设计原则

（1）避免使出入地铁的人员感受过大的亮度差别。

（2）保障停留在地铁内人员的安全和感觉的舒适。

（3）光源的光色和灯具的安装位置都不能导致和信号图像相混淆。

2. 照明系统设计要求

照明设计的关键在于提供良好的水平照度和垂直照度，合理布置灯具，降低眩光指数，消除频闪效应。同时还应考虑安装、调试及日常维修的方便。

按照视觉工作程度、照度、显色性、配光及布置方法等因素选择。

（1）照度充足均匀，与建筑空间相协调。照度（$E$）是光通量与被照射面积之间的比例系数。1lx 即指 1lm 的光通量平均分布在面积 $1m^2$ 平面上的明亮度。即从同一方向看，在给定方向上的任何表面的每单位投影面积上的光照强度。照明设计应适当考虑日久灯具发光系数的降低（根据常规，在 6 个月后光管的亮度将会衰减 15％左右）以及广告灯箱开启后对照度的提高等因素。另外，所有装修材料还未经磨损和积灰，反光系数很高，这也显得照度偏高。若待一段时间，各种饰面材料的反光系数降低后，照度也随之要下降。车站灯具的设计还应该考虑到白天、夜晚、清洁工作空间不同时段，对照明布置须分组设置。根据不同情况来调整各组灯具的开启与关闭，白天和夜晚的照明开启照度差为 30％。如果全部开启后，可以提高 20％的照度。如广告灯箱多数未被租用以及车站尚未正式运营等实际情况，使实测调查资料都会与正常运营状态有所不同。紧急疏散照明、应急照明按电力照明专业要求进行灯具布置，并与建筑装修总体效果相互配合。

站厅站台的大部分空间的设计照度为 150～200lx，人停留的部分可以提高照度定为 200～250lx，如站厅售票区、站台等候区。通过性空间，可以将照度有意识降低为 150lx，使人感觉不适，并加快步行的速度，尽早到达照度较好的等候区。转换空间的设计照度为 250lx，如扶梯口、楼梯、垂直电梯入口处、通道口、站台边缘、售检票处，为保证乘客和工作人员的安全，应适当提高 50lx。车控设备空间的设计照度为 300lx，如车站综合控制室、站长室、AFC 票务室、通信和信号机械室、会议室、环控和电控室等，有办公活动及管理设备的文案台面等部位照度应适当提高，以满足运营管理需要。管理人员不常停留的部分及区间为了检修照度可以设在 150lx，如各种泵房，并加上智能开关。出入口的照度定为 350lx 左右，消除室内室外的视觉差距是人性化设计的一部分。

地铁交通运营场所正常照明的照度标准值应符合表 9-1 的规定。根据建筑等级、使用

182

情况、所处地区等因素，车站站台、站厅、通道等公共场所照度可提高或降低一个照明等级。

表 9-1 城市轨道交通各类场所正常照明的照度值

| 类别 | 场所 | 参考平面及其高度 | 照度（lx） | 统一眩光限值 UGR$_L$ | 显色指数 Ra | 备注 |
|---|---|---|---|---|---|---|
| 车站 | 出入口门厅/楼梯/自动扶梯 | 地面 | 150 | | 80 | 考虑过渡照明 |
| | 通道 | 地面 | 150 | | 80 | |
| | 站内楼梯/自动扶梯 | 地面 | 150 | | 80 | |
| | 售票室/自动售票机 | 台面 | 300 | 19 | 80 | |
| | 检票处/自动检票口 | 台面 | 300 | | 80 | |
| | 站厅（地下） | 地面 | 200 | 22 | 80 | |
| | 站台（地下） | 地面 | 150 | 22 | 80 | |
| | 站厅（地面） | 地面 | 150 | 22 | 80 | |
| | 站台（地面） | 地面 | 100 | 22 | 80 | |
| | 办公室 | 台面 | 300 | 19 | 80 | |
| | 会议室 | 台面 | 300 | 19 | 80 | |
| | 休息室 | 0.75cm 水平面 | 100 | 19 | 80 | |
| | 盥洗室、卫生间 | 地面 | 100 | | 60 | |
| | 行车/电力/机电/配电等控制室或综控室 | 台面 | 300 | 19 | 80 | VDT 工作注意避免反射眩光 |
| | 变电/机电/通号等设备用房 | 1.5m 垂直面 | 150 | 22 | 60 | |
| | 泵房、风机房 | 地面 | 100 | 22 | 60 | |
| | 冷冻站 | 地面 | 150 | 22 | 60 | |
| | 风道 | 地面 | 10 | | 60 | |
| 线路 | 隧道 | 轨平面 | 5 | | 60 | 注意避免直接眩光 |
| | 地面/高架线 | 轨平面 | 5 | | 60 | |
| | 道岔区 | 轨平面 | 20 | | 60 | |
| | | 混凝土梁轨平面 | 100 | | 60 | 有监控需要时 |

（2）布置整齐美观。地铁空间的显色性考虑也是必要的。光源对于物体颜色呈现的程度称为显色性，也就是颜色逼真的程度，是通过与同色温的参考或基准光源（白炽灯或画光）下物体外观颜色的比较而表现的。显色性高的光源对颜色的表现较好，我们所看到的颜色也就较接近自然原色；显色性低的光源对颜色的表现较差，我们所看到的颜色偏差也较大。站厅的售票区、闸机和站台区，灯具的选用都应该在 85 左右，否则给人的感觉非常不适，长

期在地铁工作的人员也会产生一种压抑。

照度均匀度规定表面上的最小照度与平均照度之比。地铁光环境均匀度的设计是同装饰效果紧密结合在一起的，将重点照明的部分，如装饰艺术壁画、交通的接口处提高照度，使地铁空间在大部分空间具有均匀照度情况下，通过均匀度的设计也可提高其导向性功能。

色温是表示光源光色的尺度。光源发射光的颜色与黑体在某一温度下辐射光色相同时，黑体的温度称为该光源的色温。因为大部分光源所发出的光皆通称为白光，故光源的色表温度或相关色温度即用以指称其光色相对白的程度，以量化光源的光色表现。色温对装饰气氛和环境的营造具有非常大的作用。光色越偏蓝，色温越高；偏红则色温越低。选用低于3000K 色温的光源，更显亲切、温暖、休闲；在地铁配套的地铁商场选用 6500K 色温以上的光源，使商业空间比较清凉，使人行动快捷。将通过性地铁空间的色温保持自然的 4000K 左右的色温较好。

（3）光线射向适当、无眩光、无阴影。眩光是由于亮度分布或范围的不合理分配或空间或时间上的强烈反差，而引起的不舒适视觉条件或观察能力的下降。地铁由于是几层通过性的空间，同时在装饰材料上使用部分光面的材料必不可少，因此，对于避免灯具的直接眩光和折射眩光的考虑是光环境设计的一个重要环节。眩光产生原因主要有三方面，一是灯具引起的直接眩光；二是墙面、地面装修材料直接或反射眩光；三是空间中的玻璃或机器屏幕引起的反射眩光。要消除眩光，有三种方法可采用，一是合理布置光源的位置和照射方向；二是增加遮挡光源的设施；三是合理降低单个光源的照度，以增加灯具数量来保证总照度的要求。照明电源稳定性是保证照明质量的关键因素。

（4）维修方便、安全。除满足上述条件外，还应根据光源、灯具及镇流器等的效率、寿命和价格，进行综合技术经济分析比较后确定光源。光效、使用平均寿命是同光源和灯具的造价成反比的，使用寿命又同今后的运营成本是分不开的。因此，选择一次性投入较高，但光效好、使用寿命长、维护保养及使用费用低的灯具是在选择灯具和光源时重点要考虑的工作。

### 四、车站照明系统光源选择

地铁交通照明应选用高效、节能、环保的光源。地下铁道的车站照明以荧光灯为主；事故照明采用白炽灯；区间照明及站台下、折返线检查坑、车辆段检查坑内的安全照明采用白炽灯。

地铁站选择合适的灯具和光源，是保证以上设计原则的重要组成部分。一个公共空间所选择的照明，必须针对空间的不同功能，合理运用照明灯具和光源，精心设计，塑造各具特色的气氛，并与实际环境相配合，两者和谐统一，方可营造出一个优秀的整体照明效果。

地铁站由于人流密集且逗留时间短，因此在照明设计时要考虑灯光的导向性功能和必要的照明质量要求。照明选择要注意电器部分和光源的使用寿命，避免频繁维修。照明产品分点光源照明和线光源照明，灯具组合形式分别有发光带、发光块或点。

车站可适当采用间接照明。如用的话，必须增加铝反光罩以增加光效。考虑到各车站已按统一规定的位置和尺寸设置了相当数量的广告灯箱，建议采用高显色性荧光管。

点光源照明可以营造一个区域的高光，一定数量的点光源可布置出顺序和韵律。光源可选用陶瓷金卤灯、金卤灯、12V 石英灯杯、节能插管，配高质镇流器、电容、触发器。点光源灯具选用压铸铝筒灯、石英灯，黑边防眩光铝反射罩或内部可调角度铝反射罩，光源以节能管为主。

线光源可用来指向，突出一个面的边缘，或勾勒出一个空间。光源可选用高显色性荧光灯、光纤，配高质电感整流器及电容。线光源的灯具选用镀锌多层烤漆板支架或灯盘，灯罩为高级透明棱状多 PS 制造，投光性好，经抗静电及抗紫外线处理，不易粘灰尘及长久不变色，灯体流线设计，造型美观。

### 五、车站附属照明的设置

#### 1. 立面照明

各个车站建筑都有其一般性和各自特征。对各个车站的立面照明除考虑如何将其一般性和特征展现得更有功能性和艺术性之外，应该有意识将出入口的立面和门厅设置得更明亮、更具艺术性，使旅客对车站印象深刻。要使人在看到车站外形美之外，更重要的是感受到这种交通形式环境的舒适、运行的迅捷，使人们一出行就想到乘坐地铁去"享受享受"。

#### 2. 广告照明

各个车站的广告照明应有其各自的特点，设计时可采用下列方式。

（1）用霓虹灯造出商品名称、形状、商标，或勾边、或沿广告形状制造，灯光或长明、或闪烁。有的广告底层还配以卷地毯式的闪烁霓虹灯衬托。

（2）透明广告画、图片等可制成灯箱，在画或图片后面用荧光管照射，使画面色彩透射出来。可采用高显色性的光源。

（3）对不透明广告画面，可用高显色性光源的投光灯照射，将画面的色彩和层次显现出来。

#### 3. 车站的重点照明

重点照明是为了重点地把主要工作点或主要场所照亮，以适应工作要求，突出功能区，方便工作人员和乘客。其照度应随种类、形状、大小、布置方式而定，同时必须和车站内一般照明相平衡。在选择光源及照明方式时，不能忽视建筑的立体感、光泽及色彩等。重点照明的要点如下。

（1）以高照度突出工作点，如售、检票口，站台边缘等。

（2）以强烈的定向光束突出立体感，如立柱、广告牌等。

（3）利用光色突出特定部位或特有色泽的部位。

（4）用灯具本身或灯具排列和内部装修协调组合，地铁内商场的某些主要场所或需要造成某种气氛的场所产生富有生气而又热烈的理想光线，从而对商品造成良好的照明效果，使室内产生美感。

### 实训模块

#### 一、实训任务描述

通过图 9-2 和图 9-3，分析所显示各出入口的照明问题。

#### 二、相关资料及资源

相关资料：

（1）教材《城市轨道交通车站设备》学习单元九。

（2）《城轨车站照明系统说明书》。

图 9-2　车站入口（一）

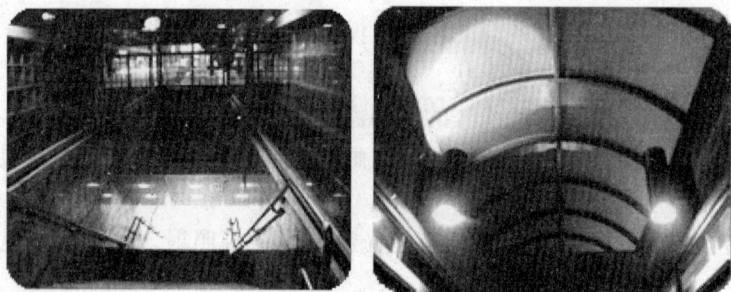

图 9-3　车站入口（二）

（3）教学课件。

相关资源：

（1）车站照明系统模型。

（2）教学课件。

**三、任务实施说明**

（1）学生分组，每 8～10 人为一小组。

（2）小组进行任务分析。

（3）资料学习。

（4）现场教学。

（5）小组学习照明系统的作用、照明系统的组成、照明系统的工作原理等。

（6）小组成员配合完成相应工作，并进行检查。

（7）小组合作，讨论过程，进行讲解演练，小组成员补充优化。

**四、任务实施注意事项**

（1）必须阅读《城轨车站照明系统说明书》相关内容。

（2）进行处理工作时，应确保安全，包括人身和设备安全。

（3）遇到问题时小组进行讨论，可以让老师参与讨论，通过团队合作获取问题的解决。

（4）注意成本意识的培养。

**拓展模块**

### 香港地铁试用新环保照明系统

香港地铁和科技大学合作，在列车车厢内试用新的环保照明系统，预计可以减省三成的耗电量。地铁公司将在荃湾线其中一列的列车试用这种由科技大学研发的照明系统，为期一年。在列车车厢内试用新的环保照明系统，新的照明系统利用半导体来发光，较目前使用的光管耐用 10 倍，同时可以减少废物和更换成本，加上半导体发光时，所输出的热量较光管低，也可减少空调的用电量。

LED 一般有 10 年寿命，较传统家用光管耐用 6 倍，LED 也较一般家用光管节省三成电力。另由于 LED 为冷光源，热度较低，可减低车厢空调耗电量。一列列车共有 30 支光管，试验计划会将之更换为 30 组 LED 光管，每组光管内藏 56 个 LED，每支约 2500 元，较旧的光管装置贵 1.5 倍。新照明系统试用期一年，地铁会按其稳定性决定是否延伸至所有地铁车厢、车站照明和广告灯箱。

# 任务二　车站照明系统控制与维护

**学习目标**

（1）能了解车站照明系统的控制和车站照明系统维护规程。
（2）获取信息的能力、分析判断能力。
（3）具备良好的职业道德、严格的纪律性、一定的团队协作和交流与沟通能力。

**学习任务**

车站照明系统控制与维护的认知。

**教学环境**

城市轨道交通实训场或自动售检票系统理实一体化教室，城轨交通车站。

**教学设施**

灯具、就地开关盒、照明配电箱、照明控制盘、车站照明系统。

**理论模块**

**一、车站照明系统的控制方式**

车站公共区正常照明、车站导向、广告照明、出入口正常照明、公共区应急照明等由设在车站综合控制室的智能照明控制系统控制；设备区应急照明、其他照明采用就地或就近控制。发生灾害时应急照明系统可由防灾报警系统强启。车站照明系统分三级控制。

（一）就地级控制

各设备及管理用房进门处设有就地开关箱或盒，可控制相应设备及管理用房的一般照明。区间隧道一般照明受设于隧道两端入口处的区间隧道一般照明配电箱控制。

（二）照明配电室集中控制

照明配电室内设有相应照明场所的照明配电箱（图 9-4），可在室内集中控制相应场所的一般照明、节电照明、事故照明及广告照明。正常情况下，配电箱所有开关均应全部合上，以便通过就地级控制和站控制室集中控制相应场所照明。

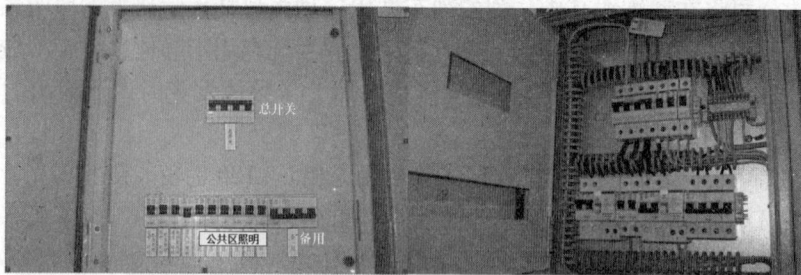

图 9-4　照明配电箱示意图

（三）站控室集中控制

实现对站台、站厅公共区的一般照明、节电照明、广告照明的手动/自动控制转换和人工控制及区间隧道一般照明手动控制。在 EMCS 系统上可监控站台、站厅公共区一般照明、节电照明、广告照明的工作状态（手动/停/自动）。

照明控制系统通过读取车站列车接发系统或旅客引导系统的信息，合理启闭站台灯具的点亮情况，主要功能如下：

（1）系统联网自动控制及人工控制功能。

（2）按车次信息进行自动启闭灯具和降功率二次节能的功能。

（3）人工干预功能：可对列车晚点、更改站台股道、加开临客、车次停运进行人工干预。

（4）查询功能：可按站台、车次等查询照明工作情况，按通道、终端查询设备参数情况。

（5）检错功能：线路、接口设备、终端逻辑控制编、译码器故障均能自动显示在监视器上，对操作人员的错误操作具有汉字提示及操作指导。

（6）直接发送功能：可直接向任一控制终端发送干预信息。

**二、照明系统日常维护与维修**

（一）日常巡视项目

（1）应定期维护和及时更换损坏或有缺陷的照明设备。

（2）应按规定周期清扫灯具和房间各表面。

（3）清扫灯具与更换光源宜同时进行，并保持同一场所光源的色表一致。

（二）巡检

巡检是以及时发现系统设备运行异常现象，并在安全和不影响正常运营情况下及时进行维修，确保系统正常运行为目的。巡检以"望、闻、问、切、嗅"为主要手段，必要时使用仪器进行检查。

望：以眼观察各类照明灯具是否正常工作、指示灯指示是否正常、电流表和电压表指示是否正常、转换开关及低压断路器位置是否正确、接触器和继电器及开关触点是否有电弧闪烁。

闻：以耳倾听接触器和继电器线圈及灯具镇流器交流声是否正常、接触器和继电器吸合声是否正常、各类电机及相关机械工作声音是否正常。

问：询问站务人员及其他工作人员是否存在设备故障及故障现象。

切：以手转动各开关盒按动各按钮检查其功能是否正常、触摸蓄电池侧表面检查其温升是否正常、触摸各开关表面检查其温升是否正常。

嗅：以鼻嗅检查是否有电气烧焦气味。

巡检内容及标准见表 9-2。

表 9-2　　　　　　　　　　　　巡检内容及标准

| 序号 | 巡 检 内 容 | 巡 检 标 准 |
|---|---|---|
| 1 | EPS 事故照明装置室室内照明灯管是否正常、配电室的门体及门锁是否正常 | 各扇门体正常，室内无异常情况 |
| 2 | 照明配电室内照明灯管是否正常 | 室内无异常情况 |
| 3 | 灯具结构是否完整 | 灯具结构完整 |
| 4 | 灯具是否正常点亮，无闪烁、无发黑、无昏暗状况 | 灯具正常点亮，无闪烁、无发黑、无昏暗状况 |
| 5 | 日光灯整流器交流声是否正常 | 日光灯整流器交流声无异常 |
| 6 | 疏散指示牌是否可点亮，无闪烁、发黑、昏暗现象 | 疏散指示牌可点亮，无闪烁、发黑、昏暗现象 |
| 7 | 疏散指示牌安装是否整齐美观、牢固，无脱落、缺损、脏污状况 | 疏散指示牌安装整齐美观、牢固，无脱落、缺损、脏污状况 |
| 8 | 疏散指示牌是否处于等待或充电状态（正常状态） | 疏散指示牌处于等待或充电状态 |

（三）检修与测量

1. 计划性检修

计划性检修包括预防维修和改善维修。预防维修是为了防止设备性能劣化及精度降低，根据设备运转的周期和季节性等特点，按预先制订的技术要求和计划所进行的维修作业。改善维修是为了消除设备的先天性缺陷或频发故障，对系统及其设备的局部结构或零件的设计加以改进，并结合修理进行改装，以提高其可靠性和免维护性的维修作业。

（1）预防维修。预防维修作业的具体内容是：电源切换箱和电源配电箱的季检、年检；EPS 事故照明装置的季检、年检；车站站内照明的季检、年检；疏散指示装置的季检、年检；隧道照明的季检、年检；区间电源动力箱的季检、年检；电缆廊道照明、管井照明的半年检；电线、电缆和集束母线的季检、年检。

（2）改善维修。改善维修作业的具体内容是：电源切换箱和电源配电箱、EPS 事故照明装置、区间电源动力箱的中修，中修一般是 5 年左右。

2. 非计划性检修

非计划性检修（即故障检修）的具体内容主要包括：

（1）对发生故障的设备进行及时的判断分析，及时排除主要故障，先行运行。

（2）对重要故障的设备进行测试、诊断，进而修复或暂时修复。

（3）详细记录故障现象及修复过程，以备在其他修程开展时作出进一步的处理与修复。

（4）保证故障设备能恢复使用功能，如无法达到，至少确保设备恢复运营所必须具备的功能。

（5）及时向有关人员（上级领导）通报对故障的测试、诊断、处理方案、过程及结构。

3．测量

（1）城市轨道交通各场所的照明应定期测量。

（2）城市轨道交通各场所照明的测量方法应按《照明测量方法》（GB/T 5700—2008）的有关规定进行。

**实训模块**

**一、实训任务描述**

在城轨车站，分析照明灯具或指示牌需要进行哪些日常维护和检修，例如日光灯、广告牌、疏散指示牌等。

**二、相关资料及资源**

相关资料：

(1) 教材《城市轨道交通车站设备》学习单元九。

(2)《城轨车站照明系统说明书》。

(3) 教学课件。

相关资源：

(1) 车站照明系统模型。

(2) 教学课件。

**三、任务实施说明**

(1) 学生分组，每8～10人为一小组。

(2) 小组进行任务分析。

(3) 资料学习。

(4) 现场教学。

(5) 小组学习照明系统的作用、照明系统的组成、照明系统的工作原理等。

(6) 小组成员配合完成相应工作，并进行检查。

(7) 小组合作，讨论过程，进行讲解演练，小组成员补充优化。

**四、任务实施注意事项**

(1) 必须阅读《城轨车站照明系统说明书》相关内容。

(2) 进行处理工作时，应确保安全，包括人身和设备安全。

(3) 遇到问题时小组进行讨论，可以让老师参与讨论，通过团队合作获取问题的解决。

(4) 注意成本意识的培养。

**拓展模块**

**车站智能照明控制系统**

智能照明控制系统是一种由数据总线构成网络的照明控制系统。网络上每一个照明配电回路都有一个地址，通过总线将所有部件连接而组成一个控制网络。智能照明控制系统由回路开关模块/调光模块、总线、网络设备、网关、监视主机、软件组成。

（1）分布式控制。网络上的所有部件都是智能的，能独立控制，扩展能力强，技术先进。

（2）场景控制。在车站每层、每端的照明配电室，可设一场景控制器来控制本区域的多个照明回路；也可整个控制系统设一个场景控制器来控制所有回路，场景控制器安装在车站控制室，可进行多达数十种的场景控制。

（3）调光控制。调光控制可分模拟量调光和数字式调光，同时调光时间长短也可任意设定。调光模块种类多，有 LED 灯、荧光灯、白炽灯等，适合地铁的照明灯具类型。

（4）开关模块。每个照明回路均与开关模块的一个通道相连接，以完成相应回路的开关或调光控制。

（5）定时控制。时间控制器可将所控区内的照明回路进行预编程。根据实际需要，定时开关一组、多组或区域的照明灯具，可使灯具在设定的时间内，以设定的间隔逐次点亮和关闭，并可设置循环。

（6）与消防等的集成联动。在网络接口处，可与综合监控系统联动。例如，当某区域发生消防报警时，通过综合监控系统主机的输出信号，将该区域的普通照明强制关闭。

（7）设计接口划分。控制系统通过接口设备与综合监控系统连接，接口设备完成协议的转换，照明控制系统以单一的接口将控制网络接入综合监控，接口设备可安装在照明配电室内，控制面板可安装于车站控制室，监视主机与综合监控主机合用，系统软件与综合监控软件以组态软件方式集成。

# 任务三　车站应急照明系统及应急预案

**学习目标**

（1）能掌握车站应急照明系统的功能及设计原则。
（2）能对车站照明故障的应急预案有一定的掌握。
（3）获取信息的能力、分析判断能力、逻辑思维能力。
（4）具备良好的职业道德、严格的纪律性、一定的团队协作和交流与沟通能力。

**学习任务**

车站应急照明系统的认知。

**教学环境**

城市轨道交通实训场或自动售检票系统理实一体化教室，城轨交通车站。

**教学设施**

灯具、就地开关盒、照明配电箱、照明控制盘、车站照明系统。

### 理论模块

#### 一、车站应急照明系统简述

当在地铁车站发生火灾，常规电源故障被切除时，为了保障车站内乘客和工作人员的安全疏散和救援工作的顺利进行，在地铁车站低压配电系统中设应急照明系统。

应急照明是指因正常照明的电源失效而启用的照明。所有场所均应设置正常情况下使用的正常照明。但在有下列情况发生时应设应急照明。

（1）当正常照明因故障熄灭后，对需要确保正常工作或活动继续进行的场所，应设置备用照明。

（2）对需要确保处于危险之中的人员安全的场所，应设置安全照明，如建筑高度小于1.8m的电缆通道。

（3）当正常照明因故障熄灭或火灾情况下正常照明断电时，对需要确保人员安全疏散的出口和通道，应设置疏散照明。

应急照明包括疏散照明、备用照明。疏散照明用于确保疏散通道被有效地辨认和使用。而备用照明则用于确保正常活动继续进行。

一般房屋设工作照明，重要房间（如车站综合控制室，通信、信号机械室，变、配电站等）设应急照明。应急照明用出口标志灯、指向标志灯可采用 LED 灯，疏散照明灯应选用能快速点燃的光源。风道内设应急照明灯。消防控制室（车站综合控制室）、消防水泵房、气体消防设备室、防烟排烟机房、配电室以及发生火灾时仍需坚持工作的房间的应急照明（兼值班照明），应保证足够照度（正常照度的 10％以上）；紧急情况下仍需进行操作的房间，应急照明照度不能低于正常照度的 50％。

#### 二、疏散照明

1. 疏散照明的设置

疏散照明的设置，应主要考虑火灾情况下的安全疏散和救援。确定火灾疏散的照度应考虑烟雾对照明的影响。研究表明，在有烟雾的情况下，地面照度 1～2lx 时已难以辨别方位，低于 0.3lx 时已不可能辨别方位。

轨道交通车站属于人员密集的场所，火灾情况下的人员疏散和救援，特别是地下车站的人员疏散和救援尤为困难。同样，当地下线路区间隧道发生火灾时，若车辆无法驶离区间，人员必须由隧道疏散时，由于隧道相对狭窄，地面情况复杂，疏散和救援工作更加困难。因此对于轨道交通地下建筑部分，其火灾疏散必须有足够的照明作为保障。

疏散照明由出口标志灯、指向标志灯、疏散照明灯组成，可参照下列条款设置。

（1）在站台、站厅的出口、车站出口、有人值班的设备房及其他通向外界的应急出口处的上方，应设置出口标志灯。

（2）在站台、站厅、楼梯、通道及通道转弯处附近，当不能直接看见或不能看清出口标志灯时，应设置指向标志灯。指向标志灯安装高度距地面高度不大于 1.0m，且安装间距不大于 15.0m；对于袋形走道，不大于 10.0m；在走道转角区，不大于 1.0m，指示标识应符合《消防安全标志　第 1 部分：标志》（GB 13495.1—2015）的相关规定。

（3）站台、站厅、楼梯、通道及通道转弯处附近、出入口、房间通道、风道、线路区间等处均应设置疏散照明灯。

战时人员主要出入口防护密闭门以外的事故照明应采用单独回路或在该门内侧单独设置断路器或熔断器进行短路保护（以保证战时人防工程的安全）。

2. 疏散照明照度

疏散照明照度应符合如下规定。

（1）车站疏散照明照度不小于 5.0lx。

（2）区间线路疏散照明照度不小于 3.0lx。

（3）控制中心、车辆段地面水平照度值不小于 1.0lx。

由正常照明转换为疏散照明的点亮时间不大于 5.0s，疏散照明供电时间不小于 60min。一般工作场所备用照明照度值不小于正常照明照度值的 10%，切换时间不大于 5.0s。中央控制室、车站综合控制室、站长室、消防泵房、变配电房等应急指挥和应急设备应用场所的备用照明照度不小于正常照明照度的 50%，切换时间不大于 5.0s。备用照明持续供电时间不小于 60min。

疏散照明示例如图 9-5 所示。

图 9-5 疏散照明

**三、备用照明**

在需保证正常活动继续进行和视看的重要房间和部位应设备用照明，如行车值班室、控制室、通信信号机房、计算机房、售票室等，其中站厅站台公共区疏散照明照度为其正常照明照度的 10%左右，其他疏散照明照度≥1.5lx；在站厅站台公共区、出入通道、楼梯和人行通道拐弯处等处设置疏散指示灯，其中车站内通道间隔不超过 15m 设一盏指示灯，距地面小于 1m。疏散指示灯的布置应满足视觉连续要求，即在疏散通道的任意位置都能使至少一个指示灯进入视线范围。

**四、车站特定用途的应急照明**

地铁应急照明的设置同样是光环境处理的要点，它包括变电站、通信机房、信号机房、综控室、消防泵房等重要设备用房照明。

在站厅、站台出口以及车站通向站外的出入口处的应急照明，均设置出口标志灯。指向标志灯安装间距不大于 20m，而且设计应保证人站在车站内任何位置，至少能看到（除柱遮挡外）一个。照度应高一些更为合适。其原因有以下几点。

（1）车站人员密集。

（2）旅客对车站疏散路线不一定熟悉。

（3）灾害发生时比其余场所更易发生恐慌拥挤，造成事故。

在控制室、配电室等必要部位设安全照明，采用自带蓄电池的应急灯。主要照明熄灭后，应急灯能在 0.5s 之内亮起来。

### 五、应急照明的配电与电源装置

1. 应急照明的配电

应急照明由带有蓄电池的应急电源柜作为备用电源。正常时由变电站两段 0.4kV 母线各引一路交流电源末端切换供电，蓄电池处于浮充状态；当正常的交流电源断电后，蓄电池通过逆变器逆变为 380/220V 交流电源继续为应急照明供电。蓄电池容量满足 90min 供电的需要。应急电源柜应具有由防灾报警系统（FAS）集中强启应急照明的功能。

应急电源柜采用 EPS 柜；蓄电池采用铅酸免维护蓄电池。

为了确保发生灾害或出现故障时，能正常工作，在站长室、重要值班室、公安用房、车站综合控制室、变电站、配电室、信号机械室和通信机械室设置备用照明，其中备用照明的照度根据其所处场所的需要按正常照明的 10%～50% 设置。

2. 应急照明电源装置运行方式

正常情况下，应急照明电源装置由牵引降压混合变电站或降压变电站的两段交流低压母线各供一路三相电源（手动选择任一路电源为主用电源），当主用电源故障时，由进线电源自动投切装置进行控制，备用电源自动投入，保证一路电源的正常工作，蓄电池处于浮充状态，应急照明负载和疏散标志照明由交流低压母线供电。

图 9-6　应急照明蓄电池

双路进线电源故障时，自动切换装置动作，应急照明电源装置的电池组通过逆变器向应急照明与疏散标志照明设备供电。应急照明电源装置的输出频率由内部振荡器控制，输出电压波形为标准正弦波。

车站应急照明电源系统容量应能保证应急照明和疏散标志照明负载满负载运行 90min 的用电需求。当任一单体电池放电至额定最低电池电压时，系统自动停机以保护电池（紧急情况除外），并发出报警信号。交流进线电源从故障状态恢复正常时，逆变器自动退出运行，应急照明负载和疏散标志照明由交流低压 0.4kV 母线供电，同时整流/充电器向电池组充电，电池组充电完成后，整流/充电器应自动调整电压向蓄电池浮充电。应急照明蓄电池如图 9-6 所示。

为便于维修，应急照明电源系统应设开关可以将整流/充电单元、逆变器与电池组隔离。应急照明电源装置设置维修旁路开关。

### 六、车站停电应急预案

1. 事件等级

正常情况下若车站降压站某一动力变压器故障，400V 母线联络开关则自动投入，同时自动切除本站三级负载，对车站客运工作及乘客安全无直接影响。根据 400V 母线联络开关自动投入后车站动力照明供电系统可能出现的其他情况，从高到低依次分为一级、二级事件。

（1）一级事件。当车站一级负载备用电源耗尽后导致车站完全停电，短时间内无法恢复，严重影响车站客运工作和乘客安全的停电事件。

（2）二级事件。如若车站降压站两动力变压器皆故障，此时由应急照明系统给车站供电。车站二级、三级负载停电，一级负载自动开启备用电源进行供电。短时间内无法恢复，对车站客运工作和乘客安全有较大影响的停电事件。

2. 应急机构及其职责

成立车站停电应急领导小组，统一指挥、调度、协调处置车站停电的救援工作。下设五个应急工作小组，在领导小组的统一指挥下开展工作。

（1）领导小组组成及主要职责。

组长：运营分公司分管安全副经理。

组员：调度部部长、票务部部长、客运部部长、设施部部长、技术安全部部长、物资部部长、综合部部长、党群部部长。

主要职责：负责车站停电工作的组织指挥决策，指挥公司各部门员工协作抢险，尽快恢复地铁运营。

（2）工作组及主要职责。

调度应急工作小组：由调度部负责人牵头，调度部人员参加，按照领导小组统一安排，主要负责信息的接收与传递；负责公司其他工作组的调度与协调，向领导小组报告应急处置情况等。

客运应急工作小组：由客运部负责人牵头，客运部人员参加，按照调度应急工作小组统一调度，主要负责组织车站员工、在线运行列车司机稳定乘客情绪、做好乘客解释工作，疏散乘客，保护地铁设备，向调度应急工作小组报告处置情况，按照客运部相关应急方案执行。

设备抢险应急工作小组：由设施部负责人牵头，按照调度应急工作小组统一调度，主要负责及时协调组织相关专业人员进行电力维修、抢险救援，尽快恢复供电，保障应急指挥用电。

事故调查工作小组：由技术安全部负责人牵头，公司相关部门安全监察人员参加，按照领导小组统一安排，主要负责对事故进行调查勘察、分析事故原因、向领导小组报告。

善后处理工作小组：由党群部负责人牵头，综合部人员参加，按照领导小组统一安排，负责善后处理、媒体应对工作。

3. 信息汇报流程

当车站动力照明供电系统故障后，车站应及时向行调汇报停电情况，由电调通知供电相关抢修人员进行抢修，并向行调汇报设备故障原因及恢复时间，行调向领导小组组长汇报故障抢修进度。

车站发生一级、二级停电事件后，行调需及时向领导小组汇报停电事故相关情况，由领导小组组长决定启动车站停电应急预案。各应急工作小组需将各自应急处置进度及时汇报领导小组。领导小组决定发布关站指令。待故障排除后，由领导小组组长终止车站停电应急预案。

4. 工作原则

（1）车站发生停电事件后，贯彻"疏散第一，疏散与抢修同步进行"的原则，积极施救。

（2）直接处理人员应做好个人防护。及时穿戴荧光服、携带应急灯等防护用品。

（3）发生停电，影响列车运营和正常的乘客服务工作，车站行车值班员/司机应立即报告行调，车站、行调应视情况分别报告地铁公安、"120"和部门领导，报告语言应简明、扼要。

（4）行车值班员为车站控制室责任人。

（5）值班站长为车站责任人，担任事故处理主任。

5. 处理原则

（1）处置供电系统突发停电事件要求判断正确、反应快速、措施稳妥。按"以人为本，服务乘客，快速处置，尽快恢复，减少对运营造成的影响"为原则。

（2）实行高度集中，统一指挥，各岗位员工要听从指挥和分工。

（3）做好停电后的设备保护工作。

（4）根据需要，在确保安全的情况下，恢复供电后尽快投入运营。

6. 车站的应急处理

（1）车站应急处理程序。

1）车站降压站某一动力变压器坏了，400V 母线联络开关自动投入时的车站处理程序。

2）由行车值班员向车站各岗位发布已切换到备用 400V 母线联络开关进行供电的信息；行值应及时向行调了解停电的原因；车站各岗位应提前做好车站发生一级、二级停电事件的相关准备工作。

3）车站发生一级、二级停电事件的应急处理程序：

值班站长的处理：确认停电信息后，担任事故处理主任；通知行值广播宣布执行停电应急处理程序；指令各岗位人员执行疏散计划，安排员工检查电梯是否困人；到站台指挥疏散，确认站台乘客疏散完后到站厅确认疏散情况；确认全站乘客疏散完后报车控室；接到关站指令后组织关闭各出入口并做好车站巡视；接到恢复运营的通知后，组织车站各岗位恢复正常工作。

（2）车站各岗位应急处理程序。

1）行车值班员的处理：将车站停电信息报行调，通知值班站长及车站工作人员、地铁公安；向行调了解停电的原因及恢复时间；接到值班站长的通知后，广播宣布执行停电应急处理程序，将闸机设为紧急模式，反复广播指引乘客疏散；接到关站的命令后，立即通知值班站长；确认站内乘客疏散完后报行调；接到恢复供电的通知后，通知各岗位做好恢复运营的准备；检查车控室设备情况，向行调报车站运营准备工作，并向行调了解列车运行情况，报告值班站长。

2）客运值班员的处理：收到执行停电应急处理程序的通知后，带应急灯（或手电筒）、手提广播到站厅疏散乘客出站；确认疏散完后，报车控室；接到关站的指令后，组织厅巡到出入口张贴停止服务的告示，关闭出入口；与车控室保持联系，负责巡视出入口并做好解释；收到恢复供电的通知后，检查 AFC 设备、各种服务设备设施是否正常，并报车控室；接到恢复运营的通知后，组织撤除告示，打开出入口。

3）售票岗的处理：收到执行停电应急处理程序的通知后，收好票款和车票，锁好票务中心门，做好相关票务处理工作；用手提广播引导乘客疏散；车站乘客疏散完毕后，负责巡视站厅；接到恢复供电的通知后，回到票务中心，检查票务中心内设备情况，做好恢复运营的准备，并报车控室准备情况；接到恢复运营的通知后，恢复正常售票岗工作。

4）站台岗的处理：收到执行停电应急处理程序的通知后，立即疏散站台乘客出站；确认站台乘客疏散完后，报车控室，到站厅协助疏散；车站乘客疏散完毕后，与车控室保持联系，负责巡视站台；接到恢复供电的通知后，检查站台扶梯、站台门等设备设施情况和线路情况，报车控室；接到恢复运营的通知后，恢复正常运作。

5）厅巡岗的处理：收到执行停电应急处理程序的通知后，打开边门；带应急灯（或手电筒）、手提广播引导疏散乘客出站；接到关站的指令后，确认站内乘客疏散完，协助客运值班员关闭各出入口，并张贴停止服务的告示；与车控室保持联系，负责巡视各出入口并做好解释；收到恢复供电的通知后，检查 AFC 设备、各种服务设备设施是否正常，关闭边门，并报车控室；接到恢复运营的通知后，撤除停止服务的告示，打开出入口，引导乘客进站。

### 实训模块

#### 一、实训任务描述
在城轨车站，在二级事件的情况下，若你为某站站长，将如何进行工作布置与指挥？

#### 二、相关资料及资源
相关资料：
（1）教材《城市轨道交通车站设备》学习单元九。
（2）《城轨车站照明系统说明书》。
（3）教学课件。
相关资源：
（1）车站照明系统模型。
（2）教学课件。

#### 三、任务实施说明
（1）学生分组，每 8～10 人为一小组。
（2）小组进行任务分析。
（3）资料学习。
（4）现场教学。
（5）小组学习照明系统的作用、照明系统的组成、照明系统的工作原理等。
（6）小组成员配合完成相应工作，并进行检查。
（7）小组合作，讨论过程，进行讲解演练，小组成员补充优化。

#### 四、任务实施注意事项
（1）必须阅读《城轨车站照明系统说明书》相关内容。
（2）进行处理工作时，应确保安全，包括人身和设备安全。
（3）遇到问题时小组进行讨论，可以让老师参与讨论，通过团队合作获取问题的解决。
（4）注意成本意识的培养。

**拓展模块**

## 应急照明保障措施、培训和演练

1. 人员保障

由技术安全部负责明确各个应急工作组的人员信息、完善信息通信录，并提交控制中心，以便事件发生时的短信群呼。

调度部、票务部、客运部、设施部等生产部门做好本部门的人员安排。

2. 物资保障

由物资部牵头，综合部、财务部配合，根据地铁车站开展抢修恢复电力工作的需要，做好相应应急照明备品备件及相关抢修工器具的采购和发放工作。

3. 预案管理与更新

技术安全部负责本预案的日常管理工作，并根据实际情况变化，牵头组织相关部门及时修订。

4. 培训和演练

各部门负责组织员工进行停电应急知识的日常学习，并收集相关案例进行培训。公司各部门应宣传本预案，组织部门人员对预案进行学习，定期组织开展部门内部演练，由技术安全部牵头组织运营分公司级别每年至少一次综合演练。

# 参 考 文 献

[1] 中华人民共和国住房和城乡建设部.GB 50157—2013 地铁设计规范.北京：中国建筑工业出版社，2014.

[2] 中华人民共和国住房和城乡建设部.GB 50490—2009 城市轨道交通技术规范.北京：中国建筑工业出版社，2009.

[3] 陈兴华.地铁设备监理.北京：中国铁道出版社，2007.

[4] 中华人民共和国住房和城乡建设部.GB 50732—2011 城市轨道交通综合监控系统工程设计规范.北京：中国计划出版社，2011.

[5] 中华人民共和国住房和城乡建设部.CJJ 183—2012 城市轨道交通站台站台门系统技术规范.北京：中国建筑工业出版社，2012.

[6] 中华人民共和国住房和城乡建设部.CJJ/T 170—2011 地铁与轻轨系统运营管理规范.北京：中国建筑工业出版社，2011.

[7] 何宗华，汪松滋，何其光.城市轨道交通车站机电设备运行与维修.北京：中国建筑工业出版社，2005.

[8] 范文毅，殷锡金.城市轨道车站设备.北京：中国铁道出版社，2000.

[9] 中华人民共和国国家质量监督检验检疫总局.GB/T 4968—2008 火灾分类：北京：中国标准出版社，2009.

[10] 中华人民共和国国家质量监督检验检疫总局.GB/T 7024—2008 电梯、自动扶梯、自动人行道术语.北京：中国标准出版社，2009.

[11] 中华人民共和国国家质量监督检验检疫总局.GB/T 20907—2007 城市轨道交通自动售检票系统技术条件.凤凰出版社，2007.

[12] 中华人民共和国国家质量监督检验检疫总局.GB/T 10058—2009 电梯技术条件.北京：中国标准出版社，2010.

[13] 魏晓东.城市轨道交通自动化系统与技术.2 版.北京：电子工业出版社，2011.